# 国铁企业巡察工作
# 实践与探索

《国铁企业巡察工作实践与探索》编委会　编著

中国铁道出版社有限公司
CHINA RAILWAY PUBLISHING HOUSE CO., LTD.
北　京

**图书在版编目（CIP）数据**

国铁企业巡察工作实践与探索 / 《国铁企业巡察工作实践与探索》编委会编著. -- 北京 ：中国铁道出版社有限公司，2024. 12（2025. 3 重印）. -- ISBN 978-7-113-31863-5

Ⅰ. F532.6; D630.9

中国国家版本馆 CIP 数据核字第 2024XG7317 号

**书　　名：国铁企业巡察工作实践与探索**
**作　　者：**《国铁企业巡察工作实践与探索》编委会

---

**责任编辑：**田银香　周雨晨　王　鑫　　**编辑部电话：**（010）51873659
**封面设计：**崔丽芳
**版式设计：**范　博
**责任校对：**安海燕
**责任印制：**高春晓

---

**出版发行：**中国铁道出版社有限公司（100054，北京市西城区右安门西街 8 号）
**网　　址：**https://www.tdpress.com
**印　　刷：**天津嘉恒印务有限公司
**版　　次：**2024 年 12 月第 1 版　2025 年 3 月第 2 次印刷
**开　　本：**710 mm×1 000 mm　1/16　**印张：**22　**字数：**275 千
**书　　号：**ISBN 978-7-113-31863-5
**定　　价：**69.00 元

---

# 编委会

**主　任：** 任广鑫

**副主任：** 刘传利　姚国栋

**主　编：** 王　东　孟繁亮

**副主编：** 房新智　于　洋　侯晓峰　魏默楠

**主　审：** 王正祥　翟有丰　刘忠臣　由贺伟　李　丹

**副主审：** 王作奎　魏金彦　张玉琴　潘佳宁　张志喜
付兴旭　程　祥　张　哲

**编　委：** 阎凤玲　耿春胜　姚宪鹏　雒连君　尹立丽
姚　辰　袁铭泽　程达文　杨　帆

# 前言

2024年2月，中共中央发布了新修订的《中国共产党巡视工作条例》（简称《条例》），进一步突出政治性，更加鲜明确定巡视工作的方向和任务，首次从党内法规的高度对政治巡视定位和巡视工作方针作出规定，针对体制机制等关系巡视工作高质量发展的重大问题，充实完善了相关内容，切实发挥法规制度的规范指导作用。巡察是巡视工作的重要组成部分，《条例》更加突出上下联动，以巡视带巡察，单列一章对巡察工作作出规定，明确开展巡察工作的主体、巡察对象、巡察监督内容等。国铁企业开展巡察工作，是党内监督利器向基层的延伸和拓展，是强化管党治党政治责任的有力抓手和重要保障。中国铁路沈阳局集团有限公司（简称沈阳局集团公司）党委认真贯彻落实国铁集团党组部署要求，始终把“两个维护”作为政治巡察的根本任务，坚持边学习、边探索，边研究、边实践，在学与做、行与思中，不断总结分析问题，探索工作方法，在强化基层党内监督、净化党内政治生态、深化全面从严治党等方面取得了一定成效。

本书立足做好国铁企业巡察工作的实践与探索，收录了沈阳局集团公司党员干部认真学习贯彻习近平总书记关于巡视工作的重要论述和党中央决策部署、持续深化对巡视巡察工作规律性认识的理论学习文章，收录了把对党的理论学习转化为巡察工作实践应用的思考探索，收录了巡察干部在统筹谋划、组织开展、躬身参与巡察工作实践中所凝炼的体会感悟。这些探索与感悟，源于沈阳局集团公司政治巡察工作的不断深化与点滴积累，旨在为读者从理论和实践层面，加深对做好国铁企业巡察工作的理解和运用，并有助于推进巡察工作高质量发展。受时间和水平所限，书中难免有疏漏和不足之处，敬请读者批评指正。

编委会

2024年7月

# 目录

## 理论研究篇

## 实践应用篇

## 体会感悟篇

# 理论研究篇

本篇突出理论学习，收录沈阳局集团公司领导人员及专兼职巡察干部在学习习近平总书记关于巡视工作的重要论述，以及学习巡视巡察工作发展历程、内涵定位及作用等方面的理论文章。

# 学好用好巡视工作条例
# 不断深化国铁企业政治巡察

沈阳局集团公司纪委书记　任广鑫

巡视是党章赋予的重要职责，是推进党的自我革命、全面从严治党的战略性制度安排，是上级党组织对下级党组织履行党的领导职能责任的政治监督。党的十八大以来，以习近平同志为核心的党中央明确政治巡视定位，从政治高度赋予巡视工作新的内涵，为巡视工作深化发展定准了坐标、指明了方向。巡视工作在坚持中深化、在深化中发展，政治定位更加精准、制度机制更加完善、工作格局更加健全，成为管党治党、国家治理的重要手段，为推进党的自我革命、跳出历史周期律探索了成功路径，在维护党中央权威和集中统一领导、保持党的先进性和纯洁性、保障人民群众利益、服务党和国家工作大局中发挥了重要作用，彰显了中国特色社会主义监督制度优势。国铁企业开展巡察工作，是巡视这一党内监督利器向基层的延伸和拓展，是落实国铁企业管党治党政治责任的有力抓手和重要保障。沈阳局集团公司党委始终坚定不移落实《中国共产党巡视工作条例》，认真贯彻党中央、国铁集团党组部署要求，主动融入巡视巡察上下联动的监督网，在强化基层党内监督、净化党内政治生态、深化全面从严治党等方面取得一定成效。

## 一、从党史的维度看巡视制度的发展历程

纵观百年党史，党的巡视工作随着党的队伍扩大和指导革命斗争的实践需要而产生和发展，逐步建立起与党的工作相适应的巡视工作制度和方式方法。从建党之初“党的特派员制度”的确立到中华人民共和国成立后土地巡视制度的探索，从改革开放初期巡视制度的恢复到党的十八大以来巡视制度的完善，巡视制度全面深入、日益成熟，且更加科学、更加严密、更加有效。

**1. 破土萌芽。**1922 年，党的二大通过的《中国共产党章程》明确规定：“中央执行委员会得随时派员到各处召集各种形式的临时会议，此项会议应以中央特派员为主席。”1928 年，中央发出第五号通告，正式颁布党内《巡视条例》，指出：“中央、省委、县委、特委都须设专门巡视员。”1931 年，中央通过《中央巡视条例》，该条例较为详细地规定了中央巡视员的条件、基本任务、工作方法、职权、教育与纪律等方面，并要求各省各地参照此条例建立自己的巡视制度。尽管巡视制度并不完善，但指导了地方党组织工作，在加强党中央领导、贯彻中央方针和壮大党组织力量等方面发挥了积极作用。

**2. 继承探索。**新中国成立后，为了更好地开展土地改革等运动，巩固新生的人民政权，党沿用了巡视制度并进行了新的探索。这一时期内，巡视制度在继承原有巡视制度的基础之上，结合新中国成立初期国家改革实际进行了有效探索，为改革开放后巡视制度的恢复与重建积累了经验。

**3. 破茧新生。**1978 年，党中央及时作出整党整风的重大决定，巡视制度得到恢复。1983 年，中共十二届二中全会通过《中共中央关于整党的决定》，巡视制度进入了重建阶段。1996 年，中央纪委制定了《中共中央纪委关于建立巡视制度的试行办法》，对巡视干部的选派，巡视组的任务、职权、纪律和管理等方面作出明确规定。1997—1999

年，党中央在“三讲”教育中实施巡视制度。2001年9月，中共十五届六中全会通过《中共中央关于加强和改进党的作风建设的决定》，强调：“中央和各省、自治区、直辖市党委要逐步建立巡视制度。”这一时期内，伴随着党对巡视制度认识的逐步深化，巡视制度也由指导革命、建设工作的重要方法转变为党内监督的一项重要制度。

**4. 规范发展**。2002年11月，党的十六大明确提出：“改革和完善党的纪律检查体制，建立和完善巡视制度。”2004年，中央纪委和中央组织部制定并出台《关于中共中央纪委、中共中央组织部巡视工作的暂行规定》，随即全国各省、自治区和直辖市成立121个巡视组，组建专业的巡视工作队伍。2007年10月，党的十七大再次强调：“健全纪检监察派驻机构统一管理，完善巡视制度。”2009年7月，中共中央颁布《中国共产党巡视工作条例（试行）》，对巡视工作的指导思想、基本原则、机构设置、工作程序、纪律责任等方面都作出了全面具体规定，对于推动巡视工作制度化规范化发挥了积极作用。

**5. 完善成熟**。2012年11月，党的十八大报告明确指出：“健全纪检监察体制，完善派驻机构统一管理，更好发挥巡视监督作用。”2013年，中共中央常务委员会召开会议，研究部署巡视工作，这在党的历史上还属首次。同年，《中央党内法规制定工作五年规划纲要（2013—2017）》中在对未来五年党内巡视制度进行全面规划的同时，也明确了巡视制度发展的目标与重点。2015年8月，中共中央颁布实施修订的《中国共产党巡视工作条例》，进一步优化巡视工作的方法和强化巡视工作的成果转化。2017年，中共中央作出关于修改《中国共产党巡视工作条例》的决定，明确要求“中央有关部委、中央国家机关部门党组（党委）可以实行巡视制度”“党的市（地、州、盟）和县（市、区、旗）委员会建立巡察制度，设立巡察机构”。党的十九大报告强调：“深化政治巡视，坚持发现问题、形成震慑不动摇，建立巡视巡察上下联动的监督网。”习近平总书记在党的二十大报告中指出：“推进政治监督具体化、精准化、常态化，增强对‘一把手’和领导班子监督实效。发挥政治巡视利剑作用，加强巡视整改和成果运用。落实全面从严治党政治责任，用好问责利器。”2024年《中国共产党巡视工作条例》再次修订，首次从党内法规的高度对政治巡视定位和巡视工作方针作出规定。这段时期巡视制度的结构日益合理、功能日益齐全、体系日益完备，突出党内巡视的政治功能，强调巡视制度的系统性和强化巡视制度的执行力是其重要特征，巡视制度进入成熟完善阶段。

## 二、深刻领会新修订巡视工作条例的重要意义和丰富内涵

习近平总书记强调：“要把巡视利剑磨得更光更亮，勇于亮剑，始终做到利剑高悬、震慑常在。”2024年2月8日中共中央印发了修订后的《中国共产党巡视工作条例》（简称《条例》），坚持以习近平新时代中国特色社会主义思想为指导，深入贯彻习近平总书记关于党的自我革命的重要思想，以党章为根本依据，总结新时代巡视工作理论创新、实践创新、制度创新成果，进一步健全巡视工作体制机制、责任体系，对坚持和加强党中央对巡视工作的集中统一领导、推进巡视工作高质量发展具有重要意义。

**1. 更加突出政治定位，以更高标准深化政治巡视。**巡视是政治巡视，是政治监督的重要方式。新修订的《条例》进一步突出政治性，更加鲜明确定巡视工作的方向和任务，首次从党内法规的高度对政治巡视定位和巡视工作方针作出规定，《条例》第二条开宗明义指出，“巡视工作是上级党组织对下级党组织履行党的领导职能责任的政治监督，根本任务是坚决维护习近平总书记党中央的核心、全党的核心地位，坚决维护以习近平同志为核心的党中央权威和集中统一领导”，明确“巡视工作坚持发现问题、形成震慑，推动改革、促进发展的方针”。聚焦政治巡视重点，《条例》在第三章第十八条对巡视监督内容

作出规范，明确“巡视工作应当紧盯权力和责任加强政治监督，严明政治纪律和政治规矩”。党中央重大决策部署到哪里，监督检查就跟进到哪里。《条例》更加鲜明强调围绕中心、服务大局，在第一章第四条规定了巡视工作应当遵循的五项原则，与原《条例》相比，新增“坚持围绕中心、服务大局”“坚持问题导向、发扬斗争精神”两项原则。在第二章首次明确巡视领导体制和工作机制，并对巡视工作主体责任作出规定，这有利于把党的政治优势、组织优势、制度优势转化为监督效能。

**2. 更加突出守正创新，不断完善规范巡视工作并固化经验。**《条例》在修订过程中全面总结运用巡视制度“十年磨一剑”的宝贵经验，将经过实践检验行之有效的经验做法，以党内法规的形式固定下来。《条例》进一步明确加强对“一把手”巡视监督的要求，第三章第十九条规定：“巡视工作应当加强对被巡视党组织主要负责人的监督，重点检查其对党忠诚、履行全面从严治党第一责任人责任、依规依法履职用权、担当作为、廉洁自律等情况，对反映的重要问题进行深入了解，形成专题材料。”强化立行立改、边巡边查，是巡视工作深化创新的一个重大举措。《条例》第四章第二十五条规定：“巡视期间，对干部群众反映强烈、明显违反政策规定并属于被巡视党组织职权范围、能够及时解决的问题，巡视组应当按程序督促被巡视党组织立行立改。巡视期间，对反映集中的党员、干部涉嫌违纪违法的问题线索，巡视组可以按程序移交有关纪检监察机关及时处置。”新规定把巡视、整改、处置有机结合，更加有利于提升巡视的权威性、公信力。

**3. 更加突出责任贯通，推动巡视工作上下联动、形成合力。**巡视发现问题的目的是解决问题，发现问题不解决，比不巡视的效果还坏。《条例》单列一章对巡视整改和成果运用作出规定。为推动解决整改中存在的“新官不理旧账”问题，《条例》规定：“党组织主要负责人和领导班子其他成员有调整的，应当做好巡视整改交接工作，持续落实整改责任。”为进一步推动被巡视党组织真改实改、深入整改，新修订的《条例》结合工作实际和调研中的意见建议，将巡视集中整改期限从原《条例》规定的2个月调整为6个月。巡察工作是巡视工作的重要组成部分，以巡视带巡察，发挥上下联动的系统优势，才能扎牢织密监督网。《条例》新增一章对巡察工作作出规定，明确了开展巡察工作的主体、市县党委巡察对象以及巡察监督内容。《条例》不仅明确把市县党委直接管理的党组织作为巡察对象，还首次把村（社区）党组织纳入县（市、区、旗）党委巡察范围，有利于推动全面从严治党向基层一线延伸、向群众身边延伸，进一步厚植党的执政根基。同时，对巡察集中整改期限，《条例》没有作出硬性规定，由开展巡察工作的党组织结合实际确定，防止“一刀切”、上下一般粗。此外，新修订的《条例》更加突出巡视综合监督作用，对推动巡视与其他监督贯通协调作出规定，既加强贯通协调，形成监督合力；又深化上下联动，将巡视利剑直插基层。

## 三、对标对表，推进巡察工作严谨规范

开展巡察工作以来，沈阳局集团公司党委主动向中央巡视和国铁集团党组巡视对标对表，坚守政治巡察职能定位，坚持以制度为基础、以问题为导向、以纪律为准绳，有计划、有步骤地展开对所属单位的政治体检。

**1. 以政治为统领，坚守职能定位，深化巡察监督。**始终坚持政治巡察定位，深入查找被巡察党组织存在的政治偏差。一是切实提高政治站位。增强“四个意识”、坚定“四个自信”、做到“两个维护”，认真落实中央关于中管企业内部巡视巡察的决策部署，既要体现政治巡察属性，也要符合企业管理要求，把“六围绕一加强”“四个紧盯”等要求与企业的职能职责、主责主业结合起来，全面审视被巡察党组织和党员干部的政治立场、政治态度、政治担当，切实加强对领导干部

权力运行的监督，防止权力腐蚀、滥用、异化，切实发挥政治监督作用。二是准确把握监督重点。学习借鉴党中央、省委和国铁集团党组巡视工作经验，结合国铁企业的特点和规律，重点在“四个聚焦”上下功夫，即聚焦党中央决策部署在基层落实情况，检查基层单位党委落实党的路线方针政策、中央重大决策部署，以及国铁集团党组工作要求等方面的问题；聚焦群众身边不正之风和腐败问题，检查基层单位党委落实“两个责任”方面的问题；聚焦基层党组织和党员队伍建设，检查基层单位党委落实党建工作责任、加强组织建设和选人用人方面的问题；聚焦巡察整改和成果运用等加强监督检查，检查基层单位党委对巡视巡察、审计等反馈意见整改落实方面的问题，确保巡察监督更加深入、更贴实际、更见成效。三是严格遵守巡察纪律。坚决按党章党规、巡视工作条例、巡察工作实施办法、巡察组工作规则办事，严格执行“不干预被巡察单位正常工作、不履行执纪审查职责”要求，严守职责边界，严禁超越权限，切实做到既不缺位也不越位。带头贯彻落实中央八项规定精神，谦虚谨慎、戒骄戒躁，平等待人、踏实干事，真正深入职工群众，听实话、察实情、求实效。从严监督管理，杜绝以巡谋私、跑风漏气、口大气粗等问题，防止“灯下黑”。

**2. 以责任为牵动，强化组织领导，保证巡察力度。**紧紧扭住“责任”二字不放，以明责促担当，以尽责保作为，推动政治巡察不断深化发展。一是严格落实集团公司党委的主体责任。党委主要领导认真履行巡察工作的首责、主责、全责，带头学习传达党中央、国铁集团党组关于巡视巡察的决策部署；及时组织召开党委会听取巡察情况汇报、审阅巡察文件制度；每轮巡察中，坚持认真研究确定巡察对象，做好人员和经费保障；每次听取汇报后，逐一作出“见人见事”式点评，对调查处理、整改落实等提出明确要求，为巡察工作顺利开展掌好舵、领好航。二是严格落实党委巡察机构的组织责任。巡察工作领导小组认真研究巡察规划、年度计划、实施方案和工作部署，对巡察情况进行先看、先审、先听、先议，形成意见提报党委会决议。巡察办立足构建内容协调、程序严密、配套完备、有效管用的巡察工作制度体系，制定《巡察工作实施办法》《纪检、组织人事、审计、巡察、财务部门监督工作联动实施办法》等规范性文件和流程附件，编印《巡察工作手册》《巡察工作实践》等工具书，为巡察工作的规范运行提供制度遵循；结合实际坚持多元化、专业化、年轻化，选优配强巡察人才库，遴选政治合格、业务精通、素质过硬的党员干部建立巡察人才库，为实现巡察高质量发展做好人才储备；充分发挥承上启下作用，加强与国铁集团党组巡视办的工作对接和请示报备，做好与横向部门的协调联络，统筹巡察组深入开展巡察监督。巡察组甘当“黑脸包公”，全面查找被巡察单位存在的倾向性、隐蔽性问题。同时，严肃巡察纪律，管好巡察队伍，铸就巡察铁军。三是严格落实被巡察党组织的配合责任。认真学习贯彻《被巡察党组织配合巡察工作规定》，教育引导党员干部始终保持政治上的清醒，积极主动做好支持配合工作，无条件接受政治体检，严禁找领导、托关系向巡察人员说情、施压，不得干扰、阻挠、对抗巡察，确保巡察高标准、高质量推进。对于个别党员干部发生的干扰、阻挠、对抗情形，巡察组及时与被巡察党组织沟通，严肃追责问责，切实维护巡察纪律的严肃性。

**3. 以问题为导向，深化巡察了解，查明病症病因。**坚持把发现问题作为生命线，突出政治定位，聚焦“关键少数”，截至 2024 年初沈阳局集团公司先后组织开展了 12 轮巡察，其中常规巡察 52 家、巡察“回头看”16 家、专项巡察 16 家，发现了一批高质量问题，较好地发挥了政治巡察的利剑作用。一是把脉问诊，找准突出问题。深刻认识集团公司管党治党的趋势变化，有针对性对被巡察单位党委进行政治体检，着力从政治上、纪律上发现问题，坚决把贯彻落实党中央决策部署不坚决不到位、制约和影响集团公司健康发展、职工群众反映强烈的突出问题找出来，以震慑“关键少数”促进大多数紧起来，以关注重点事带动基层建设强起来，以解决重点问题推进基层管党治党严起来。二是直击病灶，查清问题线索。坚持“严”字当头、“深”字托底，全面查找党的领导弱化、党的建设缺失、全面从严治党不力，党的观念淡漠、组织涣散、纪律松弛，管党治党宽松软等问题，重点加强对工程建设、物资采购、运输管理、经营开发、选人用人、劳动用工、资金管理等领域的监督，一经发现问题线索，深入了解违纪事实，及时进行移交处理，切实提高移交问题线索的“成案率”。三是对症下药，开出治病良方。全面梳理巡察情况，深度分析被巡察单位存在的问题，研判“病症”，找准“病根”，给出具有较强针对性和指导性的“体检报告”，既严肃中肯、实事求是地指出存在问题，又对症下药、有的放矢地提出意见建议，让被巡察单位清楚自己的短板和差距，明确整改的思路和方法，为后续整改打下坚实基础。

**4. 以治本为目的，开展靶向治疗，确保整改实效。**坚持把推动问题解决作为巡察工作的落脚点，切实强化问题整改。一是交任务、压担子，夯实整改责任。坚持当面“交账”，由巡察工作领导小组成员带队，分别向被巡察单位党组织主要负责人和党委反馈巡察意见，把问题讲清讲透，把责任压紧压实，让领导班子、党员干部和职工群众充分认识到巡察整改的重要性和紧迫性，全力抓好问题整改。二是严把关、细审核，定好整改方案。坚持逐项“列账”，组织被巡察单位认真制定整改方案，列出问题清单、任务清单、责任清单，制定详细的时间表和路线图。集团公司纪委、党委组织部、巡察组、巡察办指导审核整改方案，不合格的坚决不予过关，为后续整改打牢基础。三是常跟踪、严督促，推动整改落实。坚持全面“销账”，督促被巡察单位一项一项整改、一条一条解决、一件一件销号，推动巡察反馈问题得到全面彻底整改，坚决做到零遗漏、不打折、全销号。四是联动抓、合力改，提高整改效能。坚持有效延伸和拓展整改链条，将系统问题向业务主管部门反馈，党建问题向组织人事部门反馈，违纪问题向纪检部门反馈，并同步做好向主管领导的汇报工作，确保各个层面及时了解掌握巡察问题和整改要求，形成多方联动、合力整改的良好局面，推动巡察问题真改实改。五是不松手、再回头，检验整改成效。坚持经常“对账”，始终把巡察过的单位放在视线之内，做到履职尽责不力的不放过、整改质量不高的不放过、问题销号不全的不放过、出现反弹回潮的不放过，动态组织开展巡察“回头看”，释放“巡察不是一阵风、问题不改不收兵”的强烈信号，坚决杜绝被巡察单位的过关思想和应付心态。坚持“当下改”与“长久立”相结合，按照《加强巡察整改和成果运用实施办法》，既有的放矢解决被巡察单位存在的显性问题和隐性矛盾，又追根溯源查找集团公司存在的管理漏洞和制度缺失，确保巡察问题全部整改到位，做到零遗漏、不打折、全销号。六是深问责、真惩戒，严明整改纪律。坚持从严“算账”，对整改不力、敷衍整改、虚假整改的，抓住不放，严肃问责，对典型案例公开曝光，发挥问责一个、警醒一片的震慑效应，推动整改落实见真章、动真格、求实效。

**5. 以纪律为戒尺，严惩违纪行为，形成强大震慑。**坚持把纪律和规矩挺在前面，严肃问责触碰红线的人和事。一是优先调查移交线索。针对巡察发现的问题线索，按照管理权限及时移交集团公司纪检、组织人事等部门和被巡察单位党委、纪委，做到“无缝对接”。收到移交线索后，相关部门和单位认真研究，集中力量，快查快办，进一步发挥巡察震慑作用，持续释放执纪监督常态化制度化的信号。二是严肃查处违纪行为。综合运用监督执纪“四种形态”做好分类处置，该教育的教育，该惩处的惩处，形成严抓严管的态势，让党员干部特别是领导干部知敬畏、存戒惧、守底线。对选人用人问题和党的重要组织原则问题，严肃追责问责，并作为班子考核、干部评价、选拔任用的重要依据，进一步强化巡察成果运用。三是公开通报突出问题。用身边事教育身边人，定期组织召开巡察问题通报大会，“点名道姓”通报巡察发现的突出问题，让大家红脸出汗、收敛知止。强化案例警示教育，与纪检、组织人事部门密切配合，筛选提供巡察典型案例，不定期印发专题通报，达到通报一批、震慑一片的效果。利用干部培训时机，举办巡察专题讲座，与大家面对面谈问题、说体会、讲感受，共同吸取问题教训。

# 学思践悟　笃行不怠<br>努力夯实巡察监督基础

沈阳局集团公司党委巡察办常务副主任　刘传利

为深入学习贯彻党的二十大精神和习近平总书记关于巡视工作的重要论述，深入落实国铁集团党组关于巡视巡察工作的部署要求，沈阳局集团公司党委巡察办在认真总结巡察工作情况、全面深入分析当前集团公司全面从严治党形势基础上，紧密结合正在推进的巡察工作，坚持边学习、边探索，边研究、边实践，在学与做、行与思中，不断总结分析问题、探索工作方法，努力提升巡察监督质效。

## 一、充分认识巡视巡察工作的重要意义

政治巡视是党章赋予的重要职责，是推进党的自我革命、全面从严治党的战略性制度安排。党的十九大以来，作为国铁企业的巡察部门，坚持以习近平新时代中国特色社会主义思想为指导，全面贯彻中央巡视工作方针，坚守政治巡视定位，突出问题导向和严的基调，把牢发现问题、形成震慑生命线，站位推动改革、促进发展落脚点，做到党中央重大决策部署到哪里，巡察监督就跟进到哪里，以实际行动坚定拥护“两个确立”、坚决做到“两个维护”。由此可见，巡视巡察

在推动全面从严治党、筑牢国铁企业“根”和“魂”中发挥着更加突出的作用。

**1. 开展巡察工作，是落实习近平总书记重要讲话和重要指示批示精神的具体行动。**坚持党组织建立到哪里，巡视巡察就跟进到哪里，扎牢织密监督网。国铁集团党组巡察工作指导意见提出，铁路局集团公司党委开展巡察工作，是巡视这一党内监督利器向基层的延伸和拓展，是落实国铁企业管党治党政治责任的有力抓手和重要保障。集团公司党委开展巡察工作，就是旗帜鲜明地维护习近平总书记党中央的核心、全党的核心地位，维护党中央权威和集中统一领导的实际行动；就是旗帜鲜明地坚持以习近平新时代中国特色社会主义思想为指导，认真贯彻落实党中央决策部署的重大举措；就是旗帜鲜明地尊崇党章，以党规党纪为尺子，用好全面从严治党的制度利器，强化党内监督的有效途径。作为巡察干部，一定要提高政治站位，把习近平总书记关于巡视工作的重要论述，以及国铁集团党组、集团公司党委关于巡视巡察工作的部署要求不折不扣地落到实处。

**2. 开展巡察工作，是坚持党的领导、加强党的建设，推进全面从严治党向基层延伸的重要举措。**巡视巡察是党章赋予的重要职责，是加强党的建设的重要举措，是全面从严治党、维护党纪的重要手段，是加强党内监督的重要形式。巡察工作方向在基层，重点在基层，是推动全面从严治党向基层纵深发展的又一利器，充分体现全面从严治党横向到边、纵向到底，全覆盖、无盲区、无死角的力度、广度和深度。习近平总书记在党的二十大上指出，“反腐败斗争取得压倒性胜利并全面巩固”，但“铲除腐败滋生土壤任务依然艰巨”。这就需要把巡察与抓好日常监督、保持惩治腐败高压态势结合起来，强化不敢腐的震慑；把巡察与深化改革、完善制度结合起来，扎牢不能腐的笼子；把巡察与巩固深化党史学习教育成果、促进践行初心使命结合起来，增强不想腐的自觉。作为巡察干部，要用好巡察所积累的宝贵经验，继续深入贯彻“发现问题、形成震慑，推动改革、促进发展”的巡视工作方针，突出巡察工作的政治性和人民性，聚焦“四个落实”监督重点，不断深化发展政治巡察工作。

**3. 开展巡察工作，是推动国铁企业高质量发展的有力保障。**国铁集团党组要求各级领导班子和领导干部要心系“国之大者”，不断提高政治判断力、政治领悟力、政治执行力，严守政治纪律和政治规矩，要时刻关注党中央在关心什么、强调什么，深刻领会什么是党和国家最重要的利益、什么是最需要坚决维护的立场，经常同习近平总书记重要指示批示精神和党中央决策部署对标对表，及时校准偏差，确保不偏向、不变通、不走样。比如：沈阳局集团公司党委始终深入贯彻国铁集团党组部署，围绕服务国家战略、助力地方经济发展，加快推进重点铁路项目规划建设，持续扩大铁路在社会运输市场中的份额，大力开行中欧班列……这些都是把握“国之大者”的具体体现。作为巡察干部，要把落实“国之大者”要求和巡察监督职责有机结合起来，聚焦党中央各项决策部署在基层的落实情况、聚焦群众身边腐败问题和不正之风、聚焦基层党组织建设、聚焦各类监督发现问题的整改、聚焦“一把手”和领导班子，精准开展政治监督，看基层单位是不是按照国铁集团党组的部署和集团公司党委的具体要求，结合实际研究提出了切实可行的措施；有没有落实到底、落实到位，发现和推动解决存在的突出问题。巡察干部要充分发挥政治巡察的权威性、震慑力、推动力，为集团公司高质量发展提供坚强政治保障。

## 二、精准政治监督定位，进一步聚焦巡察监督内容

**1. 围绕“三大问题”，推进习近平总书记关于铁路工作的重要指示批示精神落实落地。**对标坚持和加强党中央集中统一领导的政治要求，进一步深刻领悟“两个确立”的决定性意义，以实际行动落实“两个维护”。一是围绕坚持和加强党的全面领导，发现和推动解

决基层领导班子建设问题。把学习贯彻习近平总书记对铁路工作的重要指示批示精神作为鲜明主题，把政治标准、政治要求贯穿巡察工作全过程。重点巡察基层党委是否按照国铁集团党组、集团公司党委要求，把党中央重大决策部署和习近平总书记重要指示批示精神落到实处，党委会“第一议题”是否真议，党委中心组是否真学，班子成员是否真正学懂弄通做实，认真贯彻服务国家和区域发展战略部署，结合实际落实国铁集团、集团公司关于安全生产、客货运输、经营开发、深化改革等工作安排。重点掌握是否牢牢把握“坚持党的领导，加强党的建设”这个国有企业的“根”和“魂”，融入企业重大决策部署的制定、落实全过程，有效发挥党委把方向、管大局、保落实作用。二是围绕防范化解重大风险，发现和推动解决责任落实问题。对标推进国家安全体系和能力现代化的战略部署，全面贯彻总体国家安全观和大安全观。按照国铁集团党组、集团公司党委防范化解运输生产安全风险、网络信息安全风险、意识形态风险、经营风险等方面的部署要求，积极拓展巡察工作新思路、新方法，充分释放政治巡察综合监督效能。主动与集团公司有关部门协调配合，掌握研判各系统、各专业、各领域“灰犀牛”趋势和“黑天鹅”特点，分析管理的短板、弱项，区分普遍性和系统性，分类建立“系统风险巡察清单”，采取倒查机制进行综合分析，透过表象看本质、通过业务看政治，发现领导班子履职尽责的缺位和差距。坚持边巡边改、立行立改，及时将重大风险隐患消灭于萌芽，促进各级组织和干部以“时时放心不下”的责任感、紧迫感抓好风险防范，坚决确保集团公司安全持续稳定。三是围绕担当作为，发现和推动解决领导干部精神状态问题。牢牢把握国家铁路战略定位和国铁企业主责主业、坚定不移向高质量发展这个目标持续发力。对标深化国资国企改革的战略部署，深化铁路各领域改革，不断做强做优做大国铁企业，重点了解基层党委是否聚焦交通强国历史使命，主动破除思维定式、工作惯性和模式依赖，积极抢抓机遇，敢于承责、积极应对风险挑战，大胆开拓创新，群策群力推进改革发展。对标建设高效顺畅的流通体系、健全基本公共服务体系的战略部署，认真践行“人民铁路为人民”宗旨，进一步提升铁路运输服务保障水平，重点了解基层党委是否尽职尽责、担当作为，深入解决影响服务共建“一带一路”、铁路建设、客货服务等方面问题，不断提升铁路设施网络化、服务便利化和运营高效化水平，增强企业竞争力、创新力、控制力、影响力和抗风险能力，更好满足人民日益增长的美好生活需要，为畅通国内大循环和促进经济平稳增长提供坚实支撑；重点了解领导干部的精神状态和作风建设情况，是否增强政治意识、练就过硬本领、坚持务实作风、发扬斗争精神、厚植为民情怀、守住廉洁防线，以饱满的精气神为集团公司高质量发展作贡献。

**2. 强化“四个聚焦”，增强巡察监督的精准性、有效性。**对标深入推进新时代党的建设新的伟大工程战略部署，坚定不移深化全面从严治党，全面加强国铁企业党的建设和党风廉政建设。一是聚焦加强党的建设。紧盯全面加强领导班子和干部人才队伍建设，实施新时代基层党组织建设“强基提质”工程，重点了解基层党委是否加强对本单位党建工作的领导，党委书记是否认真履行第一责任，专职副书记是否认真履行直接责任，领导班子其他成员是否认真履行“一岗双责”，党支部书记是否集中精力抓党建。重点了解选人用人和干部队伍建设情况，巡察期间同步开展选人用人专项检查，看选人用人是否严格执行标准和程序，是否树立正确导向，是否存在违反组织人事纪律，如任人唯亲、带病提拔、突击提拔、跑官要官等问题。尤其要围绕全局目标任务，在生产经营主战场上了解掌握各级干部的实际表现。看各级干部面对大事难事是否有思路、有招法、有实绩，是否聚精会神抓主业，一心一意谋发展。二是聚焦“一把手”和领导班子。在巡察谈话、巡察报告、巡察整改中更加聚焦“一把手”，对其履行第一责任人职责和廉洁自律情况单独列出，提出明确意见和整改要求，推动对“一把手”和领导班子监督工作不断深化，以震慑“关键少数”带动“绝大多数”。三是聚焦重点领域。对标构建高水平社会主义市场经济体制、推进法治中国建设的战略部署，坚持市场化、法治化、国际化方向，全面提升国铁企业经营质量。瞄准工程建设、物资采购、运输管理、经营开发等权力集中、资金密集、资源富集等重点领域，通过账目核查、实地调查、与知情人谈心谈话和受理信访等方式，重点了解是否存在不调研、不论证搞盲目投资，是否假借投资合作搞利益输送，是否从业务往来中套取资金挪作他用，是否通过内外勾结、设租寻租、关联交易啃食铁路企业利益，是否存在“靠路吃路”、搞权钱交易等问题，进一步树牢依法治企理念。四是聚焦职工身边“微腐败”。对标发展全过程人民民主、增进民生福祉的战略部署，全面落实党的依靠方针，切实关心关爱职工、服务人民群众。重点看基层单位是否私设“小金库”胡支乱花，违规吃喝送礼，滥发津补贴；是否在专项经费使用上动“歪脑筋”，在奖金分配、困难补助等方面虚报冒领、优亲厚友侵占职工利益；是否利用负责职工晋级考试、安全考核、岗位调整等工作便利，索取收受好处等问题。通过强有力的巡察，切实让职工群众在全面从严治党中感受到公平正义，不断增强国铁企业职工的获得感、归属感。

## 三、有效夯实联动监督、成果运用和巡察队伍建设基础

**1. 构建“大监督格局”，充分释放巡察综合监督平台效能。**一是制定五年巡察工作规划。按照党中央和国铁集团党组关于巡视巡察工作有关部署要求，坚持高起点启动、高水平迈进、高标准深化、高质量发展，围绕“指导思想、总体目标、基本原则、工作方针、检查重点、工作形式和标准要求”等方面，全面谋划未来五年集团公司巡察工作规划，明确巡察工作任务书、时间表和路线图，构建政治巡察整体发

展框架，力争通过五年努力，使巡察机制日益完善、政治巡察不断深化、成果运用扎实有效，为推进集团公司全面从严治党提供强有力支撑。二是推进各类监督融会贯通。把巡察监督与纪检、组织等党内其他监督有机结合，与职工群众民主监督、社会公众监督、舆论监督有效贯通，充分发挥政治巡察综合监督作用和联系群众纽带功能，实现各类监督信息互通、优势互补、成果共享，推动巡察与其他监督有机贯通、相互协调、凝聚合力，不断提升监督质效。三是建立统筹协调衔接模式。制定集团公司《纪检、组织人事、审计、巡察、财务部门监督工作联动实施办法》，进一步密切巡察机构与纪检、组织人事、宣传、审计等部门协作配合，建立任务统筹、政策传导、情况通报、人员选派、沟通协调、成果运用、整改监督等统筹协调衔接模式，在提升监督的全面性、规范性、实效性上用功着力。巡前强化信息贯通，共同分析研判重点问题；巡中强化会商协作，就巡察发现的疑难问题主动听取相关部门意见建议。及时移交重要问题线索，纪检部门提前介入。巡后强化共督共促，建立整改监督台账，实时掌握整改进展。定期汇总分析，协调相关职能部门及时开展督办，合力推动提升整改实效。

**2. 做实做细“后半篇文章”，更好发挥标本兼治作用。**一是建立成果运用机制。根据中央《关于加强巡视整改和成果运用的意见》和国铁集团党组相关要求，制定《集团公司党委关于加强巡察整改和成果运用的实施办法》，针对工作实践中存在的短板、弱项，厘清各方面职责任务，提升整改的质量和效果。二是完善整改问责机制。探索制定《巡察整改督查问责办法》，对巡察反馈意见整改工作进行督查、评估、问责的主体及问责形式、内容、具体流程等予以明确，层层传导压力，倒逼责任落实，对巡察整改全过程实施立体监督、闭环管理。有针对性地开展巡察“回头看”，对被巡察党组织政治站位不高、整改工作敷衍应付等问题实施问责，力促巡察发现问题立行立改、应改尽改、真改实改。三是健全整改督导机制。坚持上下联动、系统集成、协同高效，探索建立巡察整改督导机制，明确细化集团公司相关业务主管部门和综合部门在推进巡察整改落实中所承担的工作内容，进一步压实整改督促责任。统筹纪检、组织人事部门加强整改日常督导，发挥好统筹协调、跟踪督促、汇总分析作用，形成各司其职、密切协作，增强合力的整改态势。

**3. 打造“专家型团队”，为政治巡察向更高水平迈进提供强大支撑。**一是精选人才。从集团公司管内各单位精选专业人才和优秀干部不断充实到人才库，探索制定《集团公司巡察人才库动态管理实施办法》，形成由集团公司党委统筹，党委巡察办具体负责，纪委、组织部等部门共同协作，各单位全力配合的巡察人才库管理体系，确保选好、用好巡察人才。二是提升能力。把巡察岗位作为培养干部的重要平台，进一步健全培训机制。通过选调巡察干部跟班学习、推荐参加党组巡视及选派参加上级举办的学习培训班等方式，不断向上向外学习巡察工作新理论、好经验、好办法，并有计划、有针对性地组织学成归来的巡察干部开班授课，分享学习成果。从巡察人才库中定期选派干部参与巡察，依托临时党支部建设强化边巡边训、学用结合，提高巡察干部政治鉴别、组织协调、信访处置、文字综合等能力。三是管好队伍。坚持用好考核“指挥棒”，坚持在巡察中发现、培养、考察干部，及时向其所在单位和组织部门反馈，作为被抽调人员评先评优、选拔任用的重要依据，不断激发巡察队伍的潜力。

# 关于用好巡察成果加强和改进新时代党性教育问题的研究

沈阳局集团公司纪委副书记　姚国栋

重视党性教育，加强党性修养和党性锻炼，是中国共产党加强自身队伍建设的优良传统和一大优势。国铁企业必须主动适应新形势、迎接新挑战、承接新使命，持续用力加强党性教育，带领党员以坚定的党性原则担负起服务保障党和国家重大战略的政治责任。沈阳局集团公司党委认真贯彻落实党中央、国铁集团党组的部署要求，在采取常规手段抓好党性教育的同时，充分借助政治巡察的优势和力量，积极探索深化党性教育的途径和方法，推动政治巡察与党性教育有效融合、互为促进，进一步提升党性教育的针对性和实效性。

## 一、以政治巡察深化党性教育的主要做法

始终把巡察发现的问题、积累的经验作为加强党性教育的宝贵资源，坚持问题导向，重抓反面典型，强化成果运用，通过有力的警示震慑作用，教育引导党员干部常怀敬畏之心、强化党性锻炼、提升党性修养，切实守住党纪这一“红线”、法律这条“底线”、初心这道

“防线”。

**1. 深化政治巡察，念好监督“紧箍咒”。**坚持“发现问题、形成震慑”这条生命线不动摇，聚焦“六围绕一加强”“四个落实”等重点，深入查找党的建设弱化、党性观念不强、党性修养缺失等突出问题，让被巡察单位党组织和党员干部接受深刻的党性教育和思想洗礼。坚持边巡察边教育，把党性教育融入巡察动员部署、集中培训、个别谈话、反馈意见、巡察整改等各环节，促进党员干部保持头脑清晰、立场坚定。

**2. 锻造巡察铁军，立起严实“风向标”。**执纪者必先守纪，律人者必先律己，这既是巡察干部应有的底线，也是应当筑牢夯实的防线。坚持正面教育引导与反面警示教育并重，通过集中培训与常态提醒相结合的方式，不断巩固深化“不忘初心、牢记使命”主题教育成果，组织巡察干部加强对党的路线、方针、政策和党纪条规的学习，引导巡察干部牢固树立正确的世界观、人生观、价值观和权力观，以党纪为标尺，以党规为准绳，严格按党性原则办事，带头做政治合格、党性过硬、勇于担当、严于律己的表率。

**3. 用好典型案例，常打思想“免疫针”。**坚持用好用足巡察问题的“活教材”，加大警示教育力度。分类梳理系统典型案例，开展对照反思查摆，做到以案促改、未巡先改。针对不同群体、围绕不同侧面，选取不讲党性、不守规矩的典型案例，编写授课提纲，在各级各类干部培训班上开设巡察案例警示课，由巡察办作专题讲座，先后为党委书记、行政正职、党务干部讲案例、敲警钟，让大家吸取教训、引以为戒。比如：在沈阳局集团公司党校阜新校区廉政警示馆开辟政治巡察专栏，精心设计高质量的警示教育板块，为集团公司党性教育增添了新的一课。

**4. 公开揭短亮丑，敲响慎微“警示钟”。**充分运用通报曝光手段，强化巡察震慑。集团公司党委定期召开通报大会，由党委书记点名道姓通报巡察突出问题，在全局引起了较大震动。运用纪检和组织人事部门印发的问题通报，对一批巡察发现的典型问题进行公开曝光，确保通报一批、震慑一片。坚持用身边事教育身边人，组织党员干部对照通报的突出问题，深度反思，以案为鉴，提醒党员干部时刻保持警惕、警觉、警醒，注意小处、小事，时时刻刻、事事处处把握好自己，切实把写在纸上的教训变为记在心里的敬畏。

**5. 严查违纪行为，用好问责“杀手锏”。**注重发挥巡察利剑作用，坚持有责必问、失责必究、追责必严，让党员干部心有所戒、行有所止。针对巡察发现的问题线索，及时移交集团公司纪检、组织人事等部门和被巡察单位党委、纪委，优先办理、严查快办，综合运用监督执纪“四种形态”分类处置，不断强化威慑力和警示效果。巡察工作开展以来，有的责任人受到纪律处分或组织处理，有的被开除党籍，有的被移送司法机关，使党员干部特别是领导干部的党性意识和规矩意识显著增强。

## 二、把握新情况、新问题、新趋势精准着力

在新时代背景下，世情、国情、党情发生着深刻变化，这使党性教育面临更多更大的挑战。不可否认，随着管党治党力度的持续加大、巡视巡察监督的深入推进，通过政治巡察、现场调研、谈话了解，一些新情况、新问题、新趋势还不容忽视，需要根据时代发展要求，不断加以防范、完善和改进。

**1. 重视不够的现象不容忽视。**中国共产党历来重视党性教育，党性教育不能少、不能丢，也不能走形式、走过场，更不能停留在嘴上说说、墙上挂挂，必须成为党员干部思想的指南、行动的航标。一要防止“无用论”。有的基层党组织对党性教育的重要性认识不到位，片面地将党性教育看成是“搞形式、走过场”，始终存在着“重业务、轻党务”的现象，对上级的要求敷衍了事，该学习的搞“走马观花”式

学习、该传达的搞“蜻蜓点水”式传达，影响了党政方针的贯彻落实。如果把党性教育这个主责主业放松了甚至荒废了，就很容易在政治方向上出现偏差。二要防止“一阵风”。党性是党的本质属性，只有每一名党员时刻牢记、时时默念，融化在血液之中，才能保持追求先进性的动力。一些基层党组织抓党性教育敷衍应付，组织强调的时候应付做做，前紧后松，过后依旧我行我素，始终存在松口气、歇歇脚的思想。如果抓党性教育缺乏一以贯之、持之以恒的劲头，就很难收到实效。三要防止“空对空”。从日常的培训教育情况看，针对不同层面、不同岗位的党员，缺乏深度的调研和思考，党性教育培训课程设置、授课内容等针对性不强，无法很好地契合党员思想实际，也没有跟上时代的发展需要，导致党性教育与实际严重脱节，结果是“左耳进、右耳出”，达不到入脑入心的学习效果。

**2. 动力不足的现象亟待解决。**党性教育能否达到预期效果，与党员自身的学习态度、学习动机息息相关，其主要原因还在于党员的内生动力不足。一是不想学。在一些党员看来，党性教育仍然“说起来重要、干起来次要”，主观认为参加党性教育培训不如多参加一些岗位技能培训或实践锻炼，对参加党性教育培训不积极，态度不端正。究其深层次原因，还是党性意识出现了偏差。因此，要想调动党员参加党性教育培训的积极性，就必须强化其党性意识。二是不会学。一些党员的理论功底不深，虽然有学习党的理论知识的热情，但找不到学习的方向，抓不住学习的重点，存在有心无力、无从下手的现象。特别是有的基层党支部书记，虽然有抓好党员教育管理的激情，但缺乏做好党支部工作的基本功，甚至连最基本的“三会一课”都组织不好。三是不实学。有的党员参加党性教育培训，尽管人来了，但思想没有跟进，在学习中敷衍了事、浅尝辄止、消极应对。有的受实用主义、利己主义等社会思潮的影响，思想上缺乏对党性教育的重视，放松了对党性教育的严格要求。在党性教育实践中，只有让党员真正懂得党性的重要性，并由内而外地自觉学习党性，才能激发持久的积极性和学习热情。

**3. 形式单一的现象比较普遍。**党性教育是一个将党的思想、理论、信念等内化于心、外化于行的过程，不是简单、机械地宣讲、灌输就能够实现的，必须通过党员亲身参与、实际体验，才能达到触动心灵与升华思想的作用。一是方法老套。教育方法服务于教育内容，教育内容的有效灌输得益于好的教育方法。目前，一些基层党组织在进行党性教育时，手段单一，内容陈旧，形式简单，缺乏感染力和吸引力。有的盲目借鉴别的单位的方法，而不考虑自身实际情况，只是机械地照搬照抄，出现雷同现象。如果只是一味地简单灌输，活在云端，不接地气，就引不起党员的关心关注。二是缺乏互动。当前，党性教育尽管增加了实地参观、现场教学、案例警示等内容和方式，但基本上还是以教育主体传授理论、党员被动接受的方式为主，双向互动比较少，在碰撞思想、引发共鸣上还有差距。有的党员干部只是把要求讲明，只是告诉一线党员应该怎么做、达到什么要求，而不注重倾听党员的真实感受，没有很好地调动党员学习的积极性。三是学用脱节。做好共产党员的必修课，重在行，行的过程不是一蹴而就的，对党员而言，接受党性教育、强化党性锻炼、优化党性修为，没有完成时，只有进行时。但有的党员在接受党性教育后，并没有把学到的东西运用到具体实践当中去，仍然是说一套、做一套，把接受教育的初衷抛在了脑后。

**4. 监督不严的现象有待改进。**严格的监督管理，才能达到更好的党性教育效果，如果只是重部署轻监督、重形式轻实效、重过程轻结果，就很难达到预期效果，最终使党性教育的实效性大打折扣。一是约束失之于宽。透过巡察发现的问题看本质，有的党组织在党员教育管理上做得还不够，虽然出现问题做到了严肃处理，但日常提领子、扯袖子的工作还缺乏力度。究其深层次原因，还是对党员干部规矩意识、敬畏之心培养的长期性、艰巨性、复杂性认识不足，在日常教育、规矩养成、警示震慑、氛围形成上思考得还不深，抓得还不紧。二是检查失之于松。党的十八大以来，随着全面从严治党形势的不断发展，党性教育的制度越来越完善，手段也越来越丰富，但少数基层党组织对党性教育、党性锻炼的严峻性和重要性仍然认识不足，日常检查不够、监督不够、管理不够，导致出现了有制度不落实、有规定不执行等问题，没有形成严抓严管的良好氛围。三是问责失之于软。人非圣贤，孰能无过。党员干部也是人，在工作生活中难免会出问题、犯错误。如果对党员干部违规违纪的苗头性、倾向性问题置之不理，不敢动真碰硬，不能亮出“问责”这个有力武器，必将导致其越陷越深、不能自拔，甚至走上违法犯罪的道路。为此，一定要抓早抓小、防微杜渐，用好监督执纪“四种形态”，防止小错酿成大错。

## 三、加强新时代党性教育的思考及建议

习近平总书记强调：“党性教育是共产党人修身养性的必修课，也是共产党人的‘心学’。”在新的形势下，国铁企业作为党执政兴国的重要支柱和依靠力量，必须强化政治担当，扛起政治责任，把党性教育牢牢抓在手上。

**1. 把真学真信摆在首位，让党员抓牢讲政治这一核心。**坚持不懈地抓好党的基本理论和创新理论成果、党纪法规，以及上级部署要求的学习贯彻，引导党员深化理论武装，加强党性修养，切实把牢思想和行动的“总开关”。一是党的理论经常学。以“两学一做”学习教育常态化制度化为抓手，组织党员认真研读马克思主义经典著作，坚持读原著、学原文、悟原理，筑牢信仰之“基”，补足精神之“钙”，把稳思想之“舵”。把深入学习习近平新时代中国特色社会主义思想作为党员修身修心的主修课，引导党员真学、真懂、真信、真用，切实增强“四个意识”、坚定“四个自信”、做到“两个维护”。二是党纪法

规重点学。以党章、党的纪律、国家法律、党在长期实践中形成的优良传统和工作惯例为重点，组织党员认真学习党纪法规，引导党员增强规矩意识、敬畏之心，时刻以党员的标准严格要求自己。用心用力抓好党纪法规教育，督促和教育党员严格遵守党纪法规，自觉落实全面从严治党各项要求，用纪律管住大多数，树牢规矩意识、先进意识和党性观念。三是上级部署及时学。把学习中央对铁路工作的重要指示精神和国铁集团党组的部署要求，作为抓好各项工作，推进集团公司高质量发展的首要前提，引导党员吃透精神、领会实质、形成共识，时刻做到政治信仰不变、政治立场不移、政治方向不偏。坚持边干边学，边学边思，边思边用，着力将学习效果转化为指导实践的成果，确保及时、全面、有效地把上级决策部署贯彻好、落实好。

**2. 把严抓严管作为关键，让党员聚焦强党性这一根本。**加强党性修养是党员干部改造主观世界的永恒课题。要把加强党员教育管理、强化党性锻炼摆在突出重要位置，持续用力、久久为功，形成从严管党治党的浓厚氛围。一是严肃党内生活。习近平总书记强调："党性是党员干部立身、立业、立言、立德的基石，必须在严格的党内生活锻炼中不断增强。"要把严肃党内政治生活作为强化党性锻炼的重要抓手，引导党员用好批评和自我批评这个利器，主动虚心接受组织和身边同志的监督，让自己在党性修养上硬气起来。全面抓好"三会一课"、双重组织生活、谈心谈话、提醒教育等制度的落实，加强党性锻炼，不断增强党员的组织观念和党员意识。二是丰富教育形式。坚持继承传统与改进创新相结合，不断开辟新阵地、探索新方法、研究新手段，着力解决党员教育平淡不生动、入耳不入心、吸引力差、影响力低等问题。积极搭建"做"的平台，聚焦安全、经营、服务、建设等重点领域，广泛开展创岗建区、立项攻关、品牌创建活动，分领域深化创先争优，充分发挥党支部的战斗堡垒作用和党员的先锋模范作用。三是严格党员管理。压紧压实管党治党"两个责任"，始终坚持党规党纪面前人人平等、没有例外、不搞变通，坚决维护纪律和规矩的严肃性、权威性。认真贯彻《中国共产党国有企业基层组织工作条例（试行）》，深入落实《中国共产党支部工作条例（试行）》《国铁企业党支部建设工作细则》，聚焦加强党员教育管理监督，健全完善工作制度，常态化组织好培训教育，促进党员全面增强党性意识。

**3. 把深巡细察落到实处，让党员绷紧守纪律这一红线。**把政治巡察作为强化党性教育、加强党性锻炼的重要平台，聚焦党性意识淡化、党的领导弱化、党建工作虚化等突出问题，严查政治偏差，用好巡察成果，强化震慑作用，真正让党员干部受警醒、知敬畏、存戒惧、守底线。一是盯住职能责任不放。牢牢把握政治巡察定位，精准聚焦“四个落实”，坚持以问题为导向，以党规党纪为准绳，紧盯党委发挥领导作用落实情况、全面从严治党责任落实情况、新时代党的组织路线落实情况、整改落实情况，深入查找被巡察党组织和党员干部存在的政治偏差，着力把理想信念动摇、政治定力不强、党性修养缺失等深层次原因挖出来，不断强化巡察的震慑、遏制和治本作用。二是盯住整改落实不放。把巡察整改作为衡量党员干部党性意识强不强的“试金石”，牢固树立“巡察发现问题的目的是解决问题，发现问题不解决比不巡察效果还坏”的工作理念，拧紧巡察整改“责任链”，坚持挖“病灶”、查“病源”、去“病根”，切实做到真整改、真解决、真见效。始终把巡察过的单位放在视线之内，按照一定比例开展巡察“回头看”，对不讲政治、不讲党性的严肃追责问责，做到“问责一个、警示一片”。三是盯住违纪行为不放。坚持把纪律规矩挺在前面，对违规违纪行为做到“零容忍”，发现一起查处一起，决不姑息迁就。针对巡察发现的问题线索，严格按照管理权限移交集团公司纪检、组织人事等部门和被巡察单位党委、纪委调查处理，综合运用监督执纪“四种形态”分类处置，引导党员干部认清守纪律、讲规矩既是“紧箍咒”，也是“护身符”，充分彰显巡察震慑威力，持续释放执纪监督常态化制度化的信号。

**4. 把自省自警融入经常，让党员心怀严党纪这一标尺。**自省自警是不断完善自我、不断超越自我、不断升华自己的人格和思想的一个必不可少的过程。要把巡察发现的典型问题作为宝贵资源，组织党员认真对照、深刻反思、引以为戒，不断勘误纠错、校正言行、提升境界。一是常“照镜子”反思。采取多种形式加大对党员的培训教育力度，引导党员把“照镜子”作为每日的必修课，坚持“吾日三省吾身”，时常把自己的所思、所想、所作、所为，在脑子里“过过电影”，对照党章党规党纪、先进典型和反面教材，反思自己对组织是否忠诚，对群众是否尊重，对岗位是否尽责，对工作是否用心。通过不断反省自己、改造自己、提高自己，让道德修养日有所进。二是强化警示教育。深入总结提炼巡察成果，围绕巡察典型问题，编写警示教育案例汇编、典型教材，采取公开通报曝光、印发问题通报、开展专题讲座等形式，分层次、多侧面搞好案例警示教育，用身边人身边事为党员干部摆事实、讲教训，引导大家深刻吸取违规违纪违法行为的教训，自觉用党章党规党纪来规范自己的一言一行，守住道德防线、纪律红线、法律底线，坚决做到不跨红线一步、不越底线一步。三是勇于自我革命。党员干部对自己身上的缺点，是听之任之，还是省之改之，既考验道德情操，也考验党性修养。要大力倡导自我革命精神，引导党员干部坚持知过则改，不怕“丑”、不怕“痛”、不护“短”，敢于放下个人利害得失，敢于动真碰硬，以坚定的态度和决心把错误改到位、改彻底。通过推进整改问题常态化，经常自觉把党性修养正一正、把党员义务理一理、把存在问题治一治，保持共产党人的政治本色。

# 关于巡察监督落实党的理论路线方针和中央重大决策部署情况的调研报告

沈阳局集团公司党委巡察组组长　刘忠臣

落实党的理论和路线方针政策、党中央重大决策部署特别是贯彻习近平总书记重要讲话和重要指示批示精神的情况，执行党章和其他党内法规、履行职能责任的情况，落实意识形态工作责任制的情况，是巡视巡察监督的重点内容。

## 一、调研过程

坚持把巡察工作作为被巡察单位落实党的理论路线方针和中央重大决策部署情况的政治体检，作为查找问题的“全面扫描”。进驻巡察单位后，本着对上级党委负责、对被巡察单位负责的态度，牢记初心使命，强化政治担当，坚持实事求是、依规依纪，主要采取“六种方式”，客观、真实、公正，严肃认真地开展工作。

**1. 迅速进入“快节奏”。**进驻被巡察单位前，提前两天进入工作状态，组长带领巡察工作人员共同研究分析和完善巡察检查项点清单、廉政风险点清单和检查资料清单，熟悉被巡察单位工作属性和基本情况，对党规党纪、国铁集团党组和集团公司党委近三年来下发的文件办法进行再学习、再领会，切实做到心中有底、心中有数。进驻后，组织开好沟通见面会、巡察动员会和听取专题汇报会，迅速统一被巡察单位干部职工思想，增强被巡察单位接受政治监督的自觉性和坚定性。下发测评表、张贴巡察公告、设立巡察意见信箱、公布举报电话和网络电子邮箱，利用各种渠道收集和掌握被巡察单位党委存在的问题。同时，按照集团公司相关部门提供的资料和被巡察单位上报的资料，明确组内分工，快速进入工作角色，积极投入紧张的巡察工作。

**2. 交流谈话“认真听”**。把交流谈话作为做好调研的切入点，通过与谈话对象面对面接触，尽快熟悉情况、掌握人员特点、寻找问题迹象。通过听取进驻单位党委和纪委工作情况、选人用人等方面专项汇报，对其安全生产经营主要任务、组织架构、人员组成，开展总体思路、方法措施和工作成效等方面进行进一步了解。通过与班子成员、中层干部谈话，面对面向本人了解各自的兴趣爱好、家庭情况、性格特点和对巡察工作的认识，具体了解班子及成员情况，针对重点和疑点详细了解具体情况。通过与进驻单位联络组成员、提供资料和介绍情况的同志近距离接触，深入了解具体事项的同时，经常能够得到有价值的其他方面信息，为确定主攻方向提供信息支撑。

**3. 分析研判“定方向”**。在短时间内对一个单位的运行情况进行诊断，看被巡察单位的领导班子在方向把控上、在个人作风上、在单位管理上等方面存在什么问题，虽然巡察工作人员心情很急迫，但苦于无从下手，只能零敲碎打，东一头、西一头地乱撞。巡察组坚持每天召开一次碰头会，每两天组织一次研判会，每周一次总结会，组长组织确定巡察问题的方向和重点，预判每一件问题的疑点和难点，牢牢抓住被巡察单位管理上的薄弱点、工作中的问题点，并结合每个人的工作经历和能力，教方法、压担子、给任务，让组员在很短的时间内能够练就一双发现问题并准确核实问题的“火眼金睛”。在面对被巡察单位一些管理上存在的问题，从日常监管和董事会作用发挥入手，一个“线头”一个“线头”捋，一个问题一个问题查，经常工作到深夜，一些沉积的问题最终全部浮出水面。

**4. 翻阅资料“仔细看”。**被巡察单位一般体量很大，所积累的各种材料浩如烟海。每到一个单位，工作量最大、付出精力最多的就是查看基础材料。要求巡察干部都能严肃认真地查看被巡察单位的会议记录、财务账目、工作日志、学习档案、文件资料等各种材料，着力发现被巡察单位在领导班子和党支部建设、党风廉政建设、资金使用管理、合同文本档案、“三重一大”事项、民主决策等方面存在的问题，力争把巡察发现的问题找全、找准、找实，并从基础材料中辨别单位管理状态，抓住细节、顺藤摸瓜，抓取有价值的信息和线索，蛛丝马迹绝不放过。负责查看财务账目的巡察干部在财务账目检查中注重发现业务外包存在虚假询价、虚开发票和违规采购物资等有质量的问题，展示良好的工作作风。

**5. 深入现场“实地访”。**巡察期间，不定时间、不打招呼、不定线路、不定对象深入被巡察单位的车间、科室和班组等办公区域和工作现场，明察暗访职工所思、所想、所盼，从职工的精神状态和现场工作状态查看被巡察单位管理状态。比如：先后深入铁岭、白城、本溪、辽阳、长春、新肇等地区的单位现场检查和勘验，核准核实了一些问题，实事求是地把制约企业高质量发展和侵害职工群众利益的“微腐败”问题挖出来，打通全面从严治党“最后一公里”。

**6. 同心协力“攻难关”。**坚持把群策群力、发挥集体才智作为最有效的方法，组内人员坚持有分工更有合作，确保在较短时间内从根本上解决问题。对于一些盘根错节的问题在调查核实中，组内人员各抒己见，共同讨论研究，发挥各自的专业、经历、经验优势，从不同角度开展交流碰撞，用集体的智慧和力量确定基本要素、重点难点、参与人员和具体安排，实现工作稳、准、快。遇到叫不准的问题，每个人应知无不言、言无不尽，确保发现的问题客观真实、定性精准。在完善报告过程中，全组人员共同字斟句酌后再形成上报。

## 二、落实党的理论路线方针和中央重大决策部署存在的问题及原因

**1. 对标坚持和加强党的全面领导战略部署，工作落实标准不高。**习近平总书记在党的二十大报告中提出前进道路上必须牢牢把握的五个重大原则，其中首要原则是“坚持和加强党的全面领导”。从调研情况看，有的被巡察单位党委还存在对党的创新理论学习不够深入，督促重点工作落实不够有力，践行“人民铁路为人民”的宗旨不够到位等问题。造成这方面问题的原因，主要是没有把理论武装摆在先导性的位置，缺乏持之以恒学习精神，致使政治判断力、政治领悟力、政治执行力没有完全见之于行动，政治能力不高，加之对“坚持和加强党的全面领导”核心内涵的认知水平有限，执行上达不到科学、精准、清醒、有效。

**2. 对标完整准确全面贯彻中央“三新一高”战略部署，履行职责使命有差距。**习近平总书记在省部级主要领导干部学习贯彻党的十九届五中全会精神专题研讨班开班式上强调，要“准确把握新发展阶段，深入贯彻新发展理念，加快构建新发展格局，推动‘十四五’时期高质量发展”。面对新任务、新要求、新挑战，有的被巡察单位党委存在思想观念偏差走样、职工队伍建设抓得不紧、科技创新投入不足等问题。造成这方面问题的原因，主要是没有充分认识到全面贯彻“三新一高”战略部署是践行初心和使命的内在要求和具体行动，对国家战略任务认识模糊，紧密联系工作实际推动高质量发展的思路不清晰，想问题、做决策、办事情站位不高，缺少一级带着一级干、一级做给一级看的责任感和紧迫感，创新精神、奋斗精神和担当精神不足。

**3. 对标全面贯彻落实总体国家安全观和大安全观，防范化解重大**

**风险存在薄弱环节。**党的二十大报告把推进国家安全体系和能力现代化、坚决维护国家安全和社会稳定单独作为一个部分进行重点部署。从调研情况看，有的单位党委存在举一反三防范化解各类风险不到位等问题；有的单位网络安全风险防控意识不足，落实意识形态工作责任制意识不强，抓意识形态工作落实普遍存在不较真、不求真的问题。造成这方面问题的原因，主要是对深化大安全理念内涵和外延认识不足，防范化解政治安全、运输安全等各类安全风险，口头落实喊得多，付诸行动实际少。安全责任体系没有做到全覆盖，职工保安全的紧迫感和积极性不足。

**4. 对标贯彻建设高效顺畅的流通体系、健全基本公共服务体系战略部署，认真践行“人民铁路为人民”宗旨，运输服务保障能力有不足。**党的二十大报告强调，要“加快发展物联网，建设高效顺畅的流通体系，降低物流成本”，要“健全基本公共服务体系，提高公共服务水平”。但从现实现状看，制约和影响运输及服务的问题不容忽视。比如：有的单位与地方企业缺少沟通和联系，给外部环境整治工作造成一定影响；有的单位服务品牌创建底蕴不深，不能满足旅客个性化需求；有的单位在提高运输效率上有待加强；有的单位对铁路运输产品宣传不到位，给旅客、货主带来不便。造成这些问题的原因，主要是对国家铁路战略定位认识不足，围绕提升货运标准化管理能力、市场化经营能力、现代化保障能力思考研究不够。站在大安全、大运输角度来看，站位和格局制约路地间、专业间、结合部间问题的解决。尤其是对解决制约建设高效顺畅流通体系的瓶颈问题办法不多，思维方式上还习惯于凭经验考虑问题。

**5. 对标贯彻构建高水平社会主义市场经济体制、法治中国建设战略部署，落实依法治企要求不到位。**党的二十大报告指出，要“构建高水平社会主义市场经济体制”“充分发挥市场在资源配置中的决定性作用”“必须更好发挥法治固根本、稳预期、利长远的保障作用，在法治轨道上全面建设社会主义现代化国家”。从调研情况看，有的单位依法治企理念树得还不够牢，从制度安全和管理源头上研究问题、考虑工作、推动发展有欠缺；有的单位法律人才短缺问题突出，从事法律工作人员均是兼职干部，没有法律专业背景，缺少法律工作经历，涉法工作主要依靠集团公司的帮助和支持。对开展预防职工违法行为、加强法治宣传教育活动不重视，存在覆盖面不广、走过场等问题。造成这些问题的原因，主要是推动行政化管理向市场化法治化治理转变的意识不强，基层干部尤其是领导干部法治思想、法治能力、法治水平的限制，依法治企理念还没有完全融入经营管理各领域各环节。普法工作的组织领导和普法责任未抓实，干部职工对法律法规知晓度、法治精神认同度、法治实践参与度不够，法治观念没有入脑入心。

## 三、推动落实党的理论路线方针和中央重大决策部署的对策建议

**1. 从筑牢对党绝对忠诚的思想根基出发，紧盯主题教育质量效果用功发力。**深入开展学习贯彻习近平新时代中国特色社会主义思想主题教育，对标理论学习、调查研究、推动发展、检视整改等重点任务，高质量推进巡察，督促引导广大党员干部从思想上正本清源、固本培元，更加深刻领悟“两个确立”的决定性意义，自觉增强“四个意识”、坚定“四个自信”、做到“两个维护”，以党的旗帜为旗帜，以党的意志为意志，以党的使命为使命，打牢对上负责与对下负责相统一的思想基础，筑牢对党绝对忠诚的品质。

**2. 从坚持和加强党的全面领导出发，紧盯制度机制落实用功发力。**推动落实党的理论路线方针和中央重大决策部署，需要在巡察工作中坚持把党的领导、加强党的建设贯穿安全生产经营管理全过程，作为衡量各级党组织政治功能和组织功能的重要标准，督促引导基层党组织和党员干部不断增强“两个维护”的政治定力和政治能力。以小见

严纠治“四风”，着力纠治对党中央决策部署不敬畏、不在乎、喊口号、装样子的错误表现，以及空泛表态、应景造势、敷衍塞责等突出问题，引导各级干部集中精力抓好安全、经营、质量和改革等重点任务，以实际行动践行“两个维护”。

**3. 从坚持依靠和发动职工群众出发，紧盯民心向背用功发力。**推动落实党的理论路线方针和中央重大决策部署，需要在巡察工作中深植为民情怀，采用实地走访、集体座谈、个别访谈、问卷调查等方式，深入一线问需于民、问计于民，推动基层单位和有关部门有效解决问题，切实把对上负责和对下负责统一起来，把党中央重大决策部署落实到每一位职工群众身上，确保群众的操心事、烦心事、揪心事条条都整改、件件有着落，通过推动解决群众关切的“小问题”，赢得民心向背的“大政治”。

**4. 从释放政治巡察效能出发，紧盯同题共答用功发力。**推动落实党的理论路线方针和中央重大决策部署，需要在巡察工作中深化标本兼治，通过沟通对接、跟进指导、提出建议、会商研究、下沉调研、后台支撑等方式，坚持与基层单位同题共答、同向发力，既共同查找、会商、解决问题，又深入开展调查研究，总结推广经验做法。对反复出现的问题，会同基层单位注重从制度机制上分析原因、研究对策，把解决共性问题、突出问题与完善制度结合起来，着力堵漏洞、补短板、强弱项，切实做到以巡促改、以巡促建、以巡促治，推动监督、整改、治理有机贯通。

# 关于巡察监督落实全面从严治党情况的调研报告

沈阳局集团公司党委巡察组组长　由贺伟

党的二十大报告中，习近平总书记对新征程上坚定不移全面从严治党、深入推进新时代党的建设新的伟大工程作出全面部署。全面从严治党，必须以严的基调强化正风肃纪，锲而不舍落实中央八项规定精神，持续深化纠治“四风”，坚决破除特权思想和特权行为，坚持不敢腐、不能腐、不想腐一体推进。结合常规巡察进驻，对被巡察单位党委落实全面从严治党情况进行调研。

## 一、调研过程

**1. 提高站位，明确目标。**巡视巡察作为全面从严治党的利剑，肩负着特殊的使命和任务，巡察人员必须注重思想淬炼、政治历练和精神高地的塑造。落实全面从严治党，必须强化巡察组的责任意识，清晰方法、掌握标准、熟悉业务。巡察组在巡察培训过程中，从巡察工作的“六大任务”到“四个紧盯”的监督路径，从强化政治监督意识到提高发现问题的能力，从聚焦“两个责任”到审计监督检查重点，培训紧扣巡察干部在政治理论和专业技能上的需求，既注重思想建设又注重巡察知识的学习，加强理论指导和实践操作，使巡察队伍特别是组内新兵快速补齐能力短板，为即将出征的巡察队伍集中充电赋能。巡察组成员参加集团公司党委巡察工作动员部署会议后，以支部大会的形式，再次组织学习集团公司领导在动员会上的讲话，再次明确巡察的目标任务，共同分析巡察工作面临的新形势新任务新特点，各组员结合实际，认真开展研讨交流，进一步统一思想、提高站位，进一步增强做好巡察工作的思想自觉、政治自觉和行动自觉。

**2. 精准研判，总结复盘。**在进驻被巡察单位前，巡察组针对被巡察单位系统特点和管理构架，系统研判被巡察单位可能出现的廉政风险点、管理薄弱点，确定巡察重点领域和关键环节，做到有的放矢。针对巡察过程中存在的部分组员发现问题能力不强、调查核实能力偏弱、谈话经验不足等实际问题，巡察组对照上轮巡察典型问题、对照相关制度办法，对问题进行逐项复盘分析，逐条梳理问题线索来源、核实取证过程，分类点评调查过程中存在的缺点和不足，为组员答疑释惑，传授方式方法，提出具体整改措施。树立鲜明的问题导向、目标导向，提高组员的巡察能力，确保组员在巡察过程中能够自觉对标“四个落实”，方向不偏，力度不减，高质量做好巡察工作。

**3. 坚持标准、反复推敲。**进驻被巡察单位后，巡察组通过调阅资料、个别谈话、听取汇报、受理信访、开展测评、深入了解等方式，发现问题、核实确认。巡察过程中，对发现的问题线索，本着“一事一议”的原则，坚持“每天碰头报情况、共同研判定方向”的方式进行集体研究，利用下班后晚上休息时间召开问题分析会，会上每名组员逐一汇报发现问题，大家共同对问题性质、发生原因、下步调查核实方向进行分析点评，逐字逐句推敲问题底稿，确保发现问题程序合法、事实清楚、证据确凿、定性准确、客观公正，并对巡察中遇到的困难提出建议，集思广益、科学精准研判。同时，根据被巡察单位存在的问题，透过现象看本质，实事求是地指出问题性质，让被巡察单位虚心接受、立行立改、全面整改，以此来推动被巡察单位工作质量的进一步提升。

**4. 把握重点，精准发力。**巡察过程中，巡察组紧盯党委发挥领导作用情况，着力查找基层单位党委在贯彻落实党中央决策部署、“第一议题”制度、国铁集团党组和集团公司党委重点工作安排方面存在的突出问题；紧盯全面从严治党责任落实情况，着力查找违反中央八项规定精神、业务外包、合同管理、虚假询价、餐料采购、废旧物资处理等发生在职工群众身边“微腐败”问题和职工关心关注反映强烈方面的不正之风问题；紧盯落实新时代党的组织路线情况，着力查找组织生活制度落实、经费管理等基层党组织建设问题和领导班子“一岗双责”、干部队伍建设方面的突出问题；紧盯巡视巡察、审计等监督整改落实情况，着力查找虚假整改、选择性整改、拖延性整改等整改不到位问题和边改边犯、知错不改问题；紧盯“一把手”监督和“关键少数”，进一步发挥好政治巡察利剑震慑作用。巡察过程中，巡察组围绕发现的重点问题、典型问题，及时对涉及的经办人、责任人进行调查核查，采取外围了解、个别核实、集体约谈、重点突破等方式，对标对表、求真求实、追根溯源。

## 二、落实全面从严治党存在的突出问题及原因分析

通过调研发现，被巡察单位党委能够坚持加强党的政治建设，围绕中心工作，在各项工作中发挥领导和服务保障作用。但在履行全面从严治党“两个责任”上还存在从严管党治党意识不强，对重点领域、重要事项、关键岗位廉政风险防控不够有力，在物资采购、业务外包等方面管理不规范等问题。另外，通过以往巡察看，有的单位对党风廉政建设责任制落实情况日常检查不深入，有的单位食堂管理漏洞较大，还有的单位对党组织工作经费、工会经费使用管理不规范。对产生这些问题的原因分析如下：

**1. 党的领导作用发挥不充分。**有的单位党委坚持和加强党的领导不够有力，贯彻落实上级党组织全面从严治党要求不到位，推进落实党风廉政建设工作不力，党员干部示范引领作用发挥不突出，落实管党治党责任有差距。

**2. “两个责任”落实不到位。**有的单位党委落实党风廉政建设主体责任不到位，纪委落实监督职责有差距。集团公司党委下发党风廉政建设重点工作及责任分工后，有的单位党委未按要求细化落实措施，未制订推进计划及责任清单，党风廉政建设重点工作落空；有的单位对经营管理薄弱环节和关键问题监管不力，日常党风廉政建设季度分析会流于形式，对存在的不足剖析原因不够、制定措施缺少落实跟踪；有的单位连续几年没有自办案。

**3. 整改主体责任落实不彻底。**有的单位党委对整改工作不重视、问题教训不吸取，对集团公司通报典型问题没有做到真对照、真整改，整改责任落得不实，整改问题推进不力。同时，未巡先改意识匮乏，对巡察通报的典型问题没有举一反三对照自查整改，导致共性问题、典型问题依旧重复发生。

## 三、对落实全面从严治党的对策

基层单位党组织要提高政治站位，勇于担当承责，聚焦突出问题，认真抓好整改，切实扛起全面从严治党主体责任。

**1. 精准靶向集中发力，狠抓整改落实“促提升”。**针对巡察、审计发现的问题，要召开专题党委会等进行研究部署，认真制定整改方案，细化分解任务，实施“台账式管理”和“销号制落实”制度，对个性问题对号入座，落实到人，立行立改，对共性问题进行分类汇总、逐项梳理归类，明确整改内容、整改措施、整改目标、责任主体和整改时限。

**2. 整章建制补齐短板，扎牢制度建设“篱笆桩”。**要从强基层、抓基本、打基础做起，结合经营发展实际和组织体系架构，健全完善党委会、董事会、总经理办公会议事规则，规范“三重一大”事项决策清单，严格贯彻民主集中制。

**3. 认真履行主体责任，精心种好党建“责任田”。**党委要充分发挥“把方向、管大局、保落实”的领导作用，坚持两个“一以贯之”，严格落实全面从严治党责任，真正把加强党的领导与加强公司治理统一起来，坚持围绕经营抓党建，抓好党建促经营，实现党建和经营的深度融合，切实把党组织建设成坚强战斗堡垒。

**4. 立足资产保值增值，强化公司治理“提效能”。**要突出抓好经营、物资、合同、零小工程等管理，提升法治化市场化水平。严守市场规则，坚持依法经营，对重大项目开发、债权清理、历史遗留问题解决等重点工作，拿出硬核措施，提升公司治理能力。强化监督纠偏，化解经营风险，抓好资产保值增值，确保国有资产不流失。

**5. 增强风险防范意识，筑牢党风廉政“防火墙”。**要牢固树立底线思维，结合存在的问题全面梳理排查风险隐患，统筹研究、有效应对。坚持严的基调，压紧压实“两个责任”，加大“一把手”和领导班子的监督，突出业务外包、物资采购、资金使用、废旧物资处置等重点领域和关键环节，强化过程监督，坚定不移深化反腐败斗争，运用好监督执纪“四种形态”，一体推进不敢腐、不能腐、不想腐。

## 四、进一步做好巡察工作的措施

巡察工作的方针是“发现问题、形成震慑，推动改革、促进发展”，巡察组的任务是对被巡察单位进行一次全面、公正、客观的政治体检。在巡察过程中，只有讲政治、敢担当、明责任、真落实，才能不辜负组织的信任与重托，不辜负干部职工的关注与期望。

**1. 政治合格是做好巡察工作的首要条件。**巡视巡察是党章赋予的重要职责，是加强党的建设的重要举措，是全面从严治党、维护党规党纪的重要手段，是加强党内监督的重要形式。参加巡察工作既是组织信任，也是政治考验。这就要求巡察组成员信仰崇高、信念坚定，坚持标准、履职尽责，时刻把政治标准挺在前面。在巡察过程中，需要不断认真学习习近平总书记关于巡视工作的重要论述，深刻领会国铁集团党组和集团公司党委关于开展巡察工作的部署安排，全员坚持学中干、干中学，利用间歇时间和当地有效资源开展党内活动。比如：在锦州地区单位巡察，通过到辽沈战役纪念馆开展回顾历史、红色教育主题党日活动，大家通过在战役发生地讲心得、谈体会、深入研讨交流，时刻校准政治方向，不断强化政治意识，提高政治站位，进一步增强“四个意识”、坚定“四个自信”、做到“两个维护”。

**2. 能力突出是做好巡察工作的根本保证。**打铁还需自身硬。巡察工作时间紧、任务重、人力有限，要在有限的时间内发现典型问题、弄清问题的来龙去脉，做到事实清楚、证据确凿不是一件容易的事，这就需要巡察组成员具备较高的专业能力、丰富的基层工作经验、丰厚的知识储备，熟练掌握相关制度办法，找准问题突破口，精准靶向发力。巡察组成员始终坚持“信念过硬、政治过硬、责任过硬、能力过硬、作风过硬”的具体要求，才能做到来之能战、战之能胜。巡察过程中，既要单兵作战，又要互相协作，才能做到各有所长、优势互补，只有大家心往一处想、劲往一处使、拧成一股绳，才能握指成拳，形成团队合力，发现高质量问题。

**3. 实事求是是做好巡察工作的本质要求。**巡察工作是一项政治任务，坚持以事实为依据、以党规党纪为尺子，是什么问题就客观如实反映什么问题，是对巡察工作的基本要求。这就要求巡察人员坚持实事求是原则不动摇，既不能以偏概全，也不能一概怀疑，既不能放大，也不能缩小，坚持有一说一、有二说二。在问题核实上，真实情况是什么样，就还原成什么样；在问题定性上，应该是哪方面的问题，就认定成哪方面的问题。做到不夸大事实、不掩盖问题，透过现象看本质，不唯上，不唯书，只唯实。只有正确行使党组织赋予的权利，依规依纪依法开展巡察工作，才能经得起实践的检验、历史的检验。

**4. 坚持原则是做好巡察工作的刚性约束。**集团公司内部巡察时，到基层站段遇到同学、同事、朋友、领导在所难免，面对打招呼、讲人情的情况，是对巡察组成员政治定力的一次考验。这就要求巡察组成员摒弃私心杂念，坚持原则、保持定力，主动克服瞻前顾后、畏首畏尾心理，一视同仁，始终坚守客观理性的工作心态，保持平和低调的工作姿态，始终把发现问题、了解真相作为巡察工作的目标。实践证明，只有全身心投入、坚持公平正义、恪尽职守，才能把巡察工作真正干好。

**5. 群众参与是做好巡察工作的源泉动力。**巡视巡察是党内监督和群众监督相结合的有效方式，必须牢牢把握密切联系群众这一纽带功能，让群众知道监督、参与监督，不断增强监督效果。巡察组在进驻时做好广泛动员，营造人人参与的浓厚氛围，组织职工、依靠职工、发动职工是做好巡察工作的群众基础。群众的眼睛是雪亮的，只有事前做好群众工作，发动职工自觉参与到巡察工作中来，积极配合支持巡察，才会让权力在阳光下运行，才会把权力运行的“笼子”越扎越紧，巡察工作才能起到事半功倍的效果。

# 关于巡察监督落实新时代党的组织路线情况的调研报告

沈阳局集团公司党委巡察组组长　李　丹

新时代党的组织路线是实现党的思想路线、政治路线、群众路线的保障，对于坚持党的领导、加强党的建设、推进党的事业具有十分重要的意义。落实新时代党的组织路线情况，也是政治巡察监督的重要方面和重点内容。

## 一、落实新时代党的组织路线的主要问题

近年来，集团公司党委认真贯彻落实新时代党的组织路线，着力在落地见效上凝心聚力、深下功夫，基层党组织建设质量显著提升，取得了突出效果。但通过巡察监督及调研看到，一些基层党组织在落实新时代党的组织路线上还不同程度存在短板弱项。

**1. 党建责任制压得不够紧实。**有的单位党组织在聚焦主责主业、融入企业发展抓党建上用力不够，责任制履行不到位。

**2. 执行党建基本制度不够严肃。**有的单位党组织坚持严的基调抓党建，特别是党支部建设制度执行有差距，一些党建基本制度没有严肃认真执行。

**3. 落实领导班子工作机制不够严格。**有的单位党组织对领导班子工作机制落实把关不严，科学决策、民主决策“三重一大”事项质量不高。

**4. 党管干部作用发挥不够明显。**有的单位党组织对选人用人工作的领导和把关有差距，没有做到持续用力抓好干部队伍建设。

## 二、对落实新时代党的组织路线问题的原因分析

透视基层党组织落实新时代党的组织路线上存在的问题，原因是多方面的，归结分析起来主要有三点：

**1. 重视不够，谋划不精，致使工作落实不力。**基层党组织政治站位不高，对落实新时代党的组织路线特别是牢牢抓住国有企业的“根”和“魂”认识不深刻、把握不到位，在思想和行动上没有高度重视起来；党建第一责任人责任意识不强，不能潜心研究思考党建与安全生产经营工作深度融合，不能种好自己的“责任田”；班子成员特别是管业务的不能正确履行“一岗双责”，重业务轻党建，对党建工作说起来重要、忙起来不要，致使新时代党的组织路线没有在本单位得到有力落实。

**2. 动力不足，能力不强，致使工作标准不高。**一些人甚至是领导干部对党建和党务工作缺乏正确的认知，对党建和党务工作只是表面支持，实际上放在业务工作之后考虑，考核奖励、提拔使用时也偏重业务部门、业务干部，致使有的党务干部不愿做党务工作，干工作不主动、积极性不高。有的党支部书记是年龄偏大的安置干部，有的党支部书记被直接安排过多的生产工作，有的党支部书记忙于事务性工作，不会干、对付干，得过且过的现象突出，致使落实新时代党的组织路线层层打折、标准不高。

**3. 思路不宽，方法不新，致使工作效果不佳。**基层党组织开展党建工作的创造性不够，习惯于按照上级的样子“照葫芦画瓢”，不能结

合本单位实际落实上级部署要求，一些工作变形走样甚至脱节落空。工作中，不能深入细致做好调研工作，措施细化不够具体，缺乏针对性和实效性，加上“一把手”的主观臆断，造成有的工作落不下去或落不到底，停留在口号上、纸片上、表面上和会议上，党组织功能作用和党员队伍作用发挥不到位，致使落实新时代党的组织路线缺乏应有的效果。

## 三、对落实新时代党的组织路线的对策建议

落实新时代党的组织路线，加强基层党组织建设，必须以坚决的态度、务实的作风、过硬的措施强力推进。

**1. 强化政治引领，层层压实党建责任。**要进一步完善党建工作责任制和党建工作责任制清单，厘清各级党组织、党组织负责人、班子成员抓党建的职责和任务，并逐层逐级分解责任制和任务目标，加大工作落实不力的问责力度，把党建工作变成具体化、硬指标，形成一级抓一级、层层抓落实的工作和考核体系，确保各项党建工作落地见效。

**2. 强化考核激励，从严规范落实行为。**要进一步完善绩效激励、考核评价和用人机制，切实把各级党组织、党组织负责人、班子成员和党务工作者抓党建工作的成效真正纳入奖罚之中，作为岗位调整和提拔使用的重要依据，对履职不力、工作懈怠的，该调整的及时调整。要选优配强党支部书记，严格落实执行主题党日、“三会一课”等制度，提升标准化规范化党支部创建质量。

**3. 强化把关定向，有效提升决策质量。**要强化基层党组织的领导作用、在贯彻落实中的把关定向作用，结合基层单位实际，完善细化领导班子工作机制，对项目清单、方式方法、议题议程等具体化、明细化，增强操作的针对性和实效性，并严格决策责任制。对应上会不上会的事项，从责任部门、责任领导到党政主要负责人，给予严肃的

考核问责，确保各项决策质量。

**4. 强化正风肃纪，营造良好政治生态。**要坚持常态化抓好干部队伍作风建设，以有效的学习培训，教育引导各级干部保持正确的政治方向和信念追求，增强履行职责的能力和责任心；以有效的考核考评，激励各级干部主动担当作为，用好的作风选作风好的人；以有效的监督约束，规范各级干部遵章守纪行为，促进良好风气的养成，打造一支作风过硬的干部队伍。

# 做好巡察“后半篇文章”再监督

沈阳局集团公司党委巡察办巡察专员　王　东

政治巡视是推进党的自我革命、全面从严治党的战略性制度安排。如何做好对巡视巡察监督以及审计、财会、统计等其他监督发现问题整改情况的再监督，盯住整改“后半篇文章”，也是巡察内容中的重要一项，其意义是抓牢政治监督整改工作的“指挥棒”，有效施治被巡察单位的一些错误倾向，有效促进被巡察单位正视问题、深化整改。

## 一、做好巡察“后半篇文章”再监督的目的

政治巡视是随着全面从严治党实践发展而提出的，是党章赋予的重要职责。在听取中央巡视组每轮巡视汇报时，习近平总书记都旗帜鲜明地点人、点事、点问题，从政治高度对抓好整改落实和成果运用都提出了明确的要求。巡视整改落实是“四个意识”的试金石。巡视发现问题的目的是解决问题，发现问题不解决，比不巡视的效果还坏。巡视监督要取得实效，必须强化整改落实，举一反三，发现整改，再发现再整改，做好巡视“后半篇文章”关键要在整改上发力。整改不落实，就是对党不忠诚，对人民不负责。巡视把大家监督的积极性调

动起来了，如果最后不了了之，大事化小、小事化了，反而会有负面的作用，挫伤大家的积极性，形成“破窗效应”。

2018 年以来，沈阳局集团公司党委始终以习近平总书记关于巡视工作的重要论述精神为指引，坚持“发现问题、形成震慑，推动改革、促进发展”巡视方针，结合国铁企业特点，把巡察作为一项严肃的政治任务，开展了 12 轮政治巡察，先后对 52 个单位进行了常规巡察，对 16 个单位进行了专项巡察，对 16 个单位进行了巡察“回头看”。从巡察反馈问题整改情况看，巡察整改工作取得了较好成效。但在充分看到政治巡察不断推动全面从严治党取得成效的同时，更要清醒认识到个别被巡察单位“不想改”“不愿改”“不会改”等问题仍然存在，特别是搞盲目过关，“休止符”式整改；搞推诿塞责，“甩包袱”式整改；搞就事论事，“走过场”式整改；搞浮于表面，“割韭菜”式整改；搞避重就轻，“障眼法”式整改；搞前紧后松，“一阵风”式整改；搞拆东补西，“交差事”式整改的“七种错误倾向”，还是客观存在的。

2020 年，中共中央办公厅印发的《关于加强巡视巡察上下联动的意见》以党内规范性文件的形式对“四个落实”监督重点作出明确要求。“落实巡视、审计等监督发现问题整改情况”是“四个落实”中的最后一项，也是“四个落实”中兼具综合性、系统性、针对性的重要一项。如何聚焦好、检查好整改落实方面，发挥好整改落实方面的监督内涵，做好巡察“后半篇文章”，就相当于抓牢了政治监督整改工作的“指挥棒”，就会有效施治被巡察单位的“七种错误倾向”，就会有效促进被巡察单位正视巡察问题、深化巡察整改，真正发挥以巡促改、以巡促建、以巡促治的作用。

## 二、存在问题分析

在历年的巡察实践中，通过不断地自我校正磨合，使巡察工作从开局起步逐渐走上了正轨。但必须清醒地看到，巡察工作还存在一些覆盖面不够、问题深度不够、问题广度不够，尤其是在问题整改这一重要的“后半篇文章”上所存在的问题。国铁集团党组巡视时，就指出集团公司党委在巡察覆盖面和“后半篇文章”上的差距和不足。作为巡察干部，为使检查“落实巡视巡察、审计等监督发现问题整改”情况更加严谨规范、高质高效，通过调研对巡察中整改落实方面的易发、常发、多发问题有了更加清醒的认识。

**1. 思想认识不深刻，没参透核心要义。**推动问题解决是巡察工作的落脚点，发现问题不解决，比不巡察的效果还坏。但面对“四个落实”中的最后一项落实，有的巡察干部认为整改落实方面应该是特指“接受过巡察”的单位“回头看”时的重要内容，所以在巡察中把工作的侧重点放在了其他三个落实上，忽视了对这一方面的检查；有的巡察干部认为整改落实方面是“嚼人家嚼过的馍”，既体现不出自己的水平，让被巡察单位“嗤之以鼻”，又没有体现出更高的问题质量，没有劲儿，不解渴；有的巡察干部本身就是基层单位业务部门的负责同志，个人主观就带有对问题整改的“七种错误倾向”，所以巡察中或是“回避矛盾”，或是“避重就轻”，没有紧盯这一方面。分析问题产生的原因，主要是个别巡察干部的政治站位不高、问题意识不强，没有把推动问题解决作为巡察工作的落脚点，浅层次地奔着“体检”去，没有深层次认识到“治病”更是巡察的关键。

**2. 检查手段较单一，没掌握方法技巧。**“凡事预则立，不预则废”，巡察工作不能打无准备之战，必须做好周密细致的准备工作。对前三个落实如此，对第四个落实更是如此。不仅要在巡前将被巡察单位接受过巡视巡察、主题教育、审计等各类监督的情况进行汇总梳理，还要有针对性地设计谈话方案、查阅资料清单、重点项目实地调查，以及和相关人员详细了解等多项功课。但有的巡察干部忽视这些功课，习惯用简单的“对账法”来对整改落实方面进行检查，对照问题清单，改了就改了，没改就“记上”，对“纸上整改”缺乏甄别；有的巡察干部没能很好地把巡察与其他监督贯通融合，仅仅是看巡视巡察通报问题的整改，对审计、财会等其他监督发现的问题，没有在巡察前做足充分准备，导致巡察发现问题不全面等。这说明个别巡察干部没有对整改落实方面的监督重点、方式方法思考得清晰透彻，只是简单地“巡了表面”，没有“察深内在”。

**3. 问题表象不熟透，没精准监督重点。**检查落实巡视巡察、审计等监督发现问题的整改情况，重点要检查被巡察单位整改主体责任和监督责任，特别是党组织书记落实第一责任人责任情况，检查整改的实际成效，以及举一反三、持续抓整改等情况，查找责任落实不力、敷衍应付、虚假整改等问题。但有的巡察干部对整改落实方面缺乏思考，感到“无从下手”，没有聚焦“一把手”的整改责任，没有看单位在接受巡察后，是否召开党委书记专题会、段长办公会专项研究过巡察整改工作，是否定期对整改问题进行盘点，是否对巡察通报问题举一反三等；有的巡察干部忽视纪委、人事部门的监督责任，没有看导致巡察发现的普遍性、倾向性问题是否重复发生，对巡察整改要求的问责、追责是否落实不到位；有的巡察干部没有聚焦巡察整改的成果运用，没有看该建立的制度是否只是“口头”建立，该整改的问题是否仅浅尝辄止，没有聚焦深层次的问题和原因，导致重复发生。这些问题表象、监督重点，如果没有被认真思考和精准把握，很难发现和辨析巡察整改落实方面的高质量问题。

**4. 日常监督不到位，没释放监督效能。**巡视巡察及审计等监督的整改需要抓在日常、抓在经常。国铁集团党组巡视检查集团公司巡察工作中，巡视组也鲜明地指出集团公司在日常督促基层单位抓整改落实上存在一定差距。比如：有的单位制定的整改方案质量不高，就事论事，没有做到举一反三；有的同类问题还重复发生；有的整改虎头蛇尾，一段时间后就没了下文。这些问题的存在，也充分暴露出巡察综合监督平台的作用没有得到充分发挥，巡察机构与纪委、组织人事部门日常监督整改、督促整改、整改评估缺乏深入，缺乏跟踪评价、监督考核，没有对被巡察单位履行整改主体责任、监督责任形成压力；被巡察单位主管业务部门“系统抓、抓系统”的责任也没有被有效扛起，巡察成果还是被单摆浮搁的居多，对巡察成果运用的全面性、规范性、实效性没有更好地体现，这些问题限制了巡察监督的效能。

## 三、整治解决措施

检查落实巡视巡察、审计等监督发现问题整改，需要更好地定位在被巡察单位整改“后半篇文章”是否做细做实上，关键要看整改的质量和效果，这需要巡察人员要有更高的政治站位、更强的辨析问题本领、更科学严谨的巡察标准流程，以及良好的日常监督管理机制。

**1. 加强政治建设，切实提高巡察人员的政治责任意识。**进一步选好配强巡察人员，把党性强、政治素质好、敢于坚持原则，总体素质好、能力强、懂政策，能够把握全局的人员选配到巡察组来。在此基础上，强化对政治巡察内涵本质的学习，努力提升巡察干部的政治判断力、政治领悟力、政治执行力。特别是要强化对发现巡察整改方面问题的责任意识教育，讲深讲透巡察整改“七种错误倾向”，引领巡察工作人员认识到发现巡察整改方面问题对巡察工作整体的紧迫性、重要性，引导巡察人员勇于、善于发现此类问题，同时，通过交任务、压担子，有力夯实巡察责任。

**2. 优化巡察方法，提高发现问题的能力与质量。**坚持当面“交账”，由巡察工作领导小组组长、副组长，向巡察人员教授发现巡察整改方面问题的方式方法，把方式方法讲清讲透，让巡察人员理解精髓要义，有效掌握方法高质高效开展巡察。一是清楚如何看、看什么。看“一把手”对整改工作是否走心、走实，看是否带领班子成员聚焦整改主体责任和监督责任的履职，看会议记录、研究落实的痕迹，看举一反三制定机制制度的情况，在召开汇报会、座谈会、查阅资料时，把党政“一把手”作为重点了解对象。二是清楚如何谈、谈什么。要把个别谈话作为重要方法。开展个别谈话，广泛听取各方面对巡视巡察、审计等监督整改的意见，在研究确定谈话范围和比例时，要求谈话对象既要有代表性，又要有一定的范围和数量，谈话之前要将被巡察单位整改“三清单”熟悉熟透，制定谈话表和谈话提纲，力求谈话对象的数量和质量统一。三是清楚如何验、验什么。对各类监督整改工作的检查，关键是切实掌握真实情况。巡察工作的根本任务就是了解重要而又真实的情况，这也是巡察工作的难点所在。在巡察中，要更多地了解真实的、重要的情况，必须坚持走群众路线，广泛发动和依靠群众。工作开展之初，要想方设法解决职工担心巡察工作走过场、不能解决实质性问题的顾虑，努力营造一个让职工敢说真话、反映真实情况的氛围，使其知无不言、言无不尽，并对反映负面情况的人员作出保密许诺，征得充分理解信任和支持。同时，必须全面细致地发现和捕捉有价值的信息和线索。要通过听取汇报、个别谈话，小型座谈会等形式，多方位地发现和捕捉有价值的信息和线索。工作面尽可能广一点，尽可能多了解一些真实情况，将多方面、多层次获得的信息有机地联系在一起，由点到面、由零散到系统，查找出各类监督在整改方面的问题所在。

**3. 梳理监督重点，增强巡察精准性有效性。**对集团公司历年政治巡察“四个落实”方面存在的问题进行全面盘点梳理，形成监督重点清单。引领巡察人员聚焦被巡察党组织落实整改主体责任情况，特别是党组织书记落实第一责任人责任，检查整改的实际成效，以及举一反三、持续抓整改等情况，查找责任落实不力、敷衍应付、虚假整改等问题。聚焦组织人事部门、纪检组织落实整改监督责任，查找整改日常监督、处置巡视巡察移交问题线索、结合整改推动领导班子和干部队伍建设等方面存在的问题。聚焦巡视巡察成果运用情况，查找被巡察党组织结合巡视巡察发现的问题加强制度建设、完善体制机制等方面存在的不足和短板。聚焦审计等其他监督发现问题的整改落实情况，结合实际纳入巡察监督检查内容。

**4. 加强贯通融合，强化巡察整改的综合监督。**推动巡察、纪检组织对巡察整改落实情况的监督，依规依纪依法处置巡察移交的问题线索，将督促巡察整改落实作为强化政治监督、做实日常监督的重要抓手，综合运用多种方式检查巡察整改主体责任落实情况，督促指导被巡察单位纪委履行好监督责任。推动组织人事部门结合职责加强整改监督，把巡察发现的问题作为领导班子建设和干部考核评价、选拔任用、监督管理的重要参考。建立健全巡察整改情况公开机制。延伸和拓展整改链条，将系统问题向业务主管部门反馈，确保系统层面及时了解掌握巡察问题和整改要求，形成多方联动、合力整改的良好局面，同时要探索建立巡察整改评估和整改问责机制，推动巡察问题真改实改。

# 关于加强政治巡察整改工作的探索与研究

沈阳局集团公司纪委办公室副主任　孟繁亮

在深入学习领会习近平总书记关于巡视工作重要论述，认真总结政治巡察工作实践成果的基础上，重点查找分析政治巡察整改工作存在的问题与不足，加强政治巡察整改工作。

## 一、深入学习领会习近平总书记关于巡视工作的重要论述，进一步增强抓好巡视巡察整改的思想自觉和行动自觉

党的十八大以来，以习近平同志为核心的党中央，从管党治党形势任务出发，把巡视工作作为加强党内监督的一项战略性制度，深入推进巡视工作理论创新、实践创新、制度创新，不断赋予巡视制度新的活力。习近平总书记关于巡视工作一系列的重要论述是在新时代全面从严治党向纵深发展，巡视监督不断深化的生动实践中形成并丰富发展的，具有强大的真理力量、实践力量、创新力量，是深化铁路政治巡察工作锐利的思想武器和科学的行动指南。

2018 年以来，沈阳局集团公司党委始终以习近平总书记关于巡视工作的重要论述为指引，坚持“发现问题、形成震慑，推动改革、促

进发展”巡视方针，结合国铁企业特点，把巡察作为一项严肃的政治任务，开展了12轮政治巡察，先后对52个单位进行了常规巡察，对16个单位进行了巡察“回头看”，对16个单位开展专项巡察，发现了一批有质量的问题，进一步推动并增强了基层党组织和党员干部的政治判断力、政治领悟力和政治执行力，更好地以高度的政治自觉和使命担当做好巡察“后半篇文章”，以实实在在的整改成效取信于广大干部职工，为铁路高质量发展提供坚强的保障。

**1. 压实管党治党责任。**被巡察单位党委提高政治站位，把巡察整改作为检验“四个意识”的试金石，落实巡察整改的主体责任。党委书记认真履行第一责任，研究部署整改方案，督办重点问题，逐级压实整改责任。

**2. 强化震慑遏制作用。**基层单位党组织坚持“严”的基调不动摇，从严执纪问责，用身边事教育身边人，以极少数警醒大多数。对巡察移交问题线索和信访举报依规依纪处置，用好“四种形态”，查处了一批违规违纪问题，并通过警示教育会、典型案例通报等形式，点名道姓曝光，扩大治本效果。

**3. 解决重点难点问题。**针对巡察反馈的普遍性、倾向性问题，被巡察单位聚焦业务外包、物资采购、项目招标、劳务用工等重点领域，以及工会经费使用、小食堂管理等职工群众关心的热点和难点问题，扎实开展专项治理，对党建、选人用人和意识形态工作进行专项检查，真抓真改解决重点、难点问题，有力推进中心工作的强基达标、提质增效。

**4. 发挥综合治理成效。**注重标本兼治，坚持“当下改”“长久立”相结合，把整章建制贯穿整改的全过程。从管理角度查根源、查漏洞、补短板，着力强化源头治理和系统整治。

## 二、深刻检视巡察问题，认清整改差距不足，进一步增强做好巡察“后半篇文章”的责任感紧迫感

在充分看到政治巡察不断推动全面从严治党取得成效的同时，还要

清醒认识到巡察整改存在的问题与不足，主要表现有“七种错误倾向”。

**1. 盲目过关，搞“休止符”式整改。**一些领导干部对政治巡察存在认识偏差，没有把进驻巡察和抓好整改摆在同等重要的位置，只关注接受检查的过程，不关心后续整改的落实，甚至错误地认为，巡察组走了就进了“保险柜”、系了“安全带”，可以松口气、歇歇脚了，根本没有意识到“后半篇文章”才是重头戏。甚至有的主要领导说：“巡察组走了，总算是过关了。”作为单位的主要负责人、整改的第一责任人，自己先得了“糊涂病”，如何带领本单位抓好巡察问题整改。分析问题产生的原因，主要是个别党员干部的政治站位不高、问题意识不强，没有把政治巡察作为改进工作的有利契机，光顾着“体检”，却忽视了“治病”，如果这种错误倾向没有得到及时发现和纠正，巡察整改就会成为“一纸空文”。

**2. 推诿塞责，搞“甩包袱”式整改。**一些党员干部责任意识不强、担当作为不够，面对巡察整改任务，前怕狼后怕虎，不敢承责，不敢担当，一遇到硬骨头就打退堂鼓，能推就推、能躲就躲，就是不上手抓整改。有的在制定巡察整改方案确定责任人时，涉及同一科室的几件问题，主管领导却全部“缺席”。有的党员在调查问卷中反映：“要加强问题整改质量和实际效果，不能不承责不担当不作为，畏首畏尾、推诿扯皮，讲客观、找理由，不解决实际问题。”这说明个别党员干部没有把巡察整改作为一项严肃的政治任务和一份必须履行的政治责任，在巡察整改这个检验政治素质和责任担当的“试金石”面前，企图通过敷衍塞责、上推下卸等手段规避整改、逃脱责任，这种倾向决不能听之任之。

**3. 就事论事，搞“走过场”式整改。**有的存在“应付交卷”思想，巡察反馈的问题虽然“照单全收”，但缺乏全面、深入、系统地分析，既不对照反思查摆同类型问题，也不举一反三研判深层次矛盾，只是就事论事，搞“头痛医头、脚痛医脚”，严重影响和制约了巡察整改的质量。比如：有的单位一个车间发生问题，只在当事人身上抓整改，其他车间都成了旁观者，导致问题教训没能共同吸取、共同防范。有的职工在调查问卷中反映："个别干部、职工在举一反三整治问题上有差距。"这说明一些干部职工对巡察整改的态度不够端正，以为走个形式、走个过场就能应付了事，在以小见大、以点带面上不用心不用力，这种错误倾向不解决，巡察整改的质量就会大打折扣。

**4. 浮于表面，搞"割韭菜"式整改。**有的对巡察反馈问题只从表面上研究，不从本质上分析，制定整改措施时，把焦点放在了问题的外在表现上，没有深入剖析问题产生的根源，造成巡察整改"雨过地皮湿"、反馈问题"树倒根还在"。比如：有的针对一些问题制定的整改措施，不研究、不思考，只有简单一句话，既没有制度的规范，也没有管理的完善，根本起不到整改的作用。再比如：有的干部在整改中打"小算盘"，制定的措施看似条数不少，但都是绕开痛点、难点走，不触碰问题实质，不从根儿上解决问题。这说明一些被巡察单位在整改时没有把堵塞漏洞和源头治理有机结合起来，缺乏完善制度、规范管理、补齐短板等治本的措施，使整改工作变成了"割韭菜"，割了一茬又生一茬，起不到标本兼治的作用，即使问题在一段时间内得到了控制，但早晚会旧病复发、反弹回潮。

**5. 避重就轻，搞"障眼法"式整改。**有的抓整改不想触及痛点难点，又怕不整改无法交差，就想通过打折扣、搞变通、做选择等方式，蒙混过关、糊弄了事。比如：巡察发现有的党员干部违反中央八项规定精神，超标准使用办公用房，移交所在单位调查处理时，有的想以企业纪律处分、组织处理代替党纪处分。这种错误倾向的产生，究其根本原因，实际就是被巡察单位揣着明白装糊涂，不想严、不敢严、不真严，企图用轻处理掩盖重处分，以软问责取代硬约束，打"擦边球"，搞"障眼法"，必须严厉整治、坚决杜绝。

**6. 前紧后松，搞"一阵风"式整改。**有的没有把阶段整治与长期整改有机结合起来，关注眼前问题多，考虑长远问题少，虽然有立行立改的决心，却缺乏长管常严的韧劲，突出表现在集中整改阶段紧抓不放、收效明显，到了长期坚持阶段却松软乏力、无人问津，导致一些已经整改了的问题再次发生。比如：有的单位几十件问题全都限时整改，却没有一件作出长期坚持措施，缺乏“长久立”意识。再比如：有的集中整改阶段问题全部销号，但巡察“回头看”时，又发现了同类问题。针对这种错误倾向，被巡察单位的干部职工也有担忧，在调查问卷中就有人提出：“巡察整改工作要坚持常态化，不能‘一阵风’，给干部职工误导，反弹更加可怕。”因此，必须有针对性地进行防范。

**7. 拆东补西，搞“交差事”式整改。**有的忽视巡察整改的初衷，没有把推动问题解决作为落脚点，为了能够“交差”，不考虑整改措施的科学性、合理性，也不研究有没有更好的解决办法，用“拆东墙补西墙”的方式，片面地解决了反馈的问题，却在同时引发了另一个新问题。比如：有的存在“伙食费未纳入财务账内管理”问题，反馈意见后，该单位立即进行了整改。但针对购买餐料需凭票报销，而一些偏远工区所在地菜农无法提供发票的矛盾问题，该单位通过集中采购、每天派车送餐料的方式进行解决，最远的工区近 40 公里，造成人力物力浪费严重。对此，干部职工提出意见，所在单位却以“没办法，只能这么改”为由，回避矛盾、上交矛盾。这种不深入研究、不主动寻找、不积极争取更好解决方式的“交差事”式整改，必须及时纠偏，否则就会影响巡察工作的效果。

## 三、强化责任落实，持续聚焦发展，以巡察整改的实际成效践行“两个维护”

党的十九大以来，巡视巡察工作一个鲜明的特征，就是更加注重整改落实和成果运用。对标党中央的要求，坚持继承创新，强化责任担当，确保巡察整改高质量推进，充分发挥标本兼治的战略作用。

**1. 坚持以上率下，做到书记抓、抓书记。**被巡察单位党委对巡察整改工作越重视，整改质量就较高；党委书记履行第一责任人的责任越认真，整改成效就越好。各级党组织要充分认识巡察整改能否扎实推进、取得实效，很大程度上取决于责任制这个“牛鼻子”牵得牢不牢。党委书记作为第一责任人，要提高政治站位，知责于心、担责于身、履责于行，对重要的工作进行部署、重大的事项要过问、重要的环节进行协调、重要问题进行督办，逐级压实领导人员特别是各级党组织主要负责人的责任，该谁负责的就由谁负责，该谁整改的就由谁去整改，在抓落实上动真格、求实效。对巡察问题敷衍整改，整改不力、拒不整改，要抓住典型，严肃追责通报曝光。

**2. 加强协同配合，做到系统抓、抓系统。**习近平总书记指出：“系统观念是具有基础性的思想和工作方法。”每轮巡察反馈的问题涉及多个层级、多个领域、多个专业，涵盖党委职责承担的多个方面，推进这些问题的整改需要关注这些问题的关联度、整体性、协同性，善于从总体上、全局上把握认识这些问题，坚持系统抓、抓系统的方法，科学统筹，总体谋划，扎实推进，精准落实。要推动主体责任和监督责任同向发力，层层压实责任，一体联动，抓好整改，形成工作合力。要防止用下级的整改代替本级的整改，要注重与其他监督方式统筹开展，把巡察监督与纪律监督、组织监督、审计监督等其他监督方式贯通融合起来，形成有序衔接、互为补充整改的监督链条，使多条线拧成一股绳，打好巡察整改的组合拳。要坚持各领域协同推进，巡察反馈的问题既涉及运输、经营、建设、物资等专业系统，也包括党建、组织、人事、意识形态等领域，各相关职能部门要充分运用好这些巡察成果，对巡察通报的一些普遍性、倾向性问题，要举一反三、源头治理，要堵塞漏洞、补齐短板，推动专业系统管理得到规范和加强。

**3. 聚焦政治监督，做到重点抓、抓重点。**巡察工作整体质量和效果好不好，取决于巡察发现问题最后整改的成效，体现的是各级领导人的政治态度、政治担当和政治自觉，所以必须把整改工作作为重中之重。巡察整改任务千头万绪，具体落实中要善于抓住关系企业改革稳定的重点问题、关键环节、核心部位，强力攻坚。各单位在推进巡察整改中要抓住要害，要把握重点、盯住关键，对重点人、重点事要做到心中有数。聚焦本单位落实国铁集团党组贯彻党中央决策部署的执行情况、影响事业改革发展的难点问题、职工群众关心关注的热点问题，分类施策，有的放矢，以重点问题的整改带动全面深化整改，确保巡察整改的针对性和时效性。

**4. 拓展巡察成果，做到持续抓、抓持续。**习近平总书记多次强调，“全面从严治党永远在路上”，这充分表明强化党的领导，加强党的建设，永葆党的先进性、纯洁性是长期历史任务。巡察反馈问题从现象上看多种多样，但究其本质是指出被巡察单位党组织履行管党治党责任方面存在的问题。因此，巡察整改不是一下子、一阵子的事，要坚持持续抓、抓持续的理念，摒弃过关的思想。既要对那些容易反复的问题持续用力，发现、整改、再发现、再整改，做到标准不降、尺度不松、力度不减、持之以恒、锲而不舍，确保善始善终、善作善成；又要对那些长期用力的硬骨头，发挥钉钉子的精神，一件接着一件干、一茬接着一茬干，驰而不息、久久为功；还要在深化巡察整改成果运用上持续用力，不断建立和完善体制机制，推动国铁企业治理体系和治理能力不断提升。

# 实践应用篇

本篇突出实践应用，以巡前、巡中、巡后为时间轴，收录沈阳局集团公司党委2018年以来贯彻党中央、国铁集团党组部署和要求，把对党的理论学习转化为巡察工作实践应用的思考与探索。

# 关于编制巡察计划与方案<br>谋划布局巡察工作的实践与思考

沈阳局集团公司人事部（党委组织部）副主任　房新智

以习近平同志为核心的党中央高度重视巡视工作，把巡视作为推进党的自我革命、全面从严治党的战略性制度安排。作为肩负巡察工作主体责任的一级党组织，如何确保巡察工作在坚持中深化、在深化中发展，力度、广度、深度和效果不断提升，需要认真学习领会党中央和上级党组织的部署要求，结合工作实际和特点来编制巡察计划与方案，明确巡察工作的指导思想、工作目标、主要任务等内容，形成具有操作性的指导性文件，全面谋划好、布局好巡察工作。

## 一、准确把握巡察计划与方案中的指导思想

党的二十大对巡视工作作出新部署，强调发挥政治巡视利剑作用，加强巡视整改和成果运用。习近平总书记强调："要把巡视利剑磨得更光更亮，勇于亮剑，始终做到利剑高悬、震慑常在。"巡察计划与方案是对党中央关于巡视工作决策部署和对上级党组织巡视巡察工作要求的具体任务书和施工图。作为国铁企业，编制好巡察计划和方案应该认真学习习近平总书记关于巡视工作的重要论述，对照党章和《中国

共产党巡视工作条例》等党内法规及相关制度文件，对照国铁集团党组巡视工作五年规划及集团公司党委工作规划、工作重点等内容，充分体现党中央关于巡视工作的部署，体现国铁集团党组要求，这也是践行“两个维护”的具体体现。指导思想是“纲”，起到提纲挈领、纲举目张的作用。编制巡察工作计划与方案的指导思想，必须集中体现新时代巡视工作理论创新成果，突出以习近平新时代中国特色社会主义思想为指导，全面贯彻党的二十大精神和中央巡视工作方针，深入贯彻习近平总书记关于巡视工作重要论述和党中央、国铁集团党组关于巡视巡察工作的部署要求；体现突出“两个维护”根本任务，发挥政治巡察利剑作用，加强巡察整改和成果运用，坚定不移全面从严治党，促进党中央重大决策部署和习近平总书记对铁路工作的重要指示批示精神，以及国铁集团党组工作要求在集团公司落地见效，为实现集团公司高质量发展提供坚强保障等要求。

## 二、细化制定巡察计划与方案中的工作目标

编制巡察计划与方案，必须把党中央、国铁集团党组的部署要求和集团公司党委关于全面从严治党的思路举措结合起来，紧紧围绕推动新时代巡视巡察工作高质量发展，结合集团公司巡察工作实际，明确巡察工作深化发展的目标任务。比如：按照当前国铁集团党组、集团公司党委关于巡视巡察工作的总体部署，在巡察工作目标中，应当体现深入贯彻加强国铁企业巡视巡察上下联动的若干措施，深化落实集团公司党委推进全面从严治党工作要求，体现持续推进巡察覆盖面，向深拓展、向专发力、向下延伸，进一步发挥利剑作用，推动管党治党责任有效落实，持续净化政治生态，不断增强纪律规矩意识，有效规范经营管理行为等内容。

## 三、统筹谋划巡察计划与方案中的具体安排

编制巡察计划与方案，应当对一定时期（多为年度巡察计划与方案）巡察任务作出部署安排，包括巡察对象、监督重点、巡察方式，特别是对贯彻巡察全覆盖任务进行科学谋划、统筹安排，明确一个时期巡察工作的路线图、时间表，为有力有序推进巡察全覆盖任务奠定基础。以沈阳局集团公司2024年巡察计划为例，集团公司党委结合巡察五年规划和隶属单位较多的实际，确定2024年巡察工作计划分四轮推进，上、下半年各两轮。上、下半年巡察进驻前，均从巡察人才库中优选精干力量，组成3个巡察组，并开展为期一周左右时间的集中封闭式培训。春运结束后，开展第一、二轮巡察；暑运结束后开展第三、四轮巡察。根据集团公司党委部署，视情况安排常规巡察、机动巡察、专项巡察。每轮巡察安排6个单位，3个巡察组采取“一托二”的方式进行，常规巡察每个单位进驻时间为30天，专项巡察、机动巡察每个单位进驻时间15天左右。巡察对象在巡察组进驻前确定，实行一次一授权。常规巡察期间，由集团公司人事部（党委组织部）、党委宣传部分别组成专项检查组，对被巡察单位选人用人工作情况、意识形态工作责任制落实情况进行专项检查。

## 四、精准制定巡察计划与方案中的监督重点

2024年新修订的《中国共产党巡视工作条例》，新增一章对巡察工作作出规定，明确“巡察工作应当坚守政治监督定位，聚焦党中央决策部署在基层落实情况、群众身边不正之风和腐败问题、基层党组织和党员队伍建设、巡察整改和成果运用等加强监督检查”，这进一步增强了巡察监督的精准性和有效性，是我们把握巡察监督重点的基础。围绕贯彻党的二十大精神，结合国铁集团党组部署和集团公司工作实际，巡察监督应在以下四个方面重点聚焦。

**1. 聚焦党中央决策部署在基层落实情况，突出对学习贯彻党的二十大精神的监督。**重点检查被巡察党组织坚持和加强党的全面领导，维护党中央权威和集中统一领导，学习贯彻习近平新时代中国特色社会主义思想、习近平总书记对铁路工作的重要指示批示精神，以及落实国铁集团党组和集团公司党委贯彻习近平总书记重要指示批示及中央重大决策部署要求情况；检查学习贯彻执行党章和其他重要党内法规制度情况；检查完整准确全面贯彻中央“三新一高”部署、推动铁路高质量发展，深化落实集团公司各项工作要求落实情况；检查全面贯彻总体国家安全观和大安全观，有针对性地建立健全防范化解重大风险工作机制，确保铁路安全稳定情况；检查坚持依法治企，加快推进企业治理体系和治理能力现代化建设，推进客货运输、铁路建设、经营开发、深化改革，提升企业经营质量情况；检查履行国家铁路政治责任和社会责任，服务支撑全面推进乡村振兴、促进区域协调发展、推进高水平对外开放、推动绿色发展等国家重大战略落实情况；贯彻发展全过程人民民主、增进民生福祉战略部署，加强民主管理，关心关爱职工、服务人民群众情况；检查落实意识形态工作责任制，加强意识形态阵地建设和管理情况。

**2. 聚焦群众身边不正之风和腐败问题，突出对“一把手”和“关键少数”的监督。**重点检查被巡察党组织“一把手”履行第一责任人职责、领导班子成员落实“一岗双责”，车间、科室负责人层层落责，依规依法履职用权、担当作为、廉洁自律等情况；检查被巡察党组织落实主体责任、监督责任，坚持严的基调，加强新时代廉洁文化建设，一体推进不敢腐、不能腐、不想腐情况，查找管党治党和政治生态方面存在的突出问题；检查领导人员廉洁从业情况，紧盯运输管理、工程建设、物资采购、经营开发等权力集中、资金密集、资源富集领域，着力发现和推动查处“靠路吃路”、以权谋私、权力寻租、利益输送等问题，以及领导干部配偶、子女及其配偶等亲属和身边工作人员利用影响力谋私的腐败；检查职工群众身边的“微腐败”和不正之风是否屡禁不止，奖金分配、福利费使用、专项经费管理等是否依法合规；检查作风建设情况，查找违反中央八项规定及其实施细则精神问题，“四风”特别是形式主义、官僚主义问题，以及特权思想和特权行为。

**3. 聚焦基层党组织和党员队伍建设，突出对领导班子建设、选人用人和党建工作的监督。**重点检查被巡察党组织领导班子加强自身建设情况，查找贯彻执行民主集中制、完善决策机制和决策程序、加强班子团结、严肃党内政治生活等问题；检查领导班子成员是否存在精神懈怠、不敢负责、漠视职工群众利益，是否努力营造干事创业的良好环境，有效激励担当作为；检查选人用人情况，查找贯彻党管干部、党管人才原则，统筹谋划干部人才队伍建设，落实新时代好干部标准、树立选人用人正确导向，执行干部选拔任用等制度规定方面是否存在违反组织人事纪律、任人唯亲、带病提拔、突击提拔、跑官要官等问题；检查党建工作情况，查找落实党建工作责任、党的领导融入企业公司治理、加强基层党组织建设、党支部监督职能发挥、增强党组织政治功能和组织功能、党建与业务工作融合发展等方面存在的问题。

**4. 聚焦巡视巡察整改和成果运用，突出对履行整改责任的监督。**重点检查被巡察党组织落实整改主体责任情况，特别是党组织书记落实第一责任人责任情况，领导班子成员是否抓好分管领域存在问题的整改工作，是否存在“新官不理旧账”等问题；检查整改的实际成效，以及举一反三、持续抓整改等情况，查找责任落实不力、敷衍应付、虚假整改等问题；检查集团公司党委承接中央巡视整改任务在基层的落实情况；检查组织人事部门、纪检组织落实整改监督责任情况，查找整改日常监督、处置巡视巡察移交问题线索、结合整改推动领导班子和干部队伍建设等方面存在的问题；检查巡视巡察成果运用情况，查找被巡察党组织结合巡视巡察发现的问题加强制度建设、完善体制机制等方面存在的不足和短板；对审计等其他监督发现问题的整改落实情况，结合实际纳入巡察监督检查内容。

## 五、系统明确巡察计划与方案中的任务要求

巡察计划和方案中需要对落实政治巡察要求、强化巡察队伍建设、推动巡察监督与其他监督贯通融合，以及强化巡察整改和成果运用，完善巡察机制建设等作出部署，明确任务要求。

**1. 体现落实政治巡察要求。**巡察计划与方案的任务要求，首先应当体现政治性，应当牢牢把握巡察的政治监督根本属性，持续深入学习贯彻习近平总书记关于巡视工作的重要论述和对铁路工作的重要指示批示精神，坚定不移、一以贯之把“两个维护”作为巡察的根本任务。应当体现牢记“国之大者”，督促党的路线方针政策和党中央决策部署、国铁集团党组工作要求落实落地。应当体现把精准政治监督落实到巡察的全过程，防止把政治巡察简单等同于党务检查、业务检查，善于透过现象看本质、透过业务看政治，从政治上发现问题、审视问题、研判问题、解决问题，不断强化政治巡察的震慑、遏制和治本作用。

**2. 体现加强队伍建设要求。**巡察计划与方案的任务要求，应当体现对加强巡察机构党的建设，严格巡察组临时党支部组织生活，加强党性锻炼，提高巡察干部政治能力的要求。同时，要明确把巡察岗位作为发现、培养、锻炼干部的重要平台，选优配强巡察组组长、副组长，动态完善巡察干部人才库，每轮巡察选派优秀年轻干部、拟提拔或重用、有培养前途的干部参加，让干部在巡察一线接受考验锤炼。要体现加强培训组织，确保全面提高巡察干部队伍专业素质。要体现加强巡察干部作风纪律建设，教育引导巡察干部自觉践行“三个务必”要求，防范以巡谋私、超越权限、跑风漏气等问题，维护集团公司巡察队伍的良好形象。

**3. 体现监督贯通融合要求。**巡察计划与方案的任务要求，应体现

认真抓好《集团公司纪检、组织人事、审计、巡察、财务部门监督工作联动实施办法》的贯彻落实，深化巡察监督与纪律监督、组织监督、审计监督的统筹衔接，推动各类监督在工作组织、方式和力量上得以贯通，加强巡察前情况沟通、巡察中联动协调、巡察后整改监督协作，以此来提升监督效能。应体现加强巡察与组织、宣传、审计、财务、统计、信访等部门协作配合，对巡察发现的各类倾向性问题，及时向负有监督职能的相关部门通报，确保共享监督资源和监督成果，增强监督合力。

**4. 体现强化巡察整改和成果运用要求。**巡察计划与方案的任务要求，应体现认真贯彻落实《集团公司党委关于加强巡察整改和成果运用的实施办法》，切实强化被巡察党组织巡察整改主体责任、纪检组织和组织部门巡察整改监督责任、有关职能部门抓系统整改成果运用责任、巡察机构整改和成果运用统筹督促责任，构建起一级抓一级、层层抓落实的整改工作责任体系。针对巡察发现的普遍性、倾向性问题，应明确要立足从管理角度查根源、找漏洞、补短板，切实做到以巡促改、以巡促建、以巡促治。

**5. 体现加强巡察规范化建设要求。**巡察计划与方案的任务要求，要体现准确把握加强巡视巡察工作规范化建设的新要求，在提升巡察专业化水平上求实效。应对标国铁集团巡视工作基础制度，结合党组巡视工作制度的修订，明确做好巡察相关配套文件的废改立工作，通过总结集团公司巡察工作的经验方法，逐步形成内容完备、程序严密、有效管用的制度体系。

# 关于做好巡察干部教育培训工作的探索与思考

沈阳局集团公司纪委办公室主任　卢秉正

统筹加强巡察队伍建设，是开展巡察工作党组织的主要职责，是确保巡察工作高质量推进的重要保障。有计划、高质量开展巡察干部教育培训，能够切实推动巡察干部不断提高政治能力，使其更加善于从政治上发现、分析和推动解决问题；能够不断增强巡察干部的斗争精神和斗争本领，使其更加敢于斗争、善于斗争；能够不断提升巡察干部的专业能力，使其更加熟练掌握巡察政策理论和工作流程、熟练运用巡察方式方法；能够不断夯实巡察干部的综合素养，使其更加适应巡察工作高质量发展要求。

## 一、明确指导思想，确保巡察培训工作不偏航

做好巡察干部培训工作，必须坚持以习近平新时代中国特色社会主义思想为指导，深入贯彻党的二十大精神和习近平总书记关于党的自我革命的重要思想，深刻领悟“两个确立”的决定性意义，增强“四个意识”、坚定“四个自信”、做到“两个维护”，全面贯彻中央巡视工作方针；必须围绕国铁企业巡察工作任务、工作特点和时代特征，

突出政治导向、实践导向、需求导向、效果导向，精细培训设计，创新培训方式，加强培训组织，提升巡察干部政治素养和业务能力，着力打造忠诚干净担当、敢于善于斗争的巡察铁军。

## 二、突出重点内容，确保巡察培训工作不散光

巡察干部培训工作是巡察工作的重要一环，巡察工作领导小组办公室根据党中央、上级党组织部署要求，每轮巡察任务重点及巡察队伍实际特点，要有针对性地做好培训方案，特别是认真制定培训重点内容，确保巡察干部对上级部署要求强化认识，对巡察方式方法熟悉掌握，对巡察纪律规定等敬畏遵守，要突出以下几个重点。

**1. 深入学习贯彻习近平新时代中国特色社会主义思想和党的二十大精神。**全面深入系统学习习近平新时代中国特色社会主义思想和党的二十大精神，学习贯彻习近平总书记关于党的自我革命的重要思想，跟进学习习近平总书记关于巡视工作的重要论述、党中央关于巡视巡察工作的新部署新要求。深入系统学习习近平总书记对铁路工作的重要指示批示精神，以及国铁集团党组、集团公司党委贯彻落实指示批示精神和重大决策部署的各项举措，把党的创新理论转化为坚定理想、锤炼党性和指导实践、推动工作的强大力量，作为开展巡察监督的根本遵循，不断提高政治判断力、政治领悟力、政治执行力，对党绝对忠诚，坚定拥护“两个确立”、坚决做到“两个维护”，保障党的路线方针政策和党中央重大决策部署，特别是习近平总书记对铁路工作的重要指示批示精神在集团公司贯彻落实。

**2. 全面系统开展法律法规制度培训。**加强党章和党的组织法规制度、自身建设法规制度、监督保障法规制度的培训，切实增强巡察干部党章意识、法治意识、纪律意识、规矩意识。加强对 2024 年新修订的《中国共产党巡视工作条例》的学习培训，同时加强对国铁集团党组、集团公司党委巡视巡察工作五年规划，以及《集团公司党委关于

加强巡察整改和成果运用的实施办法》等重要制度的培训，让巡察干部准确把握、全面落实党中央对巡视巡察工作的最新部署和国铁集团党组的相关要求，确保巡视巡察制度一贯到底、落实见效。

**3. 强化政策理论学习培训。**深入学习领会党的基本理论、基本路线、基本方略和党中央重大决策部署，及时跟进学习党中央重要会议和文件精神，全面系统学习习近平总书记对铁路工作的重要指示批示精神和党中央、国务院对铁路工作的部署要求，学习国铁集团党组、集团公司党委重要会议、重要文件精神，结合巡察任务，加强被巡察单位发展特点、工作重点、职能职责、主要矛盾及其需重点关注的领域或系统专业知识的培训，切实提高巡察干部的政策理论水平和政策把握能力。

**4. 着力加强专业能力培养。**加强巡察工作流程的培训，强化巡察信访、个别谈话、查阅资料、问题线索深入了解、制作底稿和报告起草等重点工作方式培训，突出对“一把手”和领导班子的巡察监督、巡察整改和成果运用等重点监督内容的培训，提升巡察干部发现问题的能力。强化关键岗位培训，着力提升巡察组组长、副组长和业务骨干的问题研判、组织协调、谈话突破、明察暗访、信访处置等专业能力。

## 三、统筹培训组织及方式，防止巡察培训工作不系统

做好巡察干部教育培训工作，必须统筹培训资源，贯通巡前、巡中、巡后及日常各个链条与环节，并丰富巡察干部教育培训方式，采取集中培训、以干代训、研讨培训、日常培训等方式。

**1. 巡前集中培训。**集中培训多以组织调训为主，按年度计划来划定，可分上、下半年各进行一次，即半年巡察进驻前依托集团公司党校开展为期一周左右的集中培训，培训对象为选调参加巡察工作的专兼职巡察骨干。年度首次培训前制定专项培训方案。集中培训重点以《中国共产党巡视工作条例》、中央巡视工作领导小组办公室编写的

“新时代巡视巡察干部培训系列教材”、国铁集团党组、集团公司党委巡视巡察工作五年规划等为辅导资料，加强巡察基础知识、工作流程、方式方法，以及巡察工作方案、巡察情况报告、个别谈话情况报告、领导干部问题线索情况报告等巡察文稿起草的培训，增强巡察人员的巡察工作理论支撑和实践经验。培训中由有关业务部门针对不同专业领域所需巡察关注的工作重点、廉政风险点及系统专业知识等开展专题培训。专职巡察干部在培训中要“既当学员，又当教员”，做到先学一步、学深一层、多悟一分，结合专业优势、工作经验积极为兼职巡察干部授课，切实发挥好学习培训引领作用。

**2. 巡中以干代训**。把实践培训贯穿巡察全过程，由各巡察组组长组织巡察组全员认真学习贯彻习近平新时代中国特色社会主义思想，学习贯彻党中央重要工作部署，以及国铁集团党组、集团公司党委重要会议精神，确保上级决策部署第一时间落实到巡察工作中，充分体现政治巡察属性。依托临时支部党员大会、主题党日等党内组织生活载体，教育引导巡察干部自觉践行“三个务必”要求，增强巡察干部的政治意识、政治担当，确保公道正派、廉洁审慎地行使权力。在强化巡察干部政治能力的基础上，根据巡察任务、巡察对象特点，结合巡察监督重点、信访处置、问题线索深入了解、巡察底稿形成、巡察情况报告起草、巡察资料归档等对巡察干部进行专题辅导，并组织动态调整巡察实施方案，确保巡察工作的针对性、实效性。

**3. 巡后研讨培训**。通过研讨交流促进巡察干部经验交流和成果共享。由巡察组负责在每轮现场巡察结束后，组织巡察干部开展座谈，把在集中培训、实践培训中的所学、所得，与巡察实践贯通融合的工作方法、心得体会进行总结交流，在总结经验的同时，也注重反思不足、查摆问题、提出下一步工作的意见建议，提升巡察干部的工作能力和水平。由党委巡察办负责，年度内适时组织召开巡察工作研讨会，解析政策、交流工作、破解难题。同时，认真总结集团公司党委年度巡察工作方法及取得的经验，组织参加巡察干部撰写理论文章、调研报告、心得体会，编印集团公司《巡察工作实践》，推动巡察工作规范化、标准化、高质量开展。

**4. 日常学习培训**。由巡察办党支部制订“月度学习清单”和学习要求，组织专职巡察干部依托党支部“三会一课”、主题党日、干部政治理论学习等载体，跟进学习习近平总书记关于巡视工作的重要论述和党中央关于巡视巡察工作的新部署新要求。由各巡察组组长负责，日常将巡察办党支部制订的“月度学习清单”和学习要求，通过点对点的方式发至年度内参加集团公司党委巡察工作的业务骨干，以同题共答、专兼联动的方式，强化对兼职巡察干部的日常学习培训。同时，有计划地选调优秀巡察干部到集团公司党委巡察办培养锻炼，并按照国铁集团统一安排，推荐优秀巡察干部参加上级巡视巡察干部培训和巡视工作，在学习实践中进一步增长才干，提升水平。

## 四、不断强化组织实施，防止巡察培训工作不深入

确保巡察培训取得好的效果，必须强化组织、有力实施，要充分发挥巡察办、组织部、纪委、党校，以及基层单位等相关部门、单位的多方责任，实施联动作战。

**1. 加强组织领导**。集团公司党委巡察办要在集团公司党委的领导下抓好本年度培训计划的贯彻实施，把巡察干部教育培训工作摆上重要议事日程，统筹谋划、有序推进，及时协调解决教育培训工作中的困难和问题，为参加培训的巡察干部创造条件。集团公司人事部（党委组织部）、党委宣传部、纪委、党委办公室、机关党委、党校等部门要强化职能作用，支持配合组织好教育培训工作。集团公司各基层单位党委，应全力支持本单位入选集团公司巡察人才库的巡察业务骨干日常学习培训、进驻巡察等工作，为其在选调过程中全身心做好培训和巡察工作提供有力支撑。

**2. 提高培训质量。**围绕培训目标任务，加强统筹安排，确保学以致用、用以促学、知行合一。应采取文件学习、专业辅导、观看录像、工作复盘、案例教学、分组研讨、集中交流、模拟演练等方式，不断丰富培训内容和手段，提升培训工作水平。要严格培训管理，落实中央八项规定及其实施细则精神和国铁集团党组的实施办法、集团公司党委的具体规定，大力倡导弘扬学习之风、朴素之风、清朗之风，持续加强学风学纪督查。

**3. 加强实践锻炼。**要坚持把巡察岗位作为发现、培养、锻炼干部的重要平台，充分发挥巡察熔炉作用，深化“以干代训”，选调优秀巡察干部参加上级培养锻炼，全面提升格局、视野和水平，做到“传帮带”和“练学用”有机结合。要坚持多元化、专业化、年轻化，面向全局选优配强巡察人才库，选调新提拔干部，特别是把一些列为后备力量、重点培养的优秀年轻干部选调到巡察岗位上进行锻炼，通过实践锻炼做好人才储备。

# 扎实做好巡前准备<br>确保巡察工作开好局起好步

沈阳局集团公司办公室工程师　程达文

巡前准备是巡察工作开好局、起好步的关键所在。巡前准备包括组织组建、材料搜集、业务培训、召开动员部署会议等，做足做细巡前准备工作有助于明确巡察的目标和重点、确保巡察工作有的放矢、提高巡察效率和效果。

## 一、高素质巡察队伍是做好巡前工作的保障

高素质的巡察队伍能够保证巡察工作的公正性、专业性和高效性，确保巡察队伍在政治上靠得住，在业务上过得硬。

**1. 分级分类建立巡察人才库。**规范人员抽调和人才库建设，按照年龄结构、专业结构科学配置巡察力量。重点选择纪检、组织人事、审计、财务等领域专业人才，建立巡察干部库和专业人才库，按照组长、副组长、联络员、财务审计、纪检、意识形态、组织党建、专业项目等八大类，择优推荐入库，对专职巡察干部，明确任用标准，严把“入口关”。

**2. 优选抽调力量。**抽调巡察干部一般从专业人才库中选用，在选

拔巡察干部时，要坚持高标准，确保政治素质、业务能力、工作作风、业绩表现和廉洁自律等方面都符合要求，特别是在政治标准上，必须要对党忠诚。巡察机构和被抽调单位要共同参与人选的推荐和审核，确保抽调干部的素质和适配性。

**3. 树立正向激励的鲜明导向。**每轮巡察结束后对选调干部实事求是出具鉴定意见，把巡察工作表现与干部成长进步挂钩，对巡察工作中表现优秀的干部，向组织部门推荐，按干部管理权限交相关组织人事部门存入干部档案，作为评先评优、提拔使用的重要参考。

## 二、材料收集是确保巡察全面性、深入性和准确性的基础

通过材料搜集，能够确保信息掌握全面，了解被巡察单位总体情况，做到知己知彼、心中有数，为巡察中找准突破点奠定基础。

**1. 集中收集材料。**通过召开情况通报会、书面通报或沟通协调等方式，向集团公司纪检、组织人事、审计、办公室、财务、宣传等部门集中搜集被巡察单位领导班子成员近年来的信访举报、问题查处情况及相关线索等信息，了解被巡察单位党组织领导班子及其成员的有关情况，重点了解涉及领导人员的重要问题线索。要提前了解被巡察单位领导班子成员的领导人员个人事项报告表的填报情况，有条件的要认真查阅领导班子成员的个人档案和干部任免审批表，了解掌握其家庭成员、工作经历、工作业绩及“三龄两历”等情况，对于其他谈话人员，要提前查阅干部任免审批表，掌握基本情况，确保有的放矢。

**2. 全方位收集素材。**通过信访举报、历史记录、媒体报道等了解被巡察单位的基本情况、历史问题、职能职责等，以便更有针对性地开展工作。应掌握足够的信息以形成初步的巡察计划和工作重点。与被巡察单位的职工、管理层等进行访谈，获取第一手信息。审查相关文件和资料，寻找可能的问题线索。实地考察被巡察单位的工作环境和条件，观察可能存在的问题。

## 三、抓实业务培训工作是提高巡察工作质量的关键

组织巡察工作人员系统学习、熟练掌握有关巡察工作的决策部署、文件制度、政策法规、业务知识、工作任务、方法要求、工作纪律、注意事项等内容。通过业务培训，可以保证全员掌握巡察工作的基本程序和方式方法，提高巡察工作科学化、规范化水平。

**1. 深入学习习近平总书记关于巡视工作的重要论述。**通过深入学习习近平总书记关于巡视工作的重要论述和国铁集团党组、集团公司党委对巡视巡察工作部署要求，准确理解把握政治巡察内涵，紧密结合巡察监督重点，组织参培学员全面领会党中央、国铁集团党组关于巡视巡察工作的新部署新要求和集团公司党委巡察工作安排。重点学习 2024 年新修订《中国共产党巡视工作条例》中新增的对巡察工作作出的规定，深刻理解巡察工作应当坚守政治监督定位，聚焦党中央决策部署在基层落实情况、群众身边不正之风和腐败问题、基层党组织和党员队伍建设、巡察整改和成果运用等加强监督检查的含义，深刻理解政治监督就是要督促各级党组织和党员干部切实做到“两个维护”，深刻领悟“两个确立”的决定性意义，自觉在政治立场、政治方向、政治原则、政治道路上同党中央保持高度一致。

**2. 开展系统性培训。**围绕巡察政策要求、巡察工作制度、巡察业务方法三个方面对巡察干部开展业务培训。采取政策解读、业务辅导、经验介绍、研讨交流等形式，让巡察干部知道应当干什么、不应当干什么，应当查找什么问题、怎么查找问题，切实提高巡察干部做好巡察工作的能力和本领。

**3. 注重培训实用性。**在学好理论知识的基础上，提高巡察干部实战能力，可采用的实战方法有访谈法、比较法、剥笋法、查账法和单刀直入法等。采取“情景式”模拟谈话，轮流进行模拟谈话演练，对谈话过程及谈话记录进行复盘和点评，查找存在的问题和不足，确保

巡察干部能够主动把握谈话方向。注重“以老带新”，由专职巡察组组长、兼职副组长和业务能力较强的专职巡察干部担任指导老师，对巡察新兵进行“点对点”指导，帮助其快速提高巡察业务能力。

## 四、开好动员部署会是统一思想认识、明确工作目标的前提

巡察动员部署会议主要是集团公司党委组织巡察组、被巡察单位党委认真学习习近平总书记重要讲话精神、国铁集团党组和集团公司党委关于巡视巡察工作的部署要求，通报巡察任务和工作安排等。

**1. 准确把握政治巡察的基本概念。**政治巡察是上级党组织对下级党组织履行党的领导职能责任的政治监督。这个概念集中表达了政治巡察的核心要义。中共中央办公厅印发的《关于加强巡视巡察上下联动的意见》中，以党内规范性文件形式将这一概念固化下来。主要包含四个方面，一是明确派出主体是上级党组织。二是明确监督对象是下级党组织和党员领导干部。三是明确监督内容是履行党的领导职能责任情况。四是明确巡察的本质是政治监督。政治巡视的概念充分体现了巡视具有独特的政治优势、政治权威、政治要求，决定着巡察工作的方向、地位和作用。

**2. 准确把握政治巡察的根本任务。**巡视要坚持政治定位。巡察作为政治监督的重要方式、有效方式，根本目的是坚持好、巩固好、维护好党的领导，最终实现“两个维护”。内部巡察要把“两个维护”作为根本任务，深入发现和纠正政治偏差，督促被巡视党组织切实加强党的政治建设，引导党员干部真正悟透党中央大政方针，时时处处向党中央看齐，扎扎实实贯彻党中央决策部署，确保执行不偏向、不变通、不走样。

**3. 准确把握政治巡察的价值取向。**巡视要坚持人民立场，人民群众痛恨什么、反对什么，就重点巡视什么、纠正什么，增强群众获得

感。要全面贯彻巡视工作方针，巩固深化政治巡察，突出巡察工作的政治性和人民性。开展内部巡察，要把坚持党对国有企业的领导和坚持以人民为中心的发展思想结合起来，把职工群众反映强烈的问题作为主攻方向，督促被巡察党组织将运输供给与社会需求和人民向往有机融合起来。

**4. 准确把握政治巡察的监督重点。**2024 年新修订的《中国共产党巡视工作条例》，新增一章对巡察工作作出规定，明确“巡察工作应当坚守政治监督定位，聚焦党中央决策部署在基层落实情况、群众身边不正之风和腐败问题、基层党组织和党员队伍建设、巡察整改和成果运用等加强监督检查”，这进一步增强了巡察监督的精准性和有效性，是我们把握巡察监督重点的基础。巡察组要对标“四个聚焦”，结合集团公司实际，明确要关注的重点问题，确保在精准监督上更加有力有效。

**5. 准确把握政治巡察的监督标准。**巡察工作既要讲政治，也要讲政策。政治是方向，政策是依据。讲政策的能力水平在一定程度上代表着讲政治的能力水平。政治巡察的监督标准是“四个对照”，具体内容包括：一是对照习近平新时代中国特色社会主义思想，二是对照党章党规党纪，三是对照党的理论路线方针政策和党中央重大决策部署，四是对照党的领导职能责任。这既是政治巡察的标尺，也是查找政治偏差的根本依据。

# 关于对巡察准备工作的实践与思考

赤峰车务段党委组织助理员　雒连君

巡察是巡视向基层的延伸和拓展，是推动全面从严治党向基层延伸的重要手段。巡察工作能否取得实效、达到预期目的，前期准备工作起着至关重要的作用。

## 一、巡察前应做好的准备工作

### （一）心理认识上的准备

**1. 心存敬畏，筑牢巡察工作根基。**习近平总书记讲道："人民的信任，是我前进的最大动力，也是我肩上沉甸甸的责任。"巡察干部只有敬畏人民群众对党对国家的高度期盼和信赖，只有敬畏实现中华民族伟大复兴千秋伟业的壮志，才能敬畏巡察工作的神圣职责，才能从内心深处敬畏自己的一言一行，时刻鼓励和鞭策自己，时刻反思和警醒自己，最终才能行有所止，亦有所勇。有敬畏，有定力，才能有底气敢于亮剑，发现问题。

**2. 提升站位，形成巡察工作合力。**毛泽东同志在《七律・人民解放军占领南京》一诗中写到“人间正道是沧桑”。道义当先，秉持大爱为公，把为全局干部职工做好服务当作目标，才能团结更多的人合力攻坚。从事巡察工作，不仅要做到有大义而知小礼、有大德而拘小节，同时也要做到行大义而聚正气、行大德而孕震慑。要以帮助被巡察单位做好政治体检的站位、从与被巡察单位做好同题共答的角度出发，让感情交融于工作，把自己置身于形成巡察工作合力的大局中，更好地把握“巡察与被巡察”的关系。

**3. 先立后破，提升巡察工作效果。**习近平总书记强调：“勇于自我革命，敢于直面问题，共同把全面深化改革这篇大文章做好。”巡察工作是集团公司自我革命的需要，作为巡察干部，就需要时刻从践行自身的自我革命做起，立言立行，破除人情干扰，敢于发现问题，帮助被巡察单位纠治四风，树立新风，推动巡深察透，将严的基调传导下去。同时，要有敢于吃苦、舍我其谁的精神，努力实现巡察工作效果上的提升，助力推动改革，促进发展。

### （二）业务能力上的准备

**1. 学习好重要论述、讲话精神。**一是要学习领会好习近平总书记关于巡视工作的重要论述，学习好总书记系列重要讲话精神是开展好巡察工作的重中之重，更是巡察工作的基础。特别是要加强对党的二十大以来相关报告、讲话、文件精神的学习。二是要学习好国铁集团和集团公司各级领导讲话。这些讲话是对集团公司各单位当前现状的精准分析，是对巡察工作重点任务有针对性的要求和指导。三是要重点学习好 2024 年新修订的《中国共产党巡视工作条例》，对照新旧变化点，领会最新精神。

**2. 高质量完成各类培训任务。**一是要认真参加巡察培训。邀请党委组织、审计、财务、物资管理等部门专家结合专业特点、巡察工作重点开展有针对性的培训讲解，是巡察干部特别是新职人员快速提能的契机，必须把握好、学习好。二是要认真研讨制定巡察方案。借鉴以往巡察工作的检查项点，结合新的文件制度要求，重点针对巡察对象所在单位的特点，逐一对项点进行补充完善和丰富。三是高效参加“小课堂”培训。“小课堂”具有时间短、人数少、聚焦准的特点，内容紧贴实战，能够助力新职人员快速学习了解相关情况，作为新职人员，务必高质量完成每一次学习研讨。

**3. 自学补强各方面业务能力。**首先，要认真学习集团公司编制的《巡察工作手册》，其中涵盖各类指导性讲话、基础性制度、规范类办法等，能够促进对巡察工作的全面了解。其次，要拓展学习有关讲话。坚持把自身思想政治建设摆在首位，通过“学习强国”平台等进行搜索，将各级部门开展巡视巡察工作有关的讲话、经验等进行多方位的了解学习。最后，要全面补强细分类别的知识，拓宽知识面，如在物资管理、小食堂管理、汽车管理等方面的具体业务。另外，还要在临时党支部向身边的党员业务骨干学习巡察工作所涉及的方方面面的知识点。

### （三）工作生活上的准备

**1. 工作衔接准备。**选调参加巡察工作后，要提前思考好原岗位近期具体工作如何安排，首先要理清工作事项清单，分门别类梳理好。其次对如何分配工作任务要充分思考，形成可行的建议方案。最后要逐级向单位领导汇报沟通，提出建议并争取同事的支持配合。在入职后，则要全身心投入巡察工作中。

**2. 身体素质准备。**良好的身体素质是干好巡察工作的基础。在巡察工作中，需要做好充分的体力准备，以便适应高强度的查阅资料、谈话问询、下沉现场、研讨交流、撰写材料等工作。日常工作生活中，就应养成良好的工作生活习惯，参加巡察工作后，也需要加强锻炼，确保始终具有过硬的身体素质。

**3. 长期出差准备。**巡察工作往往是需要在一个地区、一个单位工作相当长的一段时间，有时几轮巡察下来，在外出差的总时间会接近半年之久。这就需要入职人员做好长期出差的准备，要解决好、处理好家庭方面的后顾之忧，把更多的精力放在干好巡察工作上。

## 二、巡察过程中应把握的重点事项

### （一）要坚守政治定位，准确把握政治巡察的根本任务

**1. 要把握政治属性。**巡察是政治巡察，是上级党组织对下级党组织履行党的领导职能责任的政治监督。政治巡察的根本任务是“两个维护”，目的是坚持好、维护好、巩固好党的领导。巡察工作对于促进完善站段治理、提升一线职工群众的获得感、幸福感、安全感，具有重要的政治意义和实践意义。高质量完成巡察工作，需要从业务问题中抽丝剥茧，以党章党规党纪为标尺，透过业务看政治，透过现象看本质，坚守政治定位。

**2. 要把握职责定位。**巡察工作关乎党心民心，必须坚持以人民为中心的价值取向，顺应人民对美好生活的向往。集团公司巡察工作，需要着力发现被巡察单位职工群众急难愁盼和反映强烈的突出问题，推动站段和有关部门有效解决，切实把对上负责和对下负责统一起来，把上级决策部署落实到位，让每一位职工群众都能切身感受到企业发展成果，真正赢得职工群众的拥护和支持。

**3. 要把握监督重点。**一是要聚焦各项决策部署在基层站段的落实情况。二是聚焦群众身边腐败问题和不正之风及群众反映强烈的问题。三是聚焦基层党组织建设。四是聚焦巡视巡察和审计问题的整改落实。这四个方面的聚焦，是巡察干部需要在整个巡察工作过程中贯穿始终的，是巡察实践的重点。在巡察中，始终要以“四个聚焦”为主线，把握重点，提升政治监督精准度。

### （二）要突出问题导向，精准掌握被巡察单位状况状态

**1. 要提前做好功课**。提前了解被巡察单位，抓住入驻前一周的黄金时间，掌握被巡察单位的历史沿革、机构设置、核心职能、作业特点，尤其要通过集团公司各部门对该单位近年来的评价、考核材料，对基本情况进行梳理、广泛了解掌握，力求对被巡察单位有一个更加全面、更加系统的认识，便于在进驻后的巡察工作中，能够迅速进入工作状态，发现找准问题。

**2. 要善于发现问题**。提高巡察工作质量，发现问题是关键。作为一名巡察干部，就要有敏锐的观察力，透过现象看本质，在谈话摸排中、在数据对比中、在资料翻阅中发现不落实的问题和违规违纪的线索。以压实责任、解决问题为导向，深入检查发现和推动解决职工群众反映强烈的问题，推动解决阻碍服务职工群众的痛点难点问题，让职工群众看到、感受到集团公司全面从严治党的效果。

**3. 要准确定性定责**。新职人员要多向巡察经验丰富的同志学习，主动拜师学艺，更好发挥“老人”的“点对点”传帮带作用，促使“新人”快速融入、快速掌握相关技能方法、迅速提升巡察业务能力。同时，要注重借鉴以往巡察经验，结合被巡察单位实际，有针对性地找准问题，定性好问题责任。对问题责任定性模糊不容易判明的，要及时通过组内交流研讨加以明确，努力做到问题责任的精准定位。

### （三）要提高发现问题质量，切实发挥政治巡察的利剑作用

**1. 要抓住关键问题**。发现问题是干好巡察工作的前提和关键。在具体工作中，面对海量材料要采取拉清单、做类比、找项点等方式去聚焦问题，要重点关注关联关系、“靠路吃路”和职工群众身边“微腐败”等问题。同时，还要直接深入车间班组了解党的路线方针政策贯彻到位没有、到底没有，查找和纠正对上级决策部署不敬畏、不在乎、

喊口号、装样子的错误表现等突出问题。

**2. 要坚持严巡深察。**围绕“四个聚焦”查找问题，遇到问题要追根问底，发现问题后紧盯问题查清楚、弄明白，坚持“打破砂锅问到底”，该谈话的要谈话，该深入群众了解的深入群众了解，该调阅相关资料的及时调阅资料，必要时还要提请协助，要举全员之力，把问题查全查清。把政治纪律摆在前面，通过严巡深察，发现高质量、倾向性问题，压实基层单位各级党组织全面从严治党责任，形成震慑。

**3. 要严密证据链条。**从查找问题、谈话核实、作出说明、形成底稿、建立清单、梳理线索、撰写报告，以及其他涉及与被巡察单位工作交接、反馈问题等各环节，都要有意识地形成完整严密的证据链条，完成闭环。要做实做细问题及问题线索处置的前期工作，要以党中央、国铁集团党组、集团公司党委各类制度规定、办法方案、指导意见为依据，力争做到有理有据，科学定性，树立巡察工作的权威性。

## 三、对参加巡察人员提出的建议

**1. 严守巡察纪律，切实增强保密意识。**一要服从安排。作为一名巡察干部，进入巡察队伍后，就要服从巡察工作大局，听从指挥，不能有私心。二要严守纪律。在工作中，要注意保持与集体统一行动，严禁产生脱离组织的行为，更不能与被巡察单位人员产生吃请等问题。三要谨言慎行。与身边朋友交谈要做到工作保密，对巡察中发现的问题线索等情况不能对外透露，当遇到较为敏感的问题时，要第一时间向组长汇报。

**2. 准确阐释问题，注重提升文字能力。**巡察干部要注重提升文字综合能力，准确描述问题，在不断地撰写、描述、研讨、总结过程中把握规律、深化认识、提升质效。在问题底稿、问题清单、巡察报告撰写中要多使用巡言巡语，努力做到思路清晰、论证充分、表述准确。

**3. 用好谈话技巧，努力提高巡察质效。**巡察谈话是做好巡察工作的关键技巧和能力之一，是提升巡察质效的关键。在巡察工作中要注重运用谈话技巧提升巡察发现问题的能力。要把全面了解信息作为谈话的基础，要确定好谈话提纲，把握好谈话节奏和方向，尤其要抓住与关键人谈话这个重点，以问题为导向，注意分辨弦外之音，鼓励谈话对象放下思想包袱，如实反映问题。同时要及时梳理印证，做到依规依纪依法。

# 如何筹备好巡察进驻会

吉林车务段党委组织助理员　侯晓峰

巡察进驻会是现场巡察的首要环节，通过召开见面沟通会、巡察进驻动员会，协同做好宣传动员，增强被巡察党组织支持配合巡察、同题共答的意识，形成党员干部有序参与巡察的良好氛围，为巡察工作的顺利开展奠定坚实基础。

## 一、充分认识召开巡察进驻会议的目的意义

巡视作为全面从严治党的利剑，是党章赋予的重要职责，是党内监督的战略性制度安排。制度要靠机制来支撑，机制要靠流程来落实。《中国共产党巡视工作条例》对巡视工作程序、方式和权限等作出明确规定，为发挥巡视利剑作用提供了有力支撑。从实践经验看，巡察工作流程包括巡察准备、现场巡察、巡察报告、巡察反馈、巡察移交与归档，巡察整改和成果运用六大环节。而巡察进驻和动员是现场巡察环节中的首要环节，是巡察组与被巡察党组织第一次正式见面沟通，特别是其中的进驻动员会，直接与被巡察党组织班子成员、中层正副职、党员和职工代表见面，通过进驻动员讲话，进一步讲清巡察工作

的重大意义，传达巡察任务和工作安排等重要信息，听取被巡察党组织主要负责人表态，对于增强被巡察党组织自觉接受巡察监督意识、取得党员干部和职工群众的支持、顺利开展巡察工作具有十分重要的意义。

## 二、确定巡察进驻会议主要流程

巡察进驻会议主要流程包括两项，即巡察组与被巡察党组织主要负责人见面沟通会和巡察进驻动员会。

**1. 召开见面沟通会议。**巡察组在巡察进驻动员会之前，应与被巡察党组织主要负责人召开见面沟通会，通报巡察任务，沟通配合开展巡察工作的有关事项。会议时间一般为巡察进驻当日或前一日，地点一般选在被巡察党组织为巡察组准备的工作场所，便于被巡察党组织配合工作，也便于巡察人员了解熟悉工作环境。会议一般由集团公司纪委副书记或集团公司党委巡察办常务副主任主持。参会范围为集团公司党委巡察工作领导小组副组长（成员）、集团公司纪委副书记或集团公司党委巡察办常务副主任、集团公司党委巡察组全员、被巡察党组织主要负责人和单位行政主要负责人。会议议程主要有三项，一是集团公司党委巡察工作领导小组副组长（成员）强调重点要求，二是巡察组组长通报巡察任务和工作安排等事项，三是被巡察党组织主要负责人简要表态、单位行政主要负责人再简要表态。

**2. 召开巡察进驻动员会议。**见面沟通会后，召开巡察进驻动员会议，通报巡察任务，告知巡察组的工作目的、方式、安排等，增强被巡察党组织自觉接受巡察监督的意识，更好地配合巡察工作开展。会议时间由集团公司党委统一确定，地点由被巡察党组织安排，因参会人员较多，需选择较大的会议室。会议由被巡察党组织主要负责人主持。参会范围为集团公司党委巡察工作领导小组副组长（成员）、集团公司纪委副书记或集团公司党委巡察办常务副主任、集团公司党委巡察组全员、被巡察党组织领导班子成员，列席人员为被巡察党组织科室各部门正副职、所属车间级正职（可采取电视电话会议形式）、党员和职工代表（根据单位规模自定）。会议议程主要有三项，一是巡察组组长讲话，二是被巡察党组织主要负责人表态，三是集团公司党委巡察工作领导小组副组长（成员）讲话。会议需挂会标（可利用既有电子屏），内容为“×××公司党委第×巡察组巡察×××党委工作动员会议”。主席台就座人员为集团公司党委巡察工作领导小组副组长（成员）、集团公司纪委副书记或集团公司党委巡察办常务副主任、巡察组组长、巡察组副组长、被巡察党组织主要负责人、单位行政主要负责人，摆放姓名桌牌。巡察组其他成员在会场的桌牌统一为“巡察组”。会议应录像、照相留存。

**3. 协调做好宣传动员。**巡察组提前将新闻通稿提供给被巡察党组织，由其补充被巡察党组织主要负责人表态等内容，再由巡察组组长、被巡察党组织主要负责人共同审定。巡察组协调被巡察党组织按照宣传方案确定的时间，通过本单位微信公众号公布相关巡察组进驻信息和联系方式。进驻动员会后，被巡察党组织以党内公文形式通报巡察组进驻情况，印发巡察组组长的讲话和被巡察党组织主要负责人讲话。通报发至各党支部（总支），并报送集团公司纪委、组织部、巡视工作领导小组办公室备案。

## 三、起草好巡察进驻会议相关材料

巡察进驻会议主要材料一般有 5 个，分别是进驻见面沟通会主持词、巡察工作领导小组副组长（成员）和巡察组组长在进驻见面沟通会上的讲话，以及 2 人在巡察工作动员会上的讲话。

**1. 进驻见面沟通会上的主持词。**进驻见面沟通会一般由集团公司纪委副书记或集团公司党委巡察办常务副主任主持，主持词内容主要包括：介绍见面沟通会的召开依据、主要内容、参会人员、会议议程等内容，然后依次组织集团公司党委巡察工作领导小组副组长、巡察组组长讲话，最后请被巡察党组织党委书记、行政负责人简要表态等。主持词要求开门见山、言辞简练，篇幅不宜过长。同时根据会议召开时机和参会人员的不同，应适当灵活变化。

**2. 巡察工作领导小组副组长（成员）在进驻见面沟通会上的讲话。**主要内容是向被巡察党组织通报集团公司党委召开巡察工作动员部署会的基本情况，传达集团公司党委书记在会上的讲话精神，对被巡察党组织领导班子特别是主要负责人员学习领会集团公司党委的部署要求，提高政治站位，积极支持配合好巡察工作，并对干扰、阻挠巡察工作，或者诬告、陷害他人等其他不配合巡察工作情形，要予以责任追究等事宜提出明确要求。同时，也要积极沟通，以打消被巡察党组织党政正职的顾虑，帮助他们放下思想包袱、消除抵触、恐慌等不良情绪，把思想统一到全力配合巡察工作上来。

**3. 巡察组组长在进驻见面沟通会上的讲话。**主要内容是向被巡察党组织党政正职通报集团公司党委授权情况，通报本次巡察的任务和工作安排。通报工作任务时要说清巡察聚焦的四个重点：党中央决策部署在基层落实情况、群众身边不正之风和腐败问题、基层党组织和党员队伍建设情况、巡察整改和成果运用情况。此外，还要对被巡察党组织如何加强工作配合、及时提供资料、做好巡察公告、设置好意见箱、制定信访应急预案提出具体要求，同时也要明确提出接受被巡察党组织的监督。

**4. 巡察组组长在巡察工作动员会议上的讲话。**讲话面向的是被巡察党组织科室各部门正副职、所属车间级正职、党员和职工代表，主要内容为传达学习集团公司党委书记在巡察工作动员部署会上的讲话精神，并就本次巡察的重点任务及工作安排进行通报。传达讲话精神要详细，传达后简要提出落实要求。在通报重点任务时，要按照“四个聚焦”分别详细说明每一方面检查的重点内容。在通报巡察工作方式方法时，要对听取汇报、个别谈话、受理信访、向有关知情人询问情况、调阅或复制资料、召开座谈会、列席有关会议、进行民主测评问卷调查、深入现场了解、开展专项检查等十类方式方法逐一详细说明，并强调巡察纪律，对哪些情形要进行责任追究，体现出巡察工作的严肃性。同时，要明确巡察工作起止日期、举报电话及受理时段、互联网巡察信访邮箱网址、被巡察党组织举报箱设置地点、巡察公告张贴地点等内容，目的是畅通信访渠道，更好获取被巡察党组织情况。

**5. 巡察工作领导小组副组长（成员）在巡察工作动员会议上的讲话。**重点就做好巡察工作对巡察组和被巡察党组织提出要求，主要包括三方面要求：一是政治站位方面的要求，要求深刻领悟习近平总书记关于巡视工作重要论述和关于党的自我革命的重要思想，充分认清开展巡察的重大意义，主动扛起做好巡察工作的政治责任，要增强做到“两个维护”的思想自觉、政治自觉、行动自觉，推动集团公司全面从严治党向纵深发展，进一步推动企业高质量发展等。二是工作质量方面的要求，要求进一步健全巡视工作体制机制和责任体系，以严肃认真的态度对待巡察工作，要准确把握新时代巡视工作的方针、任务及重点，推进政治监督具体化、精准化、常态化。三是同题共答方面的要求，要求巡察组和被巡察党组织增强行动自觉，共同完成好集团公司党委交给的巡察任务，确保巡察工作顺利开展、取得实效。同时，要求被巡察党组织要统筹抓好安全、运输、经营、建设、党建等各项工作，确保巡察进驻期间各项工作秩序正常、氛围良好。

## 四、筹备巡察进驻会议注意事项

每轮巡察进驻前都要召开巡察进驻会，需要注意时间、对象等不同点及形势任务上的新变化，要按照“严、细、实、新”的要求筹备好这一会议。“严”是指对会议程序、会议内容、参会人员范围严格把关，对会议纪律要严格要求，全面体现政治巡察的严肃性；“细”是指在筹备会议时要做到细上加细，每年巡察的对象不一样，召开会议的时间、地点、形式会有所变化，主持、参加会议的人员也可能有所不同，对会议相关材料和数据要反复核对、模拟演练，以确保会议万无一失；“实”是指工作要务实，要取得实效，要接地气，通过动员把巡察的氛围营造好，把巡察组和被巡察单位的工作积极性调动起来；“新”是指要紧跟最新的形势任务，落实党中央、国铁集团党组关于巡视巡察的最新要求，做到与时俱进、常开常新。

巡察进驻会是集团公司巡察工作重要会议之一，代表的是集团公司工作水平。细节决定成败，工作没有止境，在筹备会议时要做到精益求精，容不得半点马虎和差错。会后也要及时复盘，查找问题和漏洞，制定改进措施，为下次会议打好基础。

# 进驻巡察中如何运用技巧和方法精准发现问题

沈阳局集团公司党委巡察办巡察专员　于　洋

发现问题是巡察工作生命线。在实际巡察进驻中，运用一定的方法技巧，能够更加精准发现问题，有效提高巡察工作效率。

## 一、灵活运用好谈话模式

巡察谈话是一项严肃的政治工作，是发现问题的主渠道，是最基本的巡察方法之一，贯穿巡察工作的全过程。主要有三种谈话模式。

**1. 听汇报式谈话**。主要是以谈话对象为主，充分发挥其主观能动性，让其根据自身理解介绍被巡察单位的情况，从汇报中捕捉问题线索。比如：进驻巡察某一个单位时，在听取被巡察单位人员汇报后，根据进驻前了解的情况，要来谈话对象的书面汇报提纲，与实际情况进行比对，发现其中存在的问题。

**2. 插话式谈话**。巡察组人员在谈话中，除了听谈话对象讲之外，还会适时插话，通过与谈话对象的交流互动，针对感兴趣的内容进行追问。比如：到一个车间与车间干部谈话时，针对他讲到的车间环境改造等一些情况，巡察人员通过对施工工程追问，以及其他巡察人员查阅段内的工程合同、资金支付等情况，就可能顺藤摸瓜发现施工管理方面存在的问题。

**3. 主导式谈话。**这种方式应在巡察组谈话人已经对被巡察单位的基本情况掌握比较充分的情况下进行。比如：班子考核情况、信访问题、审计问题、问卷调查反映的问题等。主要围绕谈话提纲主动提问，有的是带有判断性地提出，有的是“单刀直入”地提问，从一开始就要占据着主导地位，通过提问、讨论、教育和引导等方式促使谈话对象全程集中精力认真思考、客观回答提问、全面介绍情况，从中挖掘出关键信息。

## 二、做好遴选精准查阅资料

查阅资料也是巡察发现问题的主渠道，是不可缺少的最基本的巡察方法之一。巡察实践中，许多突出问题和问题线索都是从大量的资料中精准发现的。精准查阅资料，要在掌握重要决策部署、重要决策事项、重要工程任务、重大组织活动等工作中进行遴选，精准发现有关问题。

**1. 查阅党委会、党政联席会、董事会等会议记录资料。**认真分析研判，看党委的领导作用发挥情况。比如：有的被巡察单位领导班子研究决策个人说了算、“一言堂”、该上会的不上会、违反会议程序、编造会议记录、临时动议研究干部等问题都是通过查阅资料发现、分析、证明的。

**2. 查阅党组织贯彻落实执行制度有关资料。**认真分析研判，看党委落实履行职能责任有关资料，看党委主体责任、纪委监督责任、领导班子成员“一岗双责”的管党治党责任落实情况。

**3. 查阅“三会一课”等有关资料。**认真分析研判，看党委的党建工作制度落实情况。比如：通过检查发现党支部不按规定开展“三会一课”、不按期换届改选、违反换届程序、发展党员不规范等问题，从加强党的组织领导、落实党的组织路线的高度，分析党委的政治纪律、组织纪律、组织原则、用人导向、党建责任，看被巡察单位党委是否坚强有力，党组织的政治功能是否得到有效发挥。

**4. 查阅“三公”、文电会议等有关资料。**认真分析研判，看贯彻落实中央八项规定精神情况。

**5. 查阅工程、采购等合同有关资料。**认真分析研判，看重点领域廉政风险隐患情况。对发现的问题要从下看上，聚焦分管领导班子成员、领导班子作用。

**6. 查阅财务账目有关资料。**认真分析研判，看纪律规矩意识和执行落实情况。

需要注意的是不能通过查阅记录，以上报不及时、参加会议次数不够等皮毛问题，简单罗列一堆具体问题来定性，要通过皮毛问题向内延伸拓展，看到深层次的后果和影响。

## 三、找准突破口和切入点高质量发现问题

深入机关科室、车间班组、现场一线勘查，是巡察发现问题的重要渠道。巡察组通过个别谈话、查阅账目资料、来电来信等形式，有针对性地选准科室、车间、班组，认真分析研究，找准突破口和切入点，就会高质量发现问题。

**1. 对“重点人”延伸深度了解。**在前期掌握“重点人”有关情况基础上，选择其曾任职或分管过的科室、车间进行实地调研，把面上巡察与线索了解有机结合起来，进一步收集信息，深度分析，客观全面地验证“重点人”的问题，为定性提供可靠依据。

**2. 坚持“由人到事”的优先方法。**为提高效率，先找知情且敢说话的干部，让他们先提供方向，然后再派人去现场、看资料，延伸发现问题触角，丰富线索证据。

**3. 运用举报线索直接深入了解。**巡察实践中，必须充分营造发挥

干部群众参与监督的环境和作用，特别是高度重视实名举报来信来电，在注意保护举报人的前提下，组织人员第一时间到被举报人所在地，全面开展巡察调研，验证和核准举报问题。比如：发现的“小金库”、账外料、私自占用生产办公用房等。

上述这些进驻巡察工作中的技巧和方法，如何得到有效运用，关键要有一支忠诚干净担当的巡察组干部队伍作保证。如果政治上不过硬、能力上不过硬、纪律上不过硬、作风上不过硬，不仅发现不了高质量问题，使巡察工作走了过场，最终还会损害党的形象。

# 增强政治巡察精准性有效性 推动新时代党的组织路线落实到位

沈阳局集团公司人事部（党委组织部）副主任　张立家

以习近平同志为核心的党中央明确提出“新时代党的组织路线”，把“组织路线”这一命题提升到党和国家的总体规划和战略高度，为加强党的组织建设提供了行动纲领。把贯彻新时代党的组织路线情况作为政治巡察的重要内容，不断总结经验成效，督导解决突出问题，有力推动新时代党的组织路线落实到位。

## 一、深刻认识贯彻新时代党的组织路线的重大意义

**1. 贯彻新时代党的组织路线，是加强党的全面领导的必然要求。**严密的组织体系既是党的组织力、凝聚力、战斗力的源泉，也是组织路线服务于政治路线的根本保证，对于坚持和加强党的全面领导、确保党始终成为中国特色社会主义事业坚强领导核心，具有十分重要的意义。党的十八大以来，以习近平同志为核心的党中央明确了构建严密组织体系的方法策略，带领全党构建起中央、地方、基层上下贯通、执行有力的严密组织体系，进一步加强了党的组织建设和组织工作，充分凸显出中国共产党的严密组织体系这一显著优势，为全面加强党

的领导、引导全党自觉贯彻党的方针政策和党中央决策部署夯实了组织基础。只有深入贯彻新时代党的组织路线，构建严密的组织体系，党的领导才能“如身使臂，如臂使指”，党的路线方针政策和党中央决策部署才能贯通落实到底。

**2. 贯彻新时代党的组织路线，是推进企业高质量发展的重要保证。**习近平总书记指出，“基层党组织是贯彻落实党中央决策部署的‘最后一公里’，要坚持大抓基层的鲜明导向，抓紧补齐基层党组织领导基层治理的各种短板，把各领域基层党组织建设成为实现党的领导的坚强战斗堡垒”。党的十八大以来，沈阳局集团公司坚持党的全面领导，全面落实新时代党的组织路线，树立选人用人正确导向，选拔忠诚干净担当的高素质专业化干部，加强基层党组织建设，增强党组织政治功能和组织功能，以高质量党建引领集团公司高质量发展，集团公司安全、经营、服务、建设等各项重点工作稳步推进，在服务“一带一路”建设、东北全面振兴等党和国家工作大局中体现了政治担当。只有深入贯彻新时代党的组织路线，坚持大抓基层的鲜明导向，把基层党组织建设成为有效实现党的领导的坚强战斗堡垒，才能有力有效推动集团公司高质量发展。

**3. 贯彻新时代党的组织路线，是加强党的建设的重要保证。**党的组织建设是党的建设的重要基础。新时代党的组织路线，明确了党的组织工作的指导思想、重点原则、对象标准、目的要求，为加强新时代党的组织建设提供了思想指引和根本遵循。党的历史表明，什么时候坚持正确组织路线，党的组织就蓬勃发展，党的事业就顺利推进；什么时候组织路线发生偏差，党的组织就遭到破坏，党的事业就出现挫折。党的十八大以来，党中央针对党的组织建设中存在的突出问题，坚定不移全面从严治党，在加强党的全面领导、健全党的组织体系、完善选人用人标准和工作机制、健全党内政治生活和组织生活制度等方面采取一系列重大举措，推动党在革命性锻造中更加坚强。新时代党的组织路线为加强党的组织建设提供了科学遵循，为增强党的创造力、凝聚力、战斗力，深入推进新时代党的建设新的伟大工程提供了重要保证。

## 二、聚焦新时代党的组织路线政治巡察重点内容和方法

在认真学习贯彻党的二十大精神，充分领会党中央、国铁集团党组对巡视巡察工作要求，全面总结复盘过去几年巡察工作基础上，聚焦当前集团公司贯彻新时代党的组织路线面临的新形势新情况新任务，增强政治巡察精准性有效性，推动新时代党的组织路线落实到位。

**1. 聚焦党委会建设开展巡察，推动党委把方向、管大局、保落实领导作用发挥。**一是巡察贯彻党中央决策部署和习近平总书记重要指示批示精神情况。看党委是否按照国铁集团党组、集团公司党委要求，把党中央重大决策部署和习近平总书记重要指示批示精神落到实处；是否认真贯彻服务国家和区域发展战略部署，结合实际落实国铁集团、集团公司关于安全生产、客货运输、经营开发、深化改革等工作安排。二是巡察贯彻民主集中制情况。看是否严格执行“三重一大”事项决策制度，科学民主依法决策企业“三重一大”事项，按程序决策、按规矩办事，推动“四个是否”落实落地；是否存在“一把手”任性用权、独断专行，搞“家长制”“一言堂”，违规决策、盲目决策，造成重大决策失误；是否存在议而不决、决而不行，搞无原则的“一团和气”；是否存在领导班子不团结、软弱涣散、凝聚力战斗力不强等问题。三是巡察党委会自身建设情况。看是否严格执行《中国共产党基层组织选举工作条例》和《国铁企业党组织选举工作细则》，按期进行换届，及时健全建强基层党委会；是否严格落实党员领导人员参加双重组织生活制度，坚持不懈运用好批评和自我批评武器，发展积极健康的党内政治文化。

**2. 聚焦干部人才队伍建设开展巡察，推动树立选人用人正确导向。**一是巡察干部选拔任用情况。看领导班子特别是主要负责人是否匡正选人用人风气，遵守组织人事纪律，按照条件、资格、程序选拔任用干部，严格执行干部回避、交流、退休等制度规定；是否存在"个人说了算"、任人唯亲、"带病提拔"、突击提拔、说情打招呼等不正之风；是否频繁研究调整干部或在试用期调整使用干部；是否存在任职年限到期，长期未交流的情况；是否存在处理处分影响期内提拔使用干部等问题。二是巡察干部人才队伍建设情况。看是否加强统筹谋划，重视干部梯队建设，选优配强各级领导班子特别是"一把手"；是否瞄准企业高质量发展，健全人才培养、引进、使用机制，吸引和留住关键岗位核心骨干人才，扎实培养、造就、用好"百千万人才"。三是巡察年轻干部培养使用情况。看是否把年轻干部作为一项战略性基础性工作抓紧抓实，加强对年轻干部的培养、使用、教育、管理、监督，有计划地把有潜力的优秀年轻干部放在关键吃劲岗位上历练；是否分级分类组织年轻干部参加专业化培训，积极搭建实践实战平台，引导年轻干部提升专业素养、成为行家里手。四是巡察干部监督管理情况。看是否严格执行个人有关事项报告制度，加强干部人事档案管理、因私出国（境）报告审批；是否严格落实领导人员配偶、子女及其配偶经商办企业行为等制度规定；是否存在违规兼职或兼职取酬；是否存在"三龄两历"认定不规范、虚假篡改档案等问题。

**3. 聚焦基层党支部建设开展巡察，推动增强基层党组织政治功能和组织功能。**一是巡察党支部设置情况。看党支部设置是否符合"四个有利于"原则，是否动态优化党支部设置，确保党的组织和党的工作全覆盖，是否报上级党委组织部门审批；党小组是如何划分的，党小组长由谁担任的。二是巡察健全落实党支部工作考评考核机制情况。看党委是否坚持党支部工作"一体化"考评机制，定期检查考核党支部工作情况，通报的问题是否有质量、整改是否到位；是否建立健全分类定级考核机制，开展党支部分类定级，是否按照“先进”“一般”“薄弱”三个格次划定等级，对评定为“薄弱”的党支部，是否制定整改方案，是否实现晋位升级。三是巡察组织生活制度落实情况。看是否落实“三会一课”制度，是否突出政治理论学习教育，加强党性锻炼，是否有表面化形式化娱乐化庸俗化现象；是否坚持落实主题党日制度，每个月是如何开展的，质量和效果如何。四是巡察党支部委员会建设情况。看党支部是否按要求设置支委会，支委会委员出缺影响工作时，是否及时增补，是否存在支委人数不足情况下召开支委会研究重要问题；看各党支部换届质量，基层单位党委是否指派专人全程参会，换届程序是否符合规范规定，是否存在补记录、补材料、补选票等严重问题；党支部书记是否具有 1 年以上党龄，首任专职党支部书记是否报集团公司党委组织部审核把关；党委是否每年对专兼职党支部书记轮训，是否按 1∶1 比例建立党支部书记后备库。

**4. 聚焦党员队伍建设开展巡察，推动党员教育管理工作质效提升。**一是巡察党员教育培训情况。看党委是否制定年度党员培训计划或方案，是否保证党员每年参加集中培训和集中学习时间不少于 32 学时；看《2019—2023 年全国党员教育培训工作规划》贯彻落实情况，是否存在底数不清、思路不清、无统筹、无计划现象，是否存在有较多党员 5 年来未参加过集中培训情况。二是巡察党员日常管理监督情况。看组织生活会和民主评议党员工作，是否制定下发安排，是否对工作进行检查指导，“不合格”党员是否进行组织处置，是否对劝退和除名的党员报集团公司党委组织部审批；看是否开展党员违纪违法教育，违纪违法党员所在党支部是否召开专题组织生活会，是否认真开展批评和自我批评；看党员评优评先情况，是否有违纪违法受到党政处分处理在影响期，仍评定为“优秀”等。三是巡察组织党员开展创先争优情况。看党委是否深化党内主题实践活动，组织党员创先争优，是否每月在安委会上对党员“两违”情况进行“双同双不同”分析，对党员“两违”比率超出控制目标的党支部是否开展重点帮促；看运输一线党支部岗区设置是否合理，是否针对发生“两违”党员第一时间谈话教育、分析帮促，是否把常规性工作作为党内攻关课题。四是巡察发展党员工作情况。看是否严格落实发展党员工作制度和程序，是否坚持开展入党启蒙教育；是否把非党员班组长、高知识群体等作为启蒙教育重点；是否存在申请人员比例过低的问题；是否存在入党积极分子日常考察流于形式的问题。

**5. 聚焦党建责任制落实开展巡察，推动全面从严治党责任贯通到底。**一是巡察党委主体责任落实情况。看党委是否建立主体明晰、责任明确、有机衔接的党建工作机制，形成一级抓一级、层层抓落实的党建工作格局；是否认真学习贯彻国铁集团、集团公司党建工作会议精神，推动党建工作重点任务落实落地。党建工作领导小组是否统筹谋划企业党的建设和改革发展，及时研究解决党建工作重大问题。二是巡察党组织书记第一责任落实情况。看党委书记是否严格兑现年度党建任务清单落实，看某项工作党委书记是如何研究部署的、是如何组织推进的、是如何检查考核的，最终的质量和结果如何；是否严格组织开展党组织书记述职评议考核工作，对综合评价“一般”和“差”的是否进行约谈、限期整改，是否将考核结果直接与干部考核、评先评优、选拔任用挂钩。三是巡察党委委员“一岗双责”落实情况。看领导班子成员分工是否明确党建工作责任，是否存在淡化党建倾向问题；党建重点工作是否召开党委会会议研究，班子成员是否积极参与并认真讨论，是否存在应付走过场现象；各级党组织委员是否向同级党的委员会报告履行党建责任情况，党委委员是否形成有质量的报告材料，党委书记是否认真点评。

# 政治巡察中党建工作检查重点与思路

沈阳车辆段沈阳运用车间党总支书记　杨宇光

巡察是政治巡察，本质是政治监督。扎实有效开展政治巡察，巡察人员除具备胸怀政治忠诚、肩负政治责任、坚定政治立场等基本政治条件外，更需要有清晰的巡察思路、专业的风险研判能力和精准的问题定性能力。

## 一、做好进驻前的准备工作

**1. 学习掌握党建工作相关制度。**这是进驻巡察前的关键环节，只有熟悉掌握相关制度，才能在巡察过程中精准发现问题。进驻前，结合集团公司党委近几年下发的党建工作制度等资料，重点要掌握这些制度对领导班子和班子成员有哪些要求，重点掌握下发制度的执行时间节点和条款内容的变化情况。集团公司党委先后多次修改“三重一大”等相关制度，有的是所属单位不同，有的是适用范围和落实标准存在差异，有的是执行程序发生变化，有的是对监督落实提出新要求，涉及这些方面的问题，巡察前要做到尽可能全面掌握，发现问题必须对号入座，最后对问题定性一定要做到有据可查，是哪个时间段出现的问题就对照哪个时间段的制度，确保问题定性准确，符合当时的规定。

**2. 了解被巡察单位党建工作基本情况。**了解被巡察单位党组织机构设置、领导班子成员工作履历、领导班子及班子成员年度考核情况、党支部书记特别是车间级党支部书记的工作经历，同时还要深入了解集团公司党委通报涉及被巡察单位党建工作相关问题。通过前期了解，对这个单位的领导班子和班子成员的精神面貌、工作状态有一个初步认识，提前梳理巡察重点、捋清工作思路、明确主攻方向。

**3. 建立党建工作巡察重点任务清单。**进驻前要把巡察期间需要检查的重点工作逐条列出，目的就是要直奔主题、切中要害、提高效率，便于尽快进入工作状态。任务清单主要有三类：一是常态化党建重点工作清单，主要包括领导班子工作机制、党委中心组学习、意识形态工作、民主生活会、“三会一课”、组织生活会及民主评议党员、党组织书记抓党建述职工作及发展党员等重点工作。二是阶段性党建重点工作清单，主要包括主题教育、各级党组织换届选举、形势任务宣讲、评先表彰、安全大检查等工作。三是账目类工作清单，主要包括主题党日活动方案、党内固定资产台账、党费收缴管理、党组织工作经费管理等资料。

**4. 提前调阅相关资料。**调阅资料在召开巡察动员会前，第一时间要求被巡察单位党委一次性提供完成，主要从以下三个层面入手：一是党委层面，主要包括党委会、党政联席会（董事会）、党委书记专题会和段长办公会的目录和会议记录，党委中心组学习相关资料（包括影像资料），班子成员述职报告及调研文章、考勤记录和日常工作手账、联系点党支部分工调整，民主生活会资料，集团公司党委文件批阅、公文流转情况，站段党委下发文件及目录，党支部换届选举“一请示两报告”及相关批复，党建工作季度检查通报，党费收缴报告单及决算表，政工经费和党费审批单。二是党支部层面，主要包括党支部内党小组设置、支委会分工，换届选举相关资料，“三会一课”记录（含视频资料），组织生活会和民主评议党员相关资料，分类定级相关资料，党支部存档党费收缴报告单，党支部书记述职报告及测评等相关资料。三是党员层面，主要包括党员名册、发展党员资料卷，违法违纪党员处分相关资料，干部学习笔记、党员参加组织生活会发言提纲等相关资料。

## 二、确保巡察发现问题质量

随着巡视巡察工作的不断深入，各单位党委对政治巡察工作越来越重视，认真落实未巡先改要求，采取不同方式查漏洞、补短板，各类存档资料越来越完善，这也意味着巡察发现问题的难度会越来越大。因此，巡察的方式方法也需要不断革新，才能确保问题质量。结合参加政治巡察经历，将巡察方式方法总结为“三核对、三看、一说明”。一是纵向核对，看贯彻落实是否上热下冷。首先核对集团公司党委决策在基层党委是如何部署的，其次核对基层党委部署要求在党支部层面是怎么落实的。看有关文件站段党委主要领导如何批示，相关会议是否作出具体安排。二是横向核对，看是否存在落而不实。查阅重点工作记载情况，如果发现疑点要通过影像资料、班子成员工作手账、向相关人员进行了解等方式，进一步核对问题的真实性，看党建重点工作是否做到真落实还是只停留在纸面上。三是多点核对，看是否存在弄虚作假。要多角度分析，看拟查实的问题证据链中是否能找出多个矛盾交叉点。比如：党委会记录不真实。看集团公司会议电报、考勤、记录人及同日党政联席会记录等多点核对是否存在矛盾，最后形成相对完整的证据链条。四是写好说明材料，形成有力的证据支撑。对拟查实的问题，最好要先与外围相关人员核实并形成问题说明，把问题基本做实后，最后再与直接责任人接触，确保最终形成书面说明材料闭环，为问题做最后定性提供可靠依据。

## （一）基层单位党委抓党建工作常见问题及巡察思路与重点

**1. 落实领导班子工作机制不到位。**主要表现：一是党建重点工作未上会编记录。二是党委会规定决策事项没有经过党委会研究就实施。三是党政联席或段长办公会代替党委会决策。四是会上研究讨论不充分。

巡察思路与重点：一是熟悉掌握党委会、党政联席会等会议议事范围。二是与领导班子成员日常工作手账进行对比，看当日是否记有开会痕迹及相关议题。三是与领导班子成员考勤记录进行对比。四是与集团公司相关培训、会议电报或通知对比。五是与党政正职及个别班子成员核实具体情况。六是与会议记录人进行面对面核实，并形成书面说明材料。

**2. 民主生活会发言提纲、述职报告质量低。**主要表现：一是对比前后两年民主生活会发言提纲或述职报告，看内容是否雷同，或完全一致。二是上级组织函询谈话等有没有在个人材料中进行说明。三是个人重要事项报告够不够全面。

巡察思路与重点：一是要求被巡察单位提供领导班子成员近五年的民主生活会发言提纲或述职报告。二是对每一名领导班子成员发言提纲和述职报告采取纵向、横向比对。三是要全面掌握上级党组织对班子成员党纪、企业纪律处分或组织处理情况。

**3. 党委中心组学习制度执行不严。**巡察发现，有的单位党委中心组学习记录看似很完整、很全面，出席人数也都符合比例，从记录上看不出任何问题。这时，要从多角度验证党委中心组学习质量。主要表现：一是个人学习笔记记录简单，只摘抄不写体会。二是中心组学习记录出席人数不真实，学习不够严肃。三是中心组发言与实际参加情况不一致，中心组发言没有做到全覆盖。四是将个人学习笔记当成工作日记，记录与中心组学习无关的内容。五是个别领导班子成员全年学习出勤率不达标。

巡察思路与重点：一是首先要看段党委中心组学习制度制定情况，是否完全照搬照抄集团公司党委相关制度。二是统计党委中心组学习签到情况。三是与领导班子成员考勤记录对比。四是要回放影像核对。五是与宣传助理等相关人员核实并形成书面说明材料。

**4. 落实集团公司党委重点工作推进迟缓。**主要表现：一是动员部署不到位。二是宣讲走形式走过场，领导班子成员没有带头宣讲，用其他方式或其他人员代替宣讲。三是重点工作具体要求在科室车间层面打折或落空。四是有的单位党委只注重数据收集和宣传，缺乏过程跟踪指导。

巡察思路与重点：一是查看有关会议记录或调阅影像资料。二是到包保的车间核对领导班子成员宣讲情况。三是与负责具体落实的相关车间核对，看规定要求是否得到落实。四是结合车间上报阶段性工作报告、报表等资料，核实工作落实情况。

**5. 对意识形态工作不够重视，导向作用不突出。**主要表现：一是意识形态有关制度党委审核把关不严，有的上下一般粗，有的未经集体决策。二是党委对意识形态工作不够重视，措施不力，造成多次出现不良反应。三是“两学一做”常态化制度化在支部层面执行不好，未纳入“三会一课”。四是形势任务宣讲氛围不浓，存在上热下冷现象。

巡察思路与重点：一是看党委意识形态工作相关制度制定是否符合要求，是否经过集体决策。二是如发生不良反应事件，调阅党委、党支部层面月度思想分析报告，核实采取哪些举措，是否有效，是否整改到位。三是通过与部分党员了解或观看视频等方式核实“两学一做”常态化学习教育开展情况。四是通过现场了解、查看班组日志等方式了解主题宣讲工作开展质量。

**6. 双重组织生活质量低。**主要表现：一是个别领导干部参加所在支部党员大会全年不发言，表率作用不突出。二是参加所在支部党员大会情况不真实。三是对以普通党员身份参加组织生活认识不足。

巡察思路与重点：一是首先要对领导班子成员参加所在支部党员大会记录次数进行统计。二是结合统计数据，如果有条件的可通过影像资料进行核对。三是如发现问题要及时与所在科室支部书记或有关党员核对。

**7. 联系点党支部制度落实有偏差。**主要表现：一是领导干部未定期到联系点党支部检查指导党建工作。二是参加党员大会或支委会不发言、不指导、不把关。三是参加联系点党支部党员大会记录不真实。四是未参加联系点党支部年度组织生活会。

巡察思路与重点：一是了解掌握领导干部联系点党支部制度相关要求。二是及时掌握班子成员联系点党支部分工调整情况。三是结合相关记录对领导班子成员深入联系点指导情况进行数据统计。四是询问联系点党支部有关人员或调阅影像资料核实领导班子成员现场指导情况。

**8. 超范围使用党费。**主要表现：一是开展党内活动，采购数量与实际有出入。二是使用党费为非党员购买奖品。三是“七一”或阶段性等党内表彰活动，将奖励集体的活动经费用于奖励个人。四是党费使用管理把关不严，过度采购造成物资长期闲置。

巡察思路与重点：一是查阅党支部开展党内活动使用党费申请报告，核对活动参与人数与发放人员是否相符。二是通过党员花名册核实奖励人员身份。三是查阅“七一”表彰决定、党费使用审批单、党委会记录及党费支出财务凭证。四是核对使用党费采购的各类物品的去向。

**9. 党委季度政治工作检查走形式。**主要表现：一是发生涉及安全生产、信访稳定等一票否决问题的党支部季度检查仍评为优秀。二是检查通报下发严重滞后或没有下发。三是个别党支部党建工作推进不力，党委没有采取任何帮扶措施，连续评为末位，转化效果不明显。四是季度党建工作检查通报无问题或质量不高。比如：某一项重点工作长期通报“零”问题，但实际问题比较突出。

巡察思路与重点：一是统计掌握该单位在安全生产、信访稳定及意识形态等方面发生的严重问题。二是调阅政治工作季度检查通报，对排名情况进行统计。三是对连续排名末位的党支部要重点掌握，具体分析原因，深度了解整改落实质量。四是针对季度检查问题，党委主要领导和分管领导组织推进整改情况。

**10. 党支部书记队伍管理不到位**。主要表现：一是首任专职党支部书记未经集团公司党委组织部审核。二是专职党支部书记变动比较频繁。三是新任职党支部书记党龄不足一年。四是党支部书记任职未报党委批准。五是党支部书记脱产培训质量不高，甚至党委全年未组织相关培训。

巡察思路与重点：一是收集并核对专职党支部书记任职审批表。二是结合干部任免审批表，核对党支部书记岗位变动情况。三是核实新任职党支部书记入党转正时间。四是结合“三会一课”记录，对党支部书记变动情况进行统计分析。五是调阅党支部书记培训相关资料，从培训内容、培训时间、培训范围进行统计分析。

### （二）党支部落实党建工作常见问题及巡察思路与重点

基层单位党支部党建工作可能存在一些共性问题、典型问题和隐性问题，具体如下：

**1. 未严格按程序发展党员**。主要表现：一是积极分子培养考察不认真，培养联系人、党支部书记平时不按规定时间写实、列发展对象前突击写实。二是接收预备党员未召开党员大会或程序有漏项。三是接收新党员或预备党员转正，党员大会出席率不符合要求。四是列积极分子或发展对象未经支委会研究讨论。

巡察思路与重点：一是详细查阅近两年发展党员有关资料。二是查阅支委会、党员大会记录，从开会时间、参加人数、投票统计及会议程序等方面与党员入党资料进行核对。三是向参加接收预备党员或预备党员转正大会有关党员了解情况。四是认真核对入党申请书、自传、思想汇报及入党积极分子登记表中提到重大历史事件时间上是否吻合。五是列为积极分子或发展对象是否经过支委会研究讨论，可查阅支委会记录。

**2. 党支部换届选举不严格执行程序。**主要表现：一是换届选举未执行“一请示两报告”制度，或“一请示两报告”的日期与党委会批复日期矛盾，简化“一请示两报告”，有的报告内容与实际不符。二是支委会没有记载会前准备阶段相关工作，包括会议时间、议程，向党委上报的选举请示及候选人预备人选、选举办法、选举结果等。三是党支部换届选举出席率不符合规定。四是候选人担任监票人。五是支委缺员长期未补选。

巡察思路与重点：一是需要党委提供所有党支部换届选举的明细目录、所有请示报告和批复，支部换届选举各阶段时间做好统计，与党委会记录进行对比。二是查看支委会和党员大会记录、换届选举选票等存档资料，看换届选举时间、人数及程序是否符合规定。

**3.“三会一课”制度执行不到位。**主要表现：一是在岗党员长期缺席党员大会、党课和组织生活会。二是个别党支部长期不召开党员大会。三是班组党支部书记或车间总支书记管理不严格，导致问题长期存在。四是党员大会“两学一做”学习教育常态化制度化坚持得不好。五是看是否存在两名支委召开支委会情况。

巡察思路与重点：一是查阅党员大会等记录，对缺席党员次数要进行统计，特别是对全年多次缺席党员要做重点掌握，统计是否达到连续六个月不参加组织生活并了解缺席原因。二是通过考勤记录核实在岗党员出勤情况。三是与所在党支部书记、支委或相关党员核实情况。四是重点关注一些党委后勤、综合等党支部，这部分支部容易存在管理盲区。

**4. 党内“七一”表彰简化推荐程序。**主要表现：一是没有自下而上层层推荐。二是未通过支委会或党员大会研究讨论直接上报。三是尚在处分期的党员成为被推荐对象。四是党委审核把关不严。

巡察思路与重点：一是查阅站段党委关于“七一”表彰有关通知，掌握下发通知时间节点。二是掌握受到党纪、企业纪律处分或组织处理党员情况。三是查阅相关科室车间党支部“三会一课”记录，核对是否组织推荐，掌握研究讨论时间。四是查阅党委会记录，掌握党委会研究讨论情况及时间。

**5. 个别科室车间支部组织生活会不严肃。**主要表现：一是简化组织生活会会前准备工作，会前谈心、学习、征求意见等环节缺项。二是党支部自查报告雷同或者党员发言提纲雷同。三是领导班子成员参加指导作用发挥不好。四是简化组织生活会程序，民主评议党员未以党支部为单位组织。

巡察思路与重点：一是调阅查看段党委下发的组织生活会及民主评议党员通知要求。二是要求提供科室或车间党支部全体党员近两年组织生活会发言提纲，对相关材料进行核对。三是查阅领导班子成员参加所在科室支部或联系点党支部组织生活会情况，看是否做到严格把关。四是调阅支委会、党员大会记录，看是否符合程序要求。

**6. 党支部书记年度述职工作不重视。**主要表现：一是不进行述职，在党员大会记录上造假。二是支部书记述职测评走过场，述职报告雷同现象突出，甚至不组织测评。三是对党支部书记评定意见雷同，未通过党委会研究。四是会前党委没有组织检查指导。

巡察思路与重点：一是调阅党委下发关于党支部书记年度述职的有关通知或文件，了解掌握开展党支部书记述职工作的有关程序及要求。二是对比两年党支部书记和党支部述职报告，看是否存在雷同问题。三是查阅党支部“三会一课”有关记录和测评票，看是否有记录痕迹和投票测评。

**7. 民主评议党员走过场。**主要表现：一是民主评议党员未经支委会讨论。二是把尚在处分期内的党员、长期列为重点人员或长期生病等非在岗党员评为优秀。三是评议党员优秀率过高，超过三分之一。

巡察思路与重点：一是全面掌握受到组织处理党员基本情况。二是了解党委下发文件通知相关要求。三是查阅评议党员划票。四是查阅支委会记录，看党员评定等级情况是否研究讨论。五是看评定党员结果比例是否符合要求。六是与相关支委核实评议工作是否做到真研究。

**8. 车间重要问题讨论不规范。**主要表现：一是未经支委会讨论。二是由车间班子会代替支委会讨论。三是车间重要问题讨论有漏项。四是研究有关事项车间党政正职先表态发言。

巡察思路与重点：一是了解掌握车间重要问题事项的范围。二是让被巡察单位劳动人事部门提供该车间干部职工岗位变动情况统计表、相关部门提供职工奖惩情况、技术部门提供零小工程合同复印件及物资采购情况。三是结合本单位实际情况，查阅车间支委会记录。

**9. 党支部分类定级工作质量低。**主要表现在：一是党员大会不组织，支委会不研究。二是等级评定走形式，自评结果没有分出等级。三是党总支评定走过场，对支部上报自评结果不把关。四是评定结果不准，党委审核把关不严。

巡察思路与重点：一是查阅段党委下发党支部分类定级的通知，了解评定工作的有关要求。二是查阅党员大会、支委会记录，了解自评过程。三是查看分类定级测评表，看是否组织党员和部分群众进行测评。四是调阅党总支支委会记录，了解支部上报分类定级结果讨论情况。

**10. 受处分党员警示教育不到位。**主要表现：一是不召开专题组织生活会，党委不派人跟踪指导。二是召开党员大会不严肃，有的甚至不符合程序。三是对非在岗党员违法情况不掌握，处置比较滞后。

巡察思路与重点：一是全面统计受处分党员基本情况。二是对比违法违纪党员受处分时间与党员大会时间，看是否矛盾。三是查阅党员大会记录，看是否按要求组织召开。四是看党支部对党员移交线索是否主动上手，是否采取果断措施处置。

# 关于对巡视整改工作检查方式方法的探索

吉林电务段党委副书记、纪委书记　张志喜

巡视发现问题的目的是解决问题，发现问题不解决，比不巡视的效果还坏，做好巡视“后半篇文章”关键要在整改上发力。党的二十大明确部署加强巡视整改和成果运用，2024年新修订的《中国共产党巡视工作条例》，也单列一章对巡视整改和成果运用作出规定，为加强巡视整改和成果运用提供了有力制度保障。可见做好巡视发现问题整改工作的检查，是巡视监督中的重要一环。

## 一、深刻理解加强巡视整改和成果运用的重要意义

巡视整改和成果运用是巡视工作的“后半篇文章”，是监督、整改、治理有机贯通的重要环节。党中央高度重视巡视整改和成果运用，多次对加强巡视整改和成果运用作出部署，强调要把整改融入日常工作、融入深化改革、融入全面从严治党、融入班子队伍建设，强化巡视成果综合运用，以巡促改、以巡促建、以巡促治，为发挥巡视标本兼治战略作用提供了根本遵循。

**1. 做好巡视整改工作，是自觉践行“两个维护”的具体行动。**巡

视整改不落实，就是对党不忠诚，就是对人民不负责。巡视的本质是政治监督，目的是促进更好地做到“两个维护”。巡视反馈的问题直击被巡视党委坚持党的领导、加强党的建设、推进全面从严治党方面的短板弱项，都是必答题，不能高高举起、轻轻放下。巡视整改态度是否端正、措施是否有力、效果是否明显，直接反映政治站位高不高、政治态度鲜明不鲜明和政治能力强不强。每一个被巡视党组织都应该把思想认识统一到习近平总书记重要指示批示和上级党组织对巡视整改工作的部署要求上来，把抓好巡视整改作为一项严肃的政治任务和必须履行的政治责任，作为深刻领悟“两个确立”决定性意义，增强“四个意识”、坚定“四个自信”、做到“两个维护”的实际行动，作为检验自身能力素质和责任担当的“试金石”，高标准高质量完成巡视整改各项任务。

**2. 做好巡视整改工作，是推动企业高质量发展的有利契机**。推动改革、促进发展是政治巡视的落脚点。巡视发现的每一个问题，不单纯是管理问题、业务问题，而是反映落实上级决策部署不扎实、履行核心职能不到位，防范化解重大风险不够有力的问题，反映了在完整、准确、全面贯彻新发展理念、谋划推动企业高质量发展上存在着差距和不足。被巡视单位要正确把握政治和业务“一体两面”的辩证关系，任何业务问题都离不开政治、体现着政治，要善于用政治标准去审视业务工作。要借力巡视整改的契机，跳出一些固有的思维定式，以更大的勇气深化改革发展，攻克管理上的顽瘴痼疾，突破利益固化的藩篱，拿出“咬定青山不放松”的精神，释放“撸起袖子加油干”的激情，着力堵漏洞、补短板、强弱项，以巡视整改为动力，推动本企业高质量发展。

**3. 做好巡视整改工作，是推动全面从严治党向基层延伸的有力抓手**。巡视中发现的一些问题，充分印证了习近平总书记在党的二十大报告中所指出的“党风廉政建设和反腐败斗争面临不少顽固性、多发性问题”的基本判断。巡视中发现的一些问题，说明一些被巡视单位党委落实全面从严治党“两个责任”不够有力，严的基调没有一贯到底。被巡视单位的各级党组织和党员干部应该从中吸取教训，切实扛起管党治党的政治责任，以抓好巡视整改为牵动，切实解决在党建和党风廉政建设中存在的突出问题，推动全面从严治党不断取得新成效。

## 二、准确把握巡视整改和成果运用方面的要求

2024年新修订的《中国共产党巡视工作条例》对巡视整改和成果运用明确了五个方面的主要要求：一是明确开展巡视工作的党组织应当加强对巡视整改和成果运用的组织领导。二是明确被巡视党组织的整改主体责任；突出强调把整改作为履行管党治党责任、推动高质量发展的重要抓手，主要负责人承担第一责任人责任，领导班子其他成员承担“一岗双责”；为解决“新官不理旧账”问题，规定“党组织主要负责人和领导班子其他成员有调整的，应当做好巡视整改交接工作，持续落实整改责任”。三是明确被巡视党组织集中整改的主要任务。四是明确纪检部门和组织部门的整改监督责任，以及有关职能部门的成果运用责任。五是明确巡视机构的统筹督促责任。

结合工作实践，这一部分内容的检查重点是对照承接中央巡视整改任务、落实国铁集团党组巡视整改要求情况，检查被巡视党组织落实整改主体责任情况，特别是党组织书记落实第一责任人责任情况，检查整改的实际成效，查找责任落实不力、敷衍应付、虚假整改等问题。检查纪检组织、组织部门落实整改监督责任情况，查找整改日常监督、处置巡视移交问题线索、结合整改推动领导班子和干部队伍建设等方面存在的问题。检查巡视成果运用情况，查找被巡视党组织结合巡视发现的问题加强制度建设、完善体制机制、推动标本兼治等方面存在的不足和短板。对审计、财会、统计等其他监督发现问题的整改落实情况，也可结合实际纳入巡视监督检查内容。

## 三、巡视整改和成果运用方面的检查方式方法

在巡视中，首先要做细做实巡视整改和成果运用内容的检查方案，做到心中有预想、手中有预案。在巡视中可以运用下列的方式方法来检查。

**1. 看党委履行整改主体责任情况。**对照习近平总书记关于巡视工作重要论述及加强巡视整改和成果运用的意见，通过调阅被巡视单位党委会记录、与相关人员谈话等方式，了解对巡视问题整改重视程度，看是否存在以监督责任代替主体责任的现象，是否建立巡视反馈问题整改相关制度办法，应该上会研究的问题是否上会研究，是否落实相关巡视整改要求；通过调阅承接中央巡视整改相关资料，看承接中央巡视国铁集团党组整改任务是否完全贯通到基层，是否按照国铁集团党组补强中央巡视整改要求完善相关措施，被巡视党委是否将补强要求贯通至基层并抓好联动整改，是否要求基层单位党委集体研究完善“三清单”并组织推进；通过调阅前次党组巡视整改“一方案三清单”，了解巡视整改方案制定是否完善，特别是要结合反馈给党委和党委书记本人的反馈意见，逐条逐项核对看有无漏项；同时，要看是否将巡视整改纳入内部巡察重点，制定的整改推进任务清单是否可行，是否组织基层单位联动整改，是否组织基层单位建立“一方案三清单”。

**2. 看党委书记落实第一责任人责任情况。**通过谈话、调阅相关资料等方式，检查党委书记落实巡视整改第一责任人责任情况，重点看重要问题是否上手研究解决，是否带头领办重点难点问题，是否有的整改工作本应由党委书记牵头，却由其他领导班子牵头，有没有简单把整改任务推给副职、推给下级部门或者纪检部门，是否支持处置巡视移交的领导干部问题线索及群众反映的信访事项。

**3. 看班子其他成员履行“一岗双责”情况。**通过查阅班子其他成员工作分工、推动整改的会议纪要、讲话材料、巡视整改相关资料签

批痕迹等方式，了解班子成员落实巡视整改职责情况，重点看是否按整改任务分工要求落实整改职责；系统领导是否牵头研究组织推进整改；是否推动分管领域巡视整改任务落到实处；有没有上推下卸、虚于应付等问题；班子成员岗位或者分工调整的，是否做好整改任务衔接，有没有“新官不理旧账”；领导班子成员对分管部门整改工作把关是否严格，是否存在有的问题在整改不到位的情况下就签字确认办结，或未完成整改虚假整改签字；对整改不落实，甚至搞敷衍整改、虚假整改的，是否严肃追究责任。

**4. 看重点难点问题整改情况。**抽查机关部门、部分单位看对党组前次巡视反馈问题整改是否到位。通过调阅巡视整改“一方案三清单”，各阶段总结报告、整改任务推进情况表等方式，了解被巡视单位党委制定的整改措施是否具体可行、务实管用、有针对性；看巡视反馈问题是否按任务清单安排整改到位，党委对整改情况是否底数清楚、通盘掌握，好改的是否马上改到位，难改的是否取得了明显进展；有没有紧盯不放、持续跟踪督促，确保整改到位。通过到机关有关部门对重点难点问题整改情况进行抽查，看是否真正按照整改要求组织落实；看整改是否达到预期效果；看巡视整改反馈情况与整改实际结果是否一致；看问题整改是否恰当、符合规定。

**5. 看纪检组织监督整改落实情况。**通过调阅纪检组织监督整改的有关资料等方式，看纪检组织是否健全整改日常监督机制，制定巡视整改监督检查方案是否可行；看是否建立整改监督台账，加强跟踪督办，按方案要求开展监督检查，及时发现问题、纠偏正向；看是否加强实地检查，掌握整改真实情况，有没有坐在办公室里靠要材料了解情况等问题；看落实监督检查工作情况及整改评估问责情况，应该问责的是否问责，是否针对整改存在的问题采取相应的督办措施。

**6. 看巡视移交问题线索处置情况。**通过听取纪委处置上次巡视移交问题线索的情况汇报、调阅历次巡视移交线索处置资料等方式，看纪检组织对巡视移交的问题线索是否逐一排查、加强分析研判，依规依纪依法处置，做到件件有着落；是否存在压案不查、行动迟缓等问题；是否认真处置巡视移交的处级及以下党员干部问题线索。视情对有关重要问题线索处置情况进行深入了解。

**7. 看组织部门督促整改落实情况。**通过调阅组织部门参与整改的有关资料等方式，看组织部门是否把巡视发现的问题及整改情况作为领导班子建设和干部教育、考核评价、选拔任用、管理监督的重要参考，看相应整改不到位等问题问责追责情况，看选人用人专班整改情况。

**8. 看基层站段联动整改情况。**通过到基层站段下沉检查、调阅巡视整改“一方案三清单”、整改推进情况资料等方式，看承接中央巡视国铁集团党组整改任务是否完全贯通到基层。是否按照国铁集团党组补强中央巡视整改要求完善相关措施，集团公司党委是否把补强要求下发基层并抓好联动整改，基层单位党委是否按要求集体研究完善“三清单”并组织推进。党组前次巡视反馈问题和历次党组通报举一反三整改问题在基层单位是否得到有效整改，基层单位党委是否履行整改主体责任，重要事项是否上会研究，是否建立相应整改机构，是否定期梳理盘点巡视整改推进情况。

**9. 看巡视整改其他相关情况。**通过检查巡视整改以来制度机制建立完善情况，看前期反馈问题反映出的管理空白点是否建立相应的制度办法，新建立的制度办法是否在机关部门和基层单位得到有效落实，检验制度是否发挥作用。通过调阅巡视整改情况向党内通报、向职工群众公开的相关资料，重点看通报过程是否符合规定，内容是否全面、有无漏项，公开是否及时，公开方式方法是否合理、是否达到一定覆盖面，向党内和职工群众公开有何差异、差异之处是否向国铁集团备案说明。

# 浅谈如何在巡察中精准发现问题并收集证据

大连客运段纪委副书记　马永林

“发现问题、形成震慑，推动改革、促进发展”十六字巡视工作方针，是一个环环相扣、系统完善、逻辑缜密的整体。巡视巡察工作中，如何从大量繁杂的资料中有序、高效、精准地发现问题并固定证据，是落实好巡视工作方针的第一环，也是确保巡视巡察质量的关键，需要在具体实践中认真思考和积极探索。

## 一、如何在巡察工作中精准发现问题

### （一）做好巡察进驻前的准备工作

巡察准备工作就是要对被巡察单位有一个全方位的分析了解。可以说巡察准备工作做得越充分，巡察干部进入角色就越快，也能够尽早发现问题，对被巡察单位形成震慑。

**1. 通过查阅集团公司纪委、组织、人事、信访等部门接到的信访举报及查处情况，研判被巡察单位职工群众反映强烈的热点问题。**有的被巡察单位信访举报不断，特别是针对某件事或某个人重复反映，其根源可能是举报人不信任被巡察单位而越级举报，甚至有的举报人在举报信中直言如果举报到单位长时间没有音信，就会向上级组织举报，这些都能说明这个单位的党风廉政建设可能出现了问题。因此，要第一时间调阅信访受理举报台账、问题线索处置汇总表、谈话函询资料、问题线索办理卷、违纪案件检查卷，重点查看举报件、反复举报件、署名举报件办理情况，分析处理难和难处理的情况；重点查看重要案件涉及的其他不托底的人或事；重点了解监督执纪宽松软和其他严重违规违纪违法问题。查看纪委会和相关的党委会记录，从中就能看出党委的主体责任和纪委的监督责任是否履行到位。

**2. 分析审计报告中列举的问题，发现被巡察单位在日常经营管理上存在的某些倾向性问题。**比如：审计报告中提到虚开材料发票计列成本，往往审计给出的结论是虚列成本，财务信息不真实，对于后期资金去向可能不再进一步深追，而巡察工作则不同，既要深入追查资金去向，又要看看是否存在套取现金形成“小金库”或者是涉嫌利益输送等问题。

**3. 查阅干部档案和申报材料，看是否存在档案造假和不如实填报个人重要事项问题。**巡察前要调阅被巡察单位领导干部的个人档案，进驻后可以调阅中层干部档案，重点发现“三龄两历”造假的问题。常见问题为：有的干部年龄造假，档案年龄与身份证年龄不符；有的个人入党资料造假；有的领导干部个人婚姻发生了变化，但为了个人颜面和名誉怕受影响而不报告；有的领导干部不如实申报个人财产，存在瞒报、漏报；有的领导干部家属在其职权范围内经商办企业不报告；等等，这些问题需要重点审核相应资料。

### （二）总结以往巡察经验，针对不同的单位确定巡察重点

**1. 研究被巡察单位的经营性质，综合分析研判，确定关键岗位和廉政风险点。**巡察的目标包括机关及附属单位、运输单位、运输辅助单位、经营单位、工程建设单位等。单位不同风险点也不同，如机辆

系统的重点是配件采购、高价互换配件的委外修等；房建系统的重点是大修、更改工程，工电系统的重点是路外施工配合费和外委工程；货运系统的重点是运价下浮和委外装卸；等等。只要找准重点，就能确定关键人和风险点，从而展开高效的巡察工作。

**2. 抓住有价值的重点问题作为突破点。**要研究被巡察单位的实际情况，对了解掌握的信息进行认真分析研判，根据突破的必要性、可能性，以及巡察成效来确定突破点。比如：工程质量问题、风险债权问题、收入分配问题、“小金库”问题、选人用人问题等等，往往这些问题的背后，隐藏的是个别人的贪污腐败等违纪违法行为。

**3. 要盯住风险债权。**这是易忽视的地方。挑选突破点，主要针对已经造成重大损失的、职工群众反响强烈的、负债人是私人性质企业的。查协议、合同，看双方权利义务是否公平、对等、双赢，是否存在风险隐患，是否正确履行条款。可行性研究是否经过科学性论证、风险评估，是否得到职工群众的支持，是否简化决策程序、越权乱决策等。盯住不作为、不正确履职、越权乱作为的失职和渎职问题，看是否存在利益输送问题。

### （三）要善于通过各种渠道寻找问题线索

**1. 从信访举报中收集问题线索。**巡察中，受理职工群众来电、来信、短信、网络举报。对收到的举报要认真对待，仔细研读举报内容，全面分析情况，精准处置问题线索。巡察中接到群众反映举报的问题更加珍贵，有了举报就能直接面对问题，不用大海捞针式地去寻找线索，所以要珍惜这部分问题资源。

**2. 从巡察谈话、核查谈话中获取问题线索。**巡察谈话，对“自我”问题的说明、解释，包括回答关键问题的动作、神态中都包含许多有价值的信息，要及时记录和标注。对“他人”问题的叙述，要抓住关键细节，预判真实性、可能性。有些问题不必追求一次谈成，可以给被谈话人出一些题目，让其进一步回忆、思考，提高认识后再谈。核查谈话，主要是找具体经办人、当事人谈话，掌握问题的客观真实情况。层级越低越能提供第一手资料。实践证明，谈话是了解掌握情况的重要有效方式，要相信群众、发动群众、依靠群众，群众的眼睛是雪亮的，群众的智慧是无穷的。谈话关键是找对人，这就要求巡察人员要有一把能打开心扉的万能钥匙。

**3. 从被巡察单位相关业务科室、车间挖掘问题线索。**巡察组成员由审计、财务、纪委、组织人事等专业的人员构成，只要大家尽职尽责，发挥专业优势，一定能发现有质量、有价值的问题线索。通过调阅、查看会计凭证、报表、经济活动分析报告等资料，对债权债务、损失列销、资金往来等方面异常情况进行分析，就能发现风险债权问题、违规使用资金问题、资产损失问题、违规担保问题、“小金库”问题等。通过调阅、查看企业涉诉判决书、裁定书、调解书、司法建议书等，从重大涉诉案件中发现失职渎职问题、重大资产损失问题及潜在的利益输送问题。

## 二、如何在巡察工作中收集证据

巡察中发现的问题线索，要深入了解，确保事实清楚，为后期移交纪委、组织人事等部门打好基础。

**1. 证据材料种类和基本要求。**需要说明的是，巡察核查问题与纪委办案不同。办案必须经历三个程序：初步核实，立案审查，审理处理。要求做到：事实清楚，证据确凿，定性准确，处理恰当，手续完备，程序合规。而巡察核查问题主要是发现问题线索和确定责任人。问题线索要做到事实清楚，不能似是而非；证据要充分确凿；确定责任人就是要找到应该承担责任的人，不能张冠李戴。问题线索要有如下证据材料支撑：工商资料、合同或协议、会议记录、个人笔记、往来信息资料、资金收支凭证、交接记录、与经手人和当事人谈话记录、与责任人谈话记录、说明材料等。证据材料要一式两份（一份巡察存档，一份随问题线索移交），材料上加盖单位或部门公章，当事人签字，签名上的手印可以不按。

**2. 收集证据的方法。**收集证据要突出“快”“专”“全”三个字。“快”就是发现问题线索后要第一时间组织人员核查，以免被巡察单位采取措施对策，给核查增加难度。“专”就是专题核查，一个问题形成一份核查材料，方便巡察后移交问题线索；再有就是每个巡察组要安排有纪检经历或有经验的人员专门从事核查工作。“全”就是书面证据要收集全，该找的人要找全，切记找人谈话要同时或连续进行，不要今天找一个人、过几天再找其他人，造成核查问题线索暴露，后来的人不认账或找各种说辞，给核查带来麻烦。

**3. 制作巡察谈话记录的技巧。**巡察中发现问题线索后，巡察人员找当事人或经手人谈话时要做好记录。做记录可以详细记载事件过程，就某个单一的简单问题也可以让其写情况说明。制作巡察谈话记录，一是制作记录前，要精心准备。最好事先做一个谈话提纲。谈话人和记录人最好是有纪委办案经验的人员。二是记录要相对完整。完整的记录内容，要具备八要素，即时间、地点、人物、情节、手段、目的、原因、后果，重要的还要记录由此引发的连锁问题。具备了上述要素，不一定是优秀的记录，但起码是一个基本合格的记录。三是对已经掌握违纪事实的谈话记录，最好问清违纪构成要素及相关细节。巡察不给直接定性，只交问题线索，但在记录中把问题性质描述越清楚，有关部门调查就越快，定性也更加准确。比如：在违反干部选拔任用规定方面，违纪客体是党的干部选拔任用制度，违纪客观方面是必须具有违反干部选拔任用规定的行为，违纪主体是领导干部或组织人事的特殊主体，主观方面是“故意”，如果被谈话人的主观方面不是“故意”，就不能构成违反干部选拔任用规定的问题。所以在制作《谈话记录》中，要问清楚被谈话人是否知道组织人事的相关规定，是否知错犯错。如果被谈话人不知道组织人事的相关规定，那么就不能构成违反干部选拔任用规定的行为，而是失职类的“违反工作纪律行为”。四是必须坚持实事求是，做到客观真实。记录不能掺入记录人的主观臆测、猜测和推断，对有利于或不利于被谈话人的情况都应该如实记录，要尽量记录被谈话人的原话原意。如果被谈话人提供的情况涉及证据问题时，不仅要记录其提供证据情况，还有记录证据的来源，以便查证。五是记录要顺畅。就是逻辑合理、次序合理、用语合理。在谈话中，被谈话人所讲述的内容，经常是逻辑不准、东一耙子西一扫帚。需要谈话人帮助其启发思路，厘清关系；或对其进行党员义务的教育，促使认清形势，说出实情。在记录过程中，要对被谈话人讲述的内容进行适当整理，避免出现前后矛盾、逻辑不清的情况。六是谈话人和记录人要协调配合。一般情况下，谈话人负责主要问话，在谈话人询问的过程中，记录人不宜随意插话、抢话，否则会打断谈话人的思路和既有的谈话策略，影响谈话效果。记录人的主要责任是记录，其参与问话的情况一般是两种：一是针对谈话人没有问到的问题或被谈话人没有表达清楚完整的问题，可以补充询问；二是谈话人的问话陷入僵局、无话可说陷入冷场的情况下，可以补充询问缓和局面。七是要把控谈话的节奏。谈话中，要合理运用、释放已知证据，细心观察被谈话人的表情和动作，琢磨其心理变化，随时调整策略；谈话后，不要急于下结论，应该认真分析谈话的具体情况，特别是细节情况，从中发现更有价值的线索。八是要认真复查记录。谈话结束后，谈话人、记录人要分别复查记录，并让被谈话人最后核对记录。复查记录主要针对四个方面：有无不符合客观事实的情况，有无自相矛盾的情况，有无没有问到的情况，有无记录不准确、不完整的情况。如果存在这些问题，要立即补问补记。九是让对方认证记录。对方复核记录无误后，让被谈话人在每一页上签认。

发现问题、形成震慑是生命线。发现问题是巡视监督的首要职责、基本职责。作为巡察干部必须牢固树立“有重大问题应当发现而没有发现是失职、发现问题没有如实报告是渎职”的观念，切实保持斗争精神，提高斗争本领，深入查找不同领域、不同层级存在的廉洁风险，特别是影响、干扰、阻碍党中央决策部署贯彻落实的腐败问题，确保利剑高悬、震慑常在。

# 充分利用下沉调研<br>重点了解职工群众反映强烈的突出问题

疾病预防控制所党委副书记、纪委书记　李铁军

党的十八大以来，以习近平同志为核心的党中央高度重视巡视工作，把巡视作为推进党的自我革命、全面从严治党的战略性制度安排。巡视制度十年磨一剑，成为党之利器、国之利器。习近平总书记听取巡视汇报、发表重要讲话，作出一系列重要论述，为巡视工作深化发展指明了方向、提供了根本遵循。调查研究是我们党的传家宝，是谋事之基、成事之道。习近平总书记强调，“没有调查就没有发言权，没有调查就没有决策权”。巡视巡察工作中，更需要把目光聚焦在基层一线，充分利用下沉调研，重点了解职工群众反映强烈的突出问题，为巡视发现问题提供准确的信息和依据。

## 一、下沉调研的重要作用

政治巡视的价值取向是以人民为中心，要自觉坚持人民立场、贯彻群众路线，发挥联系群众的纽带作用，拓宽群众参与监督的渠道，推动解决群众反映强烈的突出问题。下沉调研正是对前期工作了解情况后，采取适当方式深入被巡视单位的下属单位或者部门，重点了解

被巡视单位党委落实党的路线方针政策和党中央决策部署情况，重点领域、关键环节的廉洁风险，职工群众反映强烈的突出问题的有效方式。

**1. 下沉调研可以及时发现问题、印证问题。**下沉调研可通过多种方式了解基层政治生态、掌握真实情况、及时发现问题、印证核实问题。特别是对被巡视单位党委工作汇报中自查不充分、个别谈话中谈得不深刻的问题，也包括调阅资料中不清晰的问题，以及信访中反映集中但缺少实例的问题，均可以通过下沉调研来加以深入了解、多维度印证。通过下沉调研，还能够对职工群众关心的问题进行言简意赅的归纳、准确翔实的描述、突出重点的概括，为撰写巡视巡察报告做好充分准备。

**2. 下沉调研可以精准了解问题、查找责任原因。**在巡视中，通过听取汇报、个别谈话、查阅资料等方式不能够直接追根溯源的问题，可以通过下沉调研进行多方了解。特别是在调研过程中，可对巡视中需要了解的重点人、重点事和重点问题，通过察访等方式进行“点穴式”精准了解，能够确保调研的问题线索清晰、真实有效。同时，还可以帮助查找问题背后的原因、责任。

**3. 下沉调研可以拓宽问题来源、发现深层次问题。**通过下沉调研中与被巡视巡察单位干部职工的沟通交流，有助于拓宽问题来源。同时，选取群众反映强烈、矛盾比较集中、问题比较突出的单位、部门、车间、班组下沉调研，倾听群众诉求和意见建议，有利于全面了解和发现更深层次的问题。

## 二、下沉调研前的准备工作

发现问题是巡视巡察工作的生命线。随着全面从严治党不断向纵深推进，面上的、显性的问题逐渐减少，但变异的、隐性的问题仍然存在。如何做好下沉调研，调研前的准备工作非常重要。

**1. 明确调研主题**。调研主题要与“四个落实”紧密相关，这也是下沉调研的重点和方向。调查研究的根本目的，在于解决实际问题。下沉调研前应该对已有的信息、问题或者线索进行先期研判、粗略“画像”，特别是应重点关注一线干部职工群众反映强烈的突出问题，在此基础上细化下沉调研的具体内容，为深入开展下沉工作打下坚实基础。

**2. 制订详细计划**。根据调研主题，要制订详细的调研计划，明确调研的时间、地点、对象和策略方法，调研时间应安排合理，充分考虑调研对象的特点，避免刻板制订计划，充分考虑调研的实际情况和可行性，确保调研工作的顺利开展。有的单位个别干部有“明哲保身”思想，进行普遍的模板式谈话会浪费时间，故需要将普遍谈话、重点谈话、个别谈话有机结合。

**3. 确定调研人员**。根据调研需要去组织选派调研人员。调研人员应具有较强的沟通能力和专业素质，工作阅历丰富、思维灵活、分析能力强，能够在调研中准确把握调研重点和关键问题，善于透过表面现象发现深层次问题。比如：到某单位材料仓库调研，发现一些闲置设备，从而发现了一系列问题，有相关人员失职失责、资金浪费、决策失误、采购中腐败、落实领导班子工作机制不规范等。

## 三、下沉调研中的工作重点

根据调研计划开展实地调研，重点围绕被巡视单位“四个落实”方面存在的突出问题，通过以下看上，深入查找印证被巡视单位党委在贯彻落实过程中的温差、落差、偏差。

**1. 深入现场，把真实情况兜上来**。调研人员应从职工群众的角度想问题，从实际出发解决问题，真正把情况摸清摸透，设身处地倾听群众的难处和呼声。一是严明工作纪律。应召开下沉单位中层以上干部会议，传达中央关于巡视工作的有关精神，领学巡视工作纪律，强调对工作不配合、知情不报、提供虚假情况的人将严肃处理。二是合理分配谈话对象。要求下沉单位提供中层以上干部人员名单，并根据岗位职责和已掌握的信息，挑选接受谈话的对象。通过现场了解，找到群众反映强烈、长期没有解决的问题，找到平时工作中最担心、最怕出事的问题，找到矛盾集中、群众意见大的问题。

**2. 统筹协调，突出重点整体联动。**加强调研工作必须组织严密、方法得当，在下沉调研过程中争取各部门的协调配合，从现有的信息中找出有价值的线索。要按照严肃、严谨、严密要求安排工作流程。在谈话和查阅资料时，各小组要始终保持信息畅通。遇到敏感问题时，及时向带队领导汇报，再由带队领导安排有关小组深入了解核实，突出重点，谨防时间和精力的虚耗。比如：在一个单位领导干部异地租赁住房费用报销中，发现了违规报销本应个人承担费用的问题，对其他单位类似问题也应该重点了解。

**3. 找准重点人员，打开突破口。**很多党员干部和职工群众有“事不关己高高挂起”的思想，不愿意谈问题，怕给自己带来麻烦，这种情况下要选择愿意讲的人了解情况。比如：向被追责的党员干部了解单位的政治生态，向信访举报人了解我们关心的问题，向纪委的办案人了解案件背后的人和事。无论是谈话还是查阅资料，要始终紧盯问题，要高效利用各种资源，点面结合，迅速而又精准地向重点人、重点事和重点问题聚焦。谈话时，要注意主导谈话对象的节奏和方向；查阅资料时，应沿着事先分析出的重点问题，有针对性地查找原始证据，防止一些旁枝末节的纠缠，或者漫无边际的查找，造成时间和精力的虚耗。

## 四、对下沉调研收集问题的把握

下沉调研收集到的问题或许是零散的个例和现象，需要对这些问题进行甄别取舍、梳理归类、分析汇总。

**1. 对发现的问题要弄清事实、找准依据。**对调研发现的问题分析汇总要及时严谨，在初步掌握问题和线索之后，不能简单地拼凑汇总，而应当深入梳理分析，提炼出有价值的政治巡视问题信息。对下沉调研期间职工群众反映的问题，除第一时间固定基础证据外，还要对疑点及时梳理归纳并做进一步核实。对涉及违反中央八项规定精神、侵害群众切身利益的问题线索，要由专业骨干严审细究，要通过多方面查证，来夯实事实支撑，必要时应开会讨论、深入研判，确保定性精准。

**2. 对发现的问题抽丝剥茧。**坚持从业务进去、从政治出来，从事情的合理性、逻辑性、关联性入手，不仅仅要看问题本身，还要看出被巡视单位党委、纪委履职的问题，重点看该党委在严格管理上、自我完善上有没有作为，以便进一步压实基层党委责任，净化基层政治生态，增强党在基层的凝聚力和向心力。

**3. 对调研问题要突出重点、找准共性。**对调研过程中发现的带有共性的重大问题，要注意与巡视个别谈话、调研资料等其他渠道了解的情况进行综合分析。还要提高解剖麻雀、见微知著的能力和水平。在初步掌握问题和线索之后，不能简单地拼凑汇总，而应当深入梳理分析，提炼出更有价值的问题信息。对于调研成果汇总要严谨，要将有价值的问题信息形成书面材料，连同相关证据一并汇总，形成问题底稿，做到事实清楚、内容真实、材料完整、结论严谨。同时，要形成高质量的下沉调研报告，准确描述调研过程中如何发现问题、发现了哪些问题，以及问题的性质、原因、责任、发展趋势，问题要深刻、具体，用事实数据佐证。

总之，充分利用下沉调研重点了解职工群众反映强烈的突出问题，能够更为透彻、精准地发现问题、研判问题，做到由此及彼、由表及里，能够把问题研究得更深更透，把意见建议提得更准更实，能够切实提高巡视工作质效。

# 关于加强工程领域巡视巡察的思考

沈阳局集团公司建设管理部副主任　程　祥

巡视巡察是党和国家监督体系的重要组成部分，是全面从严治党的战略性制度安排。要强化巡视巡察与各方面监督的内在联系，在工程领域也要做好巡视巡察工作。

## 一、找准问题切入点和突破口

在巡视进驻前的培训期间，要认真学习专家、领导的精彩授课，深入学习巡视工作流程、工作实务手册、巡视工作常用文件汇编等巡视政策，对巡视工作的重要内容及利剑作用有一个全面深刻的理解和掌握。在此基础上，对照文件中的重点要素进行汇总和梳理，结合巡视业务方法、工作思路，和其他成员一起制定完善巡视工作方案，为巡视工作明确目标、确定方向。同时，按照巡视工作的具体分工，重点对铁路工程立项决策、招投标、合同管理、物资采购、变更设计、验工计价、资金监管、信用评价、违反中央八项规定精神等方面可能存在的问题点、风险点进行梳理，汇总成检查项点，为下一步开展巡视工作做好充分准备。

**1. 在项目决策方面：**一是违规审批；二是前期审批不规范、未批先建；三是设计深度不够，勘察设计可能存在质量问题；四是工程预算容易存在弄虚作假问题。

**2. 在招投标方面：**一是规避招标，应招标而未招标；二是应公开招标而未公开招标；三是先建后招；四是围标串标；五是明招暗定，招标人在招标前与投标单位私下串通，招标人、评标专家泄露评标信息；六是施工单位为拿到工程项目，不惜重金“攻关”；招标人利用职务违规插手干预招标；七是乱设门槛，招标人人为设置限制条件，资格条件设置不明确；八是评标过程不规范，投标人提供虚假信息骗取中标，评标专家未按时参加评标，否决性资质条款缺乏依据，文字表述不准确，导致投诉举报，评委评标也不认真，凭个人理解评标，造成评标结果有失公平。

**3. 在合同管理方面：**一是应签而未签合同；二是借用施工资质签订合同；三是与无施工资质单位签订合同；四是签订虚假合同；五是超资质范围签订合同；六是未按中标价签订合同；七是施工单位违法转包和违规分包；八是建设单位指定中标单位分包给指定的施工队伍。

**4. 在物资采购方面：**一是收受供应厂商贿赂；二是利用职务之便在供应商处报销应由个人承担的费用；三是物资设备供应厂商供应的产品以次充好，严重影响工程质量；四是违规插手干预施工单位自采物资招标，会打招呼、推荐供应商；五是建设单位指定厂家照顾关系，抬高价格，严重影响工程质量。

**5. 在变更设计方面：**一是不履行变更设计审批手续；二是变更设计未批先干；三是变更设计类别执行不严、标准不清、把握模糊，打“擦边球”，应列支总承包风险费的变更项目列支预备费；四是施工单位想方设法打通权力部门和关键人员，搞不合理变更设计，增加工程数量，提高工程造价；五是施工单位向设计、监理和建设单位人员“攻关”，编制虚假变更，套取建设资金；六是变更资料不及时收集、归档，基础资料不完整。

**6. 在验工计价方面：**一是施工单位弄虚作假，编造虚假验工计价资料，套取建设资金；二是审核不严，没有据实验工计价；三是建设、监理、施工单位违规验工计价，虚验、超验、多结算工程款；四是建设单位违规收取施工单位“管理费”，设立“小金库”。

**7. 在资金监管方面：**一是建设单位对建设资金流向跟踪不到位，造成施工单位违规支付建设资金、前台归集资金、无依据支付资金；二是建设单位超概算、超计划、超资金预算、超合同拨款；三是对农民工工资账户监管不严，造成施工单位向劳务分包单位集中支付农民工工资、将农民工工资直接支付给劳务分包负责人、用大额现金支付农民工工资；四是施工单位违规转移资金、分拆支付资金、未经审批支付资金；五是施工单位将资金打入个人账户管理；六是建设单位、施工单位垫付应由地方承担征拆款。

**8. 在信用评价方面：**一是建设单位插手干预信用评价，不坚持原则和标准，不按规定进行等级评价，收受施工单位贿赂；二是设计、施工、监理单位对建设单位相关人员“攻关”，提高信用评价等级。

**9. 违反中央八项规定精神方面：**一是违规吃喝问题；二是违规收、送礼品礼金；三是违规接受关联单位的宴请、旅游等。

## 二、快速发现并锁定问题

发现问题是巡视工作的生命线，分析研判是巡视工作的重点。在巡视工作中，做到根据被巡视单位的实际情况，及时调整巡视方案，在有限的巡视时间内，迅速发现问题形成震慑，取得良好巡视效果。

**1. 查阅档案资料。**被巡视单位的铁路工程项目数量较多，而且地点较为分散，由于对每个单位巡视时间的限定，客观上对巡视工作提出了更高的要求和标准。进驻前，要深入学习被巡视单位的各类审计报告、近几年工作总结和会议记录、上一轮巡视的结论和成果等，尽快了解和熟悉被巡视单位在建设管理方面的基本情况，以及以往和当前存在的主要问题，更加快速地找到巡视重点和切入点，发现疑点、锁定问题。

**2. 确定工作重点。**为了做好巡视工作，每天都要提前梳理被巡视单位的工程项目，根据提供的变更设计、合同台账、物资采购、验工计价等资料，确定巡视重点内容，制定检查方案，在第二天的巡视工作中，既能提高工作效率，又能做到有的放矢。

**3. 严格执行方案。**巡视工作时间紧、任务重，严格落实巡视方案，是保证巡视工作顺利推进的关键。在巡视工作中，严格按照巡视组组长确定的巡视方案挂图作战，运用查阅资料、谈话了解、现场核实等多种方式方法，发现问题疑点。

**4. 迅速锁定问题。**在巡视工作中，要根据疑点发现问题线索，通过分析研判、紧追不放。特别是要通过追踪式的下沉调研来解剖麻雀、抽丝剥茧，层层深入，透过局部看整体、透过现象看本质，全方位、全链条、全过程收集巡视对象有关情况，认真研判问题的真实性、可信度，提取关键信息，找出突出问题，并锁定问题相关责任人，固定问题证据，形成问题底稿，让巡视工作更好地发挥利剑作用。

## 三、坚守巡视政治定位和党纪要求

巡视组成员必须具有良好的政治素养，严守组织纪律。在巡视工作中，要始终坚守巡视政治定位，坚持盯住权利和责任不放，同时更要严格约束自己，遵守巡视各项规定，保持良好的工作作风。

**1. 要突出政治定位。**习近平总书记强调要“突出政治巡视定位”。巡视工作是上级党组织对下级党组织履行党的领导职能责任的政治监督。政治巡视的概念充分体现了巡视具有独特的政治优势、政治权威、政治要求，它决定着政治巡视工作的方向、地位和作用。巡视巡察干部要把握好政治和业务的关系，政治和业务是一枚硬币的两面，从来没有离开业务的政治，也没有离开政治的业务。巡视就是从具体业务切入，发现和查找问题，但不能对具体业务就事论事，要通过具体业务去看背后政治要求落实得怎么样。每个单位的具体工作都是业务，但背后体现的是政治方向、政治定位、政治要求，有着鲜明的政治属性。要围绕监督重点，善于从具体业务切入，再上升到党的领导、党的建设、全面从严治党的政治高度去分析、查找政治偏差，从政治上发现问题、分析问题、辨别问题。

**2. 要依规依纪依法。**要以党规、党纪、法规、法纪及企业的纪律为尺子，及时准确地发现问题，客观公正地分析问题，实事求是地报告问题，既不能隐瞒遗漏，也不能添枝加叶、主观推断，更不能歪曲捏造。要严格落实巡视底稿制度，提高巡视底稿质量，避免发现问题支撑材料不完整，关键信息不明确，难以追溯核实的问题，反映的问题要尽最大努力做到对国铁集团党组负责、对被巡视党组织和干部职工负责，对巡视组全体成员负责。要落实好 2024 年新修订的《中国共产党巡视工作条例》要求，对巡视报告反映的重要问题、提出的整改建议，应按规定与被巡视党组织主要负责人进行沟通、听取其意见；对巡视报告反映的重要政策性问题，可以与有关职能部门进行沟通、听取意见，尽量达到认识上的统一，做到发现的问题、给出的结论经得起组织、群众、实践和历史的检验。

**3. 要秉持发扬斗争精神。**巡视肩负着特殊政治责任和光荣使命，巡视干部必须始终做到绝对忠诚、绝对可靠、绝对纯洁。面对伟大而艰巨的自我革命事业，必须以彻底的自我革命精神锻造高素质的巡视队伍。巡视中要以更高的标准、更严的纪律要求自己，不断提高自身免疫力，防止成为一些别有用心人的“围猎”对象。只有打破情面、公平公正、坚守“红线”，才能让“围猎者”无机可乘。要在巡视中砥砺品格操守，努力练就敢于斗争、善于斗争的硬脊梁、铁肩膀、真本事。特别是党员干部，更应该珍惜组织给予参加巡视工作的机会、珍视荣誉，做到对组织负责、对自己负责，展示出巡视干部的良好形象。

# 铁路经营开发领域<br>巡视巡察工作重点和方法解析

沈阳局集团公司经开部副主任　刘耀辉

经营开发是推动铁路高质量发展的重要组成部分，也是廉政风险防控的重点领域。近年来，铁路经营开发领域深入贯彻落实国铁集团党组部署要求，坚持“抓系统、系统抓”，持续开展“靠路吃路”问题专项整治，但从巡视巡察、审计监督和日常管理的情况看，一些单位在公司治理、非运输企业经营、股权投资等方面存在违规经营和不规范管理等问题。通过巡视工作“谈、看、查”等方式方法的运用，以及积累的工作实践经验，解析铁路经营开发领域巡视巡察工作重点检查项点和方法。

## 一、对铁路经营开发领域巡视巡察的重要意义

**1. 对经营开发领域巡视巡察，是贯彻党中央全面从严治党战略部署的重大政治责任。**在党的二十大报告中，习近平总书记指出：“我们要落实新时代党的建设总要求，健全全面从严治党体系，全面推进党的自我净化、自我完善、自我革新、自我提高，使我们党坚守初心使命，始终成为中国特色社会主义事业的坚强领导核心。”国铁集团党风

廉政建设工作会议要求“要突出重点领域，坚决惩处运输管理、工程建设、物资采购、资产资源、经营开发、财务管理等领域内外勾结、设租寻租、利益交换的突出问题，坚决清理风险隐患”。重点对铁路经营开发领域巡视巡察，是贯彻党中央全面从严治党战略部署和国铁集团党组加强党风廉政建设要求的重大政治责任，是切实抓好并必须完成的重要政治任务。

**2. 对经营开发领域巡视巡察，是率先实现铁路现代化、勇当服务和支撑中国式现代化“火车头”目标任务的必然要求。**经营开发领域承担着铁路提质增效、提升产业现代化水平、扩大资本溢出效应、放大国有资本功能和优化合资铁路资本布局等重要任务，任务艰巨且光荣，决不允许存在违规违纪问题，阻碍各项决策部署落实落地。要始终坚定政治方向，保持政治定力，锤炼政治能力，加大巡视巡察力度，眼睛向内找问题，精准施策补短板，健全体制机制建设，营造风清气正的良好政治生态和干事创业环境，为贯彻党中央巡视巡察重大决策部署、实现国家铁路的使命任务提供坚强保障。

**3. 对经营开发领域巡视巡察，是推动铁路经营开发工作高质量发展的迫切需求。**国铁集团党组对推进铁路市场化经营、加强铁路经营管理、提升非运输业发展质量等进行重点部署，对推动铁路非运输业产业升级、推动国铁资本布局优化和结构调整等铁路经营开发工作都提出了明确要求，这既是党组的信任和重托，也是经营开发领域的责任和使命。如果经营开发领域的问题和风险隐患无法充分暴露并得到整治，必然会损害铁路非运输业来之不易的市场地位、品牌声誉和社会形象，降低企业核心竞争力、社会公信力和市场占有率，严重影响铁路非运输业未来健康可持续发展。要通过对经营开发领域的巡视巡察，全面查找存在问题及风险隐患，并及时督促相关单位和部门整改，才能积极推动铁路经营开发工作自身健康可持续发展，壮大经济实力，确保发展的高质量。

## 二、铁路经营开发领域巡视主要项点和方法

### （一）公司治理方面

**1. 铁路局集团公司党委是否重视非运输企业公司治理工作。**通过查看有关制度，检查铁路局集团公司和非运输企业是否制定完善有关非运输企业法人治理结构制度体系，查看有关文件或部门岗位职责，是否指定公司治理专业管理部门；通过查看有关通知、报告、通报、考核记录等，检查铁路局集团公司是否对非运输企业公司治理开展日常检查、考核、指导。

**2. 铁路局集团公司是否制定外部董事、监事管理有关办法。**通过人事部门提供的非运输企业外部董事、监事人员名单，检查是否按规定配备非运输企业外部董事，是否有因人员退休、工作调动、职务调整等原因未及时配备外部董事情况。通过谈话了解、查看培训记录、考核记录等，检查铁路局集团公司是否对外部董事和监事定期开展培训、管理、考核等工作。

**3. 非运输企业公司制改革是否全面改制。**检查党委会、股东会、董事会、监事会、职代会和经理层运行情况，是否按国铁集团和铁路局集团公司有关规定制定党委会议事清单，是否按议事清单履行前置程序。非运输企业董事会议事规则是否经铁路局集团公司审批，议事规则制定是否结合各公司经营业务和实际情况制定。

**4. 铁路局集团公司是否存在调拨非运输企业资产导致实收资本发生变动。**查阅非运输企业实收资本账项明细，对照实收资本发生额变动情况，是否履行股权投资决策程序，是否及时修订公司章程中的注册资本数额，并办理变更手续。

**5. 非运输企业是否制定公司章程及履行议事规则。**查看非运输企业公司章程历次修订情况，检查是否按照国铁集团有关规定上报铁路

局集团公司批准，公司章程中是否明确董事会中外部董事占多数。结合国铁集团党建有关新要求，查看非运输企业是否及时修订公司章程。查看非运输企业董事会、监事会、总经理办公会会议通知、会议记录等，对照本公司章程、董事会议事规则、监事会议事规则、总经理办公会议事规则有关规定，检查非运输企业董事会、监事会、总经理办公会会议召开时间、召开方式、会议次数、审议事项、决策程序、会议记录、会议决议等是否符合公司章程、议事规则及决策事项清单等规定。

（二）非运输企业经营方面

**1. 通过个别谈话，调阅党委会、董事会、总经理办公会会议记录、文件流转签批记录及下沉等方式。**检查《国铁集团关于实施铁路运输业与非运输业一体化经营的意见》《国铁集团关于进一步推动铁路非运输业健康发展的指导意见》等文件落实情况，是否提升企业集约化发展水平，是否着力解决非运输企业小散弱等问题，清理退出不具备竞争优势、缺乏发展潜力的非运输企业。是否建立长效机制，组织专业力量，大力清理整顿僵尸企业和待注销企业。

**2. 查看非运输企业资产资源清单。**检查非运输有关闲置资产资源利用情况，是否存在大量资产闲置，特别是房产、车站商业资产、土地等的充分开发利用，是否存在大量库存商品房或商品，是否存在利用集团公司、合资铁路公司有关资产资源经营开发未支付资产占用费情况。

**3. 查看非运输企业党委会会议记录、自查报告等。**检查非运输企业“靠路吃路”专项行动开展自查情况，是否存在检查走过场、走形式，发现问题假整改等问题。

**4. 通过谈话了解、查看合同、查阅资金收付凭证及有关决策会议记录。**检查非运输企业经营业务规范开展情况，重点检查商贸业务、招商管理、资产处置、土地综合开发、业务外包、物资采购等方面，是否存在应招商而未招商，违规开展“过单”贸易、融资性贸易、“空转”贸易；是否存在非运输企业没有自行生产能力，而是从其他生产企业采购后加价销售给运输企业增加运营成本；非运输企业从运输单位获得客运设备设施维护等业务后，提取管理费后违规对外转包，人为增加环节，影响效率多计企业收入；土地资产租借决策过程及合同签订不规范、日常监管缺位、租借期满回收不及时；专用线代运营代维护服务计价及收费是否规范，在开展机车牵引服务、出租等业务中超标准收取机车使用服务费，重复收取已包含在机车使用服务费中的收费项点；违规签订超长期限租赁合同，租金价格无依据、无标准；日常经营不按合同约定收取租金或无正当理由减免租金。

**5. 查看风险债权清理情况。**是否贯彻落实党中央、国务院关于防范化解铁路债务风险部署要求，防范化解债务风险责任，按照国铁集团和铁路局集团公司有关要求是否研究、制定推进方案，是否按时间节点要求组织推进落实。

### （三）股权投资方面

**1. 查看铁路局集团公司有关制度清单。**检查铁路局集团公司与非运输企业是否建立健全股权管理投资管理制度，铁路局集团公司是否明确股权投资管理部门；查看有关检查记录、报告、考核记录，检查铁路局集团公司是否加强对非运输企业股权投资日常检查与考核。

**2. 对照国铁集团和铁路局集团公司股权清理有关文件要求。**检查非运输企业是否存在低效无效股权投资，是否制定清理方案并及时清理；通过查看有关决策会议记录等，检查投资损失是否按规定追究责任；通过谈话了解、查看述职报告、检查通报、考核记录等，检查铁路局集团公司和非运输企业是否对参股公司派出董事、监事、经理层人员，是否对派出人员加强管理，是否定期述职和考核。

**3. 查看非运输企业“长期股权投资”“实收资本”等会计科目和股权投资清单，以及通过“企查查”APP 查看非运输企业对外投资情况。**检查是否存在账外股权投资；对照公司章程规定，检查非运输企业是否按公司章程规定派出董事、监事、经理层人员；实地查看控股公司经营状态，国铁企业人员履职情况、财务报表情况，检查是否存在“控股不控权”问题。

# 浅谈巡视巡察谈话的策略和技巧

沈阳局集团公司纪委纪律检查一室副主任　王生剑

巡视巡察谈话是巡视巡察时的一种重要的工作方式或者方法，从某种意义上讲，巡视巡察离不开谈话，谈话技巧和策略的恰当运用对顺利完成巡视巡察谈话任务，提高工作效率，具有十分重要的意义。如何在巡视巡察谈话中运用策略和技巧促使谈话对象如实陈述情况，还原事情真相，发现问题线索，取得谈话的预期效果是检验巡视巡察谈话工作是否圆满完成的重要标志。

## 一、充分做好谈话前的准备工作

巡视巡察谈话内容特殊、针对性强、政治站位高，不同于纪律审查谈话，也不同于日常谈心式谈话。巡视巡察谈话目的是通过与被巡视巡察党组织领导班子成员和其他干部群众进行常规或个别谈话，以及向有关知情人询问情况，了解掌握总体状况，准确分析判断是否存在问题并从中发现问题、深入了解问题，也可以验证问题。为此，谈话前必须做好全面细致扎实的准备工作。

**1. 要深入学习领会中央关于本轮巡视巡察最新指示要求。**国铁集团党组落实中央指示精神的具体措施，上级领导对本轮巡视巡察的重点要求及巡视组长的相关提示，明确巡视巡察工作的方向和重点。

**2. 要了解被巡视巡察单位的基本情况。**进驻前根据上级党组织和被巡视巡察单位组织人事、宣传、纪检、审计、信访、巡察办及物资、工程等部门提供的资料，认真梳理、分析研究，掌握被巡视巡察单位的总体情况、行业特点，以及历次巡视巡察、检查存在的问题，排查出廉政风险点、关键领域、关键环节和重点人、重点事，针对问题有的放矢地去谈。

**3. 要了解熟悉谈话对象的基本情况。**确定谈话对象后，是领导干部的，要提前查阅干部任免审批表、领导人员个人事项报告表、民主生活会发言材料等资料，熟悉谈话对象个人履历、家庭成员、资产、奖惩等情况。对于重点人员，必要时可以调阅个人档案，做到知己知彼，有的放矢。

**4. 有针对性制定好个性谈话提纲。**在常规性谈话提纲基础上，要根据谈话对象的工作履历、性格特点、家庭状况、奖惩情况、信访举报和所要了解掌握的问题，有针对性地制定好个性化谈话提纲，以便于在谈话中掌握主动，有话可谈，谈出问题，达成谈话目的。

## 二、针对不同的谈话对象，采取相应的策略和方法

巡视是政治巡视，本质上是政治监督，紧扣“两个维护”根本任务，围绕“四个落实”查找政治上的温差、落差、偏差，全面审视被巡视党组织工作。巡察是政治巡察、政治监督，重点突出“四个聚焦”：聚焦党中央决策部署在基层落实情况、群众身边不正之风和腐败问题、基层党组织和党员队伍建设、巡察整改和成果运用等加强监督检查。巡视巡察的任务是发现问题、解决问题，发现问题是巡视巡察工作的生命线。为此，巡视巡察谈话要针对不同的谈话对象，灵活运用方法和策略，把控好节奏和重点，实现谈话目的。

**1. 与被巡视巡察单位党政“一把手”的谈话是同题共答的基础。**巡视巡察工作是巡视巡察组和被巡视巡察单位党组织同题共答共同完成的工作。为此，与被巡视巡察单位党政“一把手”的谈话要高度重视。一般情况下，由巡视巡察组组长来亲自谈，时机选择在巡视巡察组进驻被巡视巡察单位开展常规谈话的几天后，此时巡视巡察组已初步掌握被巡视巡察单位的状况，再与党政“一把手”谈，有助于沟通交流，验证前期发现的问题，实现同题共答。谈话前要精心设计谈话提纲，不能泛泛而谈，而要突出重点谈对学习习近平总书记的重要指示批示精神和党中央决策部署，以及上级党组织的重要工作安排落实情况，还存在哪些问题和不足；谈单位的政治生态、企业文化、干部作风、选人用人、党组织建设和党风廉政建设等方面还存在哪些倾向性、苗头性问题；谈职工群众强烈关注的热点、难点问题是如何解决的，有什么困难，职工群众是否满意；谈巡视巡察整改或承接上级党组织巡视整改措施制定和责任分工，看整改措施是否落实到位，确定是真整改还是假整改；谈对领导班子和班子成员的评价。与被巡视巡察单位党政“一把手”谈深谈透，有助于同题共答，有助于形成谈话报告和巡视巡察报告，亦提高了巡视巡察的质量和效果。

**2. 与被巡视巡察单位部门和所属单位主要负责人谈话是发现问题的突破口。**这部分谈话对象是巡视巡察常规谈话的重点，也是发现系统性、倾向性问题的突破口，亦是谈话的难点。个别谈话对象不愿说系统外的问题，对本系统问题避重就轻，只谈一些已经发生并处理过的问题，对上级领导班子和领导班子成员评价谈优点多缺点少。针对这种情况，谈话人要坚持问题导向，有针对性做好谈话提纲，有意识地带着问题去谈，掌握主动性，不能被对方带偏。谈话人针对不同类型的谈话对象，灵活应变，引导谈话对象少讲成绩，多说问题和不足，避免失去谈话的目的性。另外，有的谈话对象不愿直接说问题，用听说，或者我没见到不能猜测等“话中话”“弦外音”来试探，谈话人要时刻绷紧发现问题这根弦，发现问题的蛛丝马迹一定要刨根问底，不能放过每一个问题线索。

**3. 与重要线索知情人和实名举报人谈话是固定问题的关键。**与重要线索知情人和实名举报人谈话较面上的普通了解谈话更加复杂，为防止意外发生，谈话前要将各种不利因素充分考虑到，并严格按照《中国共产党巡视工作条例》要求，制定详细的谈话方案和谈话提纲，必要时制定好谈话记录初稿，报请巡视巡察组组长审批同意后实施。实名举报人提出有重要问题线索和证据材料需当面向组织反映和递交，巡视巡察组认为有必要与举报人或重要线索知情人见面详谈时，在必须保证绝对安全的前提下选好谈话地点。谈话前学习好巡视巡察谈话的相关要求和保密制度，打消被谈话人顾虑，实事求是反映问题和说明问题；谈话过程中谈话人要善于察言观色，尽快从双方对话中摸清被谈话人性格特点、心理反应，及时采取有针对性策略和方法，核实和验证问题。谈话记录要做到问题准确、内容详细、要素齐全；谈话后要做好被谈话人减压工作，并将其安全送回单位或家中，认真做好交接。

## 三、巡视巡察谈话时要注意的几点事项

**1. 要提高政治站位。**巡视巡察是政治监督，不是业务检查。要以习近平新时代中国特色社会主义思想为指导，正确理解政治和业务的关系，要坚持政治标准而不是业务标准去衡量党组织和党员干部行为，要增强政治敏锐性，把发现政治问题作为首要任务，深入查找政治偏差，发挥政治“显微镜”、政治“探照灯”作用。

**2. 要把握好与谈话对象的关系。**巡视巡察工作中，无论是常规谈话，还是核实谈话，谈话人与谈话对象始终是同志关系，应该互相尊重，平等相待。

**3. 谈话过程要保证绝对安全。**常规谈话和一般核实谈话按规定使

用驻地或被巡视巡察单位安排的谈话室，严禁使用谈话室以外的其他房间开展重点谈话。对于特殊情况，在制定安全预案，并确保绝对安全的前提下，经巡视巡察组组长审核批准后方可实施。

**4. 严格执行保密制度。**无论是谈话前后，对于发现的重要问题线索，要严格执行保密制度，避免出现泄密事件发生，给工作带来负面影响和损失。

**5. 依规依纪依法，实事求是做好谈话。**通知相关谈话人谈话要符合规范程序，做好谈话前、后人员交接手续，谈话时间不宜过长，若情况复杂可以逐个问题分次谈，不能在驻地过夜，对于谈话中发现的问题不能作出定性结论。

# 浅谈巡视巡察中个别谈话策略的运用

梅河口车务段党委副书记、纪委书记　谷　峪

巡视巡察谈话是巡视巡察的基础工作，是获取第一手信息的重要渠道，对于能否准确发现问题线索、能否准确判断巡视巡察对象总体状况，起着至关重要的作用。要想从谈话对象那里最大限度获得真实有效的信息，需要讲求一定的谈话策略。

## 一、巡视巡察谈话与纪律审查谈话的区别

通过巡视巡察中问题线索的发现、形成和突破，发现巡视巡察个别谈话与纪律审查谈话在谈话策略的技巧运用上有着明显的区别。

**1. 职责定位不同。**巡视巡察组与纪检部门的职责有明显不同，《中国共产党巡视工作条例》规定，巡视“不履行执纪审查的职责”，这一点明确了巡视巡察组与纪检组织二者的权力边界。作为国铁企业的巡视组，是开展政治监督的前哨、党内监督的尖兵，巡视组成员首先要找准职责定位，聚焦中心任务，牢牢锁定巡视巡察监督职能，围绕“靠路吃路”等重点领域，研判违纪问题线索，从而增强震慑力。对于涉嫌违纪违法的问题线索，要依据干部管理权限和职责分工，按程序移交纪检监察机关、组织部门或者有关单位。

**2. 工作侧重不同。**巡视巡察的任务是政治体检，侧重于监督检查，所对应的面比较“宽”，重在了解被巡视巡察党组织存在的突出问题，并对问题进行深入了解，要求巡视对象作出解释、说明和澄清，巡视对象有责任、有义务配合巡视，对相关问题作出回答。而纪律审查主要针对具体人、具体事，更侧重于开展调查核查，其所对应的面比较“窄”，重在指向涉嫌违法违纪的问题线索，主要是依法依规搜集证据，证明审查对象违纪直至违法。

**3. 措施手段不同。**巡视一般不能采取搜查、查封、扣押等强制性手段，主要是通过查阅资料，依靠巡视专员的“火眼金睛”，从大量繁杂的资料中有序、高效、精准地发现蛛丝马迹，让违规违纪问题浮出水面；通过正面谈、侧面攻、反复谈，唤醒谈话对象的党性觉悟和纪律自觉，让违纪人员无处藏身。而纪律审查除谈话以外，还可以借助公安机关、人民检察院等司法机关的专业力量，采取讯问、勘查、留置等措施，必要时可以根据需要采取强制性措施，对不配合的调查对象，甚至可以追究其法律责任。

**4. 证据要求不同。**巡视发现问题，最主要的是确保问题的真实性，相关佐证材料尽可能搜集完善，但不一定要取得全部证据材料。而纪律审查要求的证据，不仅要能够证明其真实性，还要形成完整的证据链，证据材料都要固定，并逐件查证属实。

## 二、个别谈话技巧的运用

对于巡视专员来说，谈话是一项基本功，只有不断地提高自身素质和能力水平，熟练运用谈话技巧，才能做到“魔高一尺，道高一丈”。做好个别谈话需要把握以下几个策略。

**1. 忌先入为主，宜打心理战。**个别谈话侧重在“询”，而不像纪律审查谈话事前已经准备好了谈话提纲，更侧重在“问”。巡视谈话不能凭主观、想当然，切忌口大气粗、以势压人，给谈话对象施加精神压力，避免谈话陷入僵局，甚至冤枉好同志。巡视谈话更需要平心静气，对被谈话人动之以情、晓之以理，通过和风细雨式的谈心交流，促使被谈话人感化，主动敞开心扉说实话，逐步还原事实真相。而纪律审查谈话是在掌握了一定的证据材料，甚至同案人员已经交代的情况下，往往只需要确定谈话对象应当承担的责任即可。因此，可以通过不断释放信息，逐步给对方施压，击溃其心理防线，迫使其交代问题。当然，无论是巡视谈话还是纪律审查，都不能采取诱供、逼供等手段。

**2. 忌打草惊蛇，宜打侦察战。**个别谈话开始前，巡视组需要梳理巡前的通报、被巡视单位所提供的资料，包括信访了解到的问题线索等，制作谈话提纲。但在谈话中也会遇到一些新情况，这时只能随机应变。因此，只有精心设计谈话策略，才能做到棋高一筹。巡视谈话首先要察言观色，更多需要根据谈话对象的职务、身份和表情神态去分析、判断，善于从弦外之音中捕捉有价值的信息，通过谈话扯出线头即可，只要把问题线索捋清，掌握真假虚实，形成底稿，就能够达到目的，一般不必大动干戈，深挖细抠违规问题背后的责任问题、作风问题。作为纪检干部出身的巡视专员，长期办案养成了不达目的誓不收兵的习惯，因此在巡视谈话时，必须克服“奔着立案去”的想法，克制住把案件从头办到尾的冲动，谈话时尽量不要涉及追究责任等话语，避免过分刺激谈话对象，引起对方警觉甚至对抗心理。

**3. 忌贪多求全，宜打快攻战。**《中国共产党巡视工作条例》明确规定：“对干部群众反映强烈、明显违反政策规定并属于被巡视党组织职权范围、能够及时解决的问题，巡视组应当按程序督促被巡视党组织立行立改。”受时间限制，巡视谈话要找准主攻方向，聚焦薄弱环节，牢牢锁定权力行使等关键环节，抓住能够定性、比较可靠、易于查清的问题作为切入点，或兵分多路、外围切入，或短兵相接、强攻重点，争取打开缺口、速战速决，取得事半功倍的效果。另外，关于发现问题中是否存在权钱交易，是否违反廉洁纪律，由于没有进一步深入取证，所以要给下一步深挖细查留出空间。当然，巡视谈话人也不能只考虑时间紧迫，碍于调查取证、量纪定性的困难就瞻前顾后、束手束脚，甚至敷衍了事、草草收兵，错失有利战机，让“煮熟的鸭子”飞了，导致最后因证据不足而未能实现突破。

**4. 忌似是而非，宜打把握战。**《中国共产党巡视工作条例》明确规定：“巡视期间，对反映集中的党员、干部涉嫌违纪违法的问题线索，巡视组可以按程序移交有关纪检监察机关及时处置。”在巡视谈话之后，对发现的问题线索要形成专题材料，并附相关证据。对于能够定性的问题，要按程序逐级向巡视组负责人报告，督促被巡视单位及时整改，从而充分发挥巡视的利剑作用，释放巡视的权威和效果。因此，在移交底稿的时候，问题定性一定要有确凿的证据支撑，要秉着实事求是、宁缺毋滥的原则，千万不能模棱两可、似是而非，更不能夸大其词、故弄玄虚。对被巡视单位提供的基础资料，尽可能复印完整，加盖印章；对没有基础资料的问题，要让相关负责人写清《情况说明》并签字，尽量为下一步纪律审查办成“铁案”提供充足、可靠的证据材料。

# 发挥审计专业优势<br>更好助力巡视巡察工作有效开展

沈阳局集团公司审计室副主任　张　哲

开展巡视巡察工作是推动全面从严治党向基层延伸的重要举措，审计人员凭借其专业知识、工作经验等方面的优势，在巡视巡察工作中发挥着不可或缺的作用，为巡视巡察工作卓有成效开展提供了有力支撑。结合巡视巡察工作实践，从以下四方面谈谈如何发挥审计专业优势，更好助力巡视巡察工作有效开展。

## 一、提高思想认识，发挥各自所长，彰显“巡”的权威和“审”的优势

党中央建立巡视巡察制度，是加强全面从严治党的一项重要举措，巡视巡察工作发挥了反腐败的利剑作用。巡视巡察监督与审计监督对象和内容关联度高，监督方式和手段互补性强，二者有机结合，能够提升监督工作质效。参与巡视巡察工作是审计机关、审计系统义不容辞的责任。审计人员参加巡视巡察，是审计的职责所在，既有利于提升审计成果运用水平，更是对审计人员的充分信任。审计人员要转变传统工作理念，把支持配合开展巡视巡察工作作为审计部门的政治责

任，善于从政治上发现问题、分析问题。通过参与巡视巡察工作，运用专业知识和经验，成为巡视巡察工作的重要力量，既可增强审计人员的政治责任感和使命感，拓宽审计人员的工作视野，又能锻炼审计人员与多部门合作的协调沟通能力。审计人员在巡视巡察工作中不能一味地看账，要采取“查、谈”相结合的方式，对被巡视巡察单位领导班子、中层干部和重点岗位人员尽谈多谈，锁定问题线索。对问题线索通过查阅文件、财务账簿、会议纪要等方式锁定证据，形成“闭环”。

## 二、注重“两个监督”相结合，把准方向突出重点，推动业务体检和政治体检同题共答

巡视巡察和审计，同属上位监督，都肩负着推进党风廉政建设和反腐败工作的重要职责，两者的关注点又有所不同：审计关注的是事情的过程和业务层面的问题，是“业务体检”，侧重于就事论事；巡视巡察关注的是事情的成因及事情的背后是否存在权钱交易、以权谋私、贪污贿赂等违纪违法问题，是政治体检，侧重于就事论人。与巡视巡察相比，审计存在着覆盖面不宽、刚性不够、手段有限等不足，在一些违法违规行为的表象之下，往往隐藏着腐败问题，仅通过审计难以深入挖掘；而巡视巡察则具有政治性、宏观性、权威性的优势，在审计的基础上结合巡视巡察的优势，能够更好发挥反腐利剑作用。审计与巡视巡察工作相结合，用好审计资源和巡视巡察的威慑力，可以提高被巡视巡察单位依法经营、依法理财意识，规范被巡视巡察单位财务收支行为，并促进审计问题的整改落实。实践证明，巡视巡察监督与审计监督相结合，两者既可以有效对接，又可以优势互补，形成监督和反腐败的合力，拓展监督成果，有利于更好发挥审计职能，增强巡视巡察工作的针对性、实效性和发现问题的精准性、快捷性。审计人员在巡视巡察过程中，要充分利用审计的专业优势和工作经验，通

过查阅会计账簿、凭证、会议记录等资料，对重点和疑点问题进行分析，发现问题线索。要着重对党和国家重大政策的贯彻落实、重大经济事项的决策执行、民生保障和改善、专项资金管理使用等情况进行审查，主动与巡视巡察组的其他同志沟通交流，从审计的视角分析判断问题，提出有针对性的意见建议，发现和抓住有质量的问题线索，为巡视巡察工作提供高效有力的专业支撑。

## 三、发挥审计专业特长和协调优势，关注重点问题，为巡视巡察工作提供有力保障

巡视巡察和审计的共同特点是都以发现问题为导向，都必须重点关注财经纪律的执行情况。审计人员普遍具有财务、经济、法规、计算机等方面的专业优势，在巡视巡察工作分工中多被安排从事与经济活动有关的巡视巡察事项。审计人员可以根据巡视巡察工作需要，重点关注被巡视巡察单位津补贴发放、物资采购、项目招投标、专项资金使用等方面，通过查阅会计账簿凭证、会议记录、项目档案资料，结合下沉走访、个别谈话，对重点和疑点问题进行对比分析研判，做到精准发现、精准定性、精准归类问题，为巡视巡察工作提供强有力的技术支撑。一是重点关注违反预算执行管理规定的行为。是否有虚增虚减收入，是否有超预算超范围支出，是否有无预算支出等问题。二是重点关注违反公用经费管理规定的行为。是否违规发放津补贴、奖金及钱物，违规使用公务车，违规报销差旅费及会议费等。三是重点关注违反工会经费收入支出管理的行为。是否用工会经费购买购物卡，是否超标准发放会员“节日慰问品”、蛋糕慰问品、电影券等，是否超标准支出各类文体旅游活动，是否超标准超范围发放文体比赛获奖奖品。四是重点关注违反国有资产管理与处置规定的行为。是否无预算采购，是否存在属于集中采购范围内项目未实行集中采购，是否按照规定履行招投标手续，报废处置是否审批并办理相关手续。五是

重点关注违反工程项目建设管理的行为。项目审批是否符合相关规定，项目招投标手续是否合规，项目建设机构是否具有相关资质，是否按批准的标准和规模建设。六是重点关注违反专项资金使用规定的行为。是否超预算超范围支出专项资金，是否挪用专项经费用于其他支出。七是关注其他违反财政纪律的行为。审计人员主要以财务检查为主，同时审计人员提供的财务分析还贯穿于巡视巡察工作的各个环节，如对谈话、信访所反映的财务问题要进一步核实、查证，及时报告在会计资料中发现的线索等，以便有效查找问题线索，抓住工作重点、提高工作效率。

## 四、强化审计成果运用，压实整改政治责任，助力巡视巡察工作有效开展

审计成果是指经过实施审计程序、汇总工作成果而形成的审计结论与建议，是审计机关、审计人员在依法履行职责过程中形成的工作结晶。审计成果是审计成效的集中反映，它们从不同方面不同层次反映被审计单位在内部控制、资金使用、资产情况、工程建设方面的一些问题。巡视巡察可利用这些成果，精准定位问题线索，这样有利于提高工作效率。各级巡视巡察机构将审计问题整改情况纳入监督重点，积极推动做实审计监督“后半篇文章”，提高整改工作严肃性。对整改不到位的有关审计方面问题，特别是边改边犯、改了又犯的，写入巡视巡察报告，作为巡视巡察反馈意见的重要组成部分，督促问题改到位、改彻底。一是运用审计成果，借力打力开展巡视巡察工作。巡视巡察工作时间紧、任务重，进驻被巡视巡察单位后，要充分利用各种资源，尤其是审计资源，收集被巡视巡察单位近几年的各项审计报告，重点关注预算执行审计报告、投资审计报告、经济责任审计报告及审计报告的整改结果报告，对照审计报告及整改报告，实地核实审计报告所列问题是否整改到位，并对可能存在的问题分析研判，找准主攻

方向。审计报告既为巡视巡察提供了重要线索，又是问题线索成案后的重要依据，一定要认真查阅、仔细分析，重点关注问题是否整改到位、相关责任人是否问责到位。通过查阅审计报告、财务报表和会计凭证，发现问题的速度快、质量高，许多违纪违法问题都是通过调阅审计报告、财务报表和会计凭证后发现的，一旦发现有问题，会计凭证要立即作为形成问题线索的重要依据，使巡视巡察工作有的放矢，提高巡视巡察工作效率，实现成果共享。二是充分运用审计人员专业优势，发现问题线索。虽然巡视巡察工作与审计工作关注的侧重点不同，但是有些问题的关注点是相同的，如违规发放津补贴、物资采购、工程项目招投标、专项资金使用等事项。审计人员经常开展各类财务审查工作，熟练掌握财务知识和法律知识，在巡视巡察工作中，可以运用审计、经济、财务、法规等方面专业知识，充分发挥专业优势，从各种财务信息中查找问题线索，同时结合大数据审计，从电子数据中精准定位，快速发现巡视巡察重点、疑点，从审计的角度分析判断，提出有针对性的意见和建议，形成多条有质量的问题线索，提高效率。审计人员参加巡视巡察工作，要结合审计职能，发挥职业优势，起到参谋和主力作用，要不断强化自身规矩意识和责任意识。在履职过程中，要有一双“火眼金睛”善于发现问题，也要有“几把刷子”分析解决问题。要突出审计工作专长，加强理论和业务学习，不断完善知识结构，拓宽知识领域，增强创新意识，更新思想观念，改进工作方法，提高工作水平，发挥主力军作用，确保巡视巡察工作质量。

总之，审计在巡视巡察中发挥不可或缺的作用，每一次巡视巡察都有审计人员忙碌的身影，审计人员要充分发挥审计专业优势，巡审结合，相得益彰，更好助力巡视巡察工作有效开展，共建良好政治生态。

# 浅谈审计监督与巡察监督的融合促进

沈阳局集团公司审计室高级会计师　段晓东

通过参加政治巡察，审计干部要深刻认识加强巡察监督与审计监督融合促进的意义。

## 一、准确把握“两个监督”的定义，切实发挥政治监督和经济监督作用

巡视工作是上级党组织对下级党组织履行党的领导职能责任的政治监督，根本任务是坚决维护习近平总书记党中央的核心、全党的核心地位，坚决维护以习近平同志为核心的党中央权威和集中统一领导。巡视工作始终坚持“发现问题、形成震慑，推动改革、促进发展”的工作方针，为推进政治监督具体化、精准化、常态化，发挥着利剑作用。审计是一种经济监督活动，在推动和促进重大政策措施和决策部署落实、规范经营管理行为、提升企业经营效益、防范重大经营风险、制约和监督经济权力运行等方面具有不可替代的作用，具有独立性、权威性、公正性。

审计与巡察虽然在所属体系、法规依据、监督主体、监督对象上

存在差异，但本质上是同题共答，都肩负着坚定拥护“两个确立”、坚决做到“两个维护”的重大政治责任，都是把党中央要求贯穿监督全过程并转化为具体举措的监督模式，都始终坚持着问题导向，全面聚焦重点领域、关键环节、重要岗位，巡察政治监督和审计经济监督融合促进、发挥合力，更加有利于推动全面从严治党向纵深发展。

## 二、做好贯通融合，以审计监督促进巡察政治监督释放更大功效

**1. 做好专业力量支持。**审计部门积极支持巡察工作，在人员选派上，进一步严把政治关、品行关、能力关，认真做好人员选派、情况通报等工作。审计人员在巡察工作中，要主动提高政治站位，提高政治判断力、政治领悟力、政治执行力，敢于斗争、善于斗争，牢固树立“有问题没发现是失职、发现问题不报告是渎职”意识。

**2. 做好专业优势支持。**发现问题是巡察工作的生命线。审计人员聚焦经济活动中重点领域违法违纪问题，在实施巡察前，需要对被巡察单位做详细了解和调查，知悉其业务特点和流程，以及各部门职责。通过查阅财务资料、审计报告、检查通报等信息对其财务状况、经营成果、管理薄弱点有初步认知，研判不同的被巡察单位的廉政风险点，在细致调查的基础上，制定具有针对性的检查方案，以达到事半功倍的效果。在巡察中，要把主要精力放在查找重大风险事项上，充分利用专业知识和被巡察单位的财务数据、技术数据、系统管理数据、社会公开数据等，通过大数据对比、研判等科学运用，提高工作效率，尽快找到疑点。巡察中，要坚持重点关注物资采购、工程建设、业务外包、经营收入等领域，通过进一步查阅财务账目、档案资料、决策记录、业务数据、深入现场等方法，发现较多违规决策、规避审批、违规采购、少收漏收、虚报支出、围标串标、虚假招标、虚假验工、资金风险等违反财经纪律的问题。

**3. 做好线索核查配合。**审计人员在巡察中要转变审计业务监督的思路，要善于透过业务看问题本质，要善于配合巡察组内的同志以问题线索为切入点。也就是说，巡察中要由常规监督向线索核查来转变，坚持用政治眼光研判审计监督发现的问题，通过客观公正分析经济问题、经济责任，发现并定性政治偏差、政治责任，向相关部门移交违反中央八项规定精神、私设“小金库”、关联交易、利益输送、“靠路吃路”、资产流失、债权风险、微腐败等问题线索，形成震慑，助力巡察反腐利剑作用发挥。

## 三、坚持同向发力，确保巡察与审计监督相向而行

审计监督反馈问题整改情况已纳入巡察监督的重要内容。巡察中，不仅要检查被巡察单位对审计反馈的具体问题整改情况，包括是否集体研究审计整改，是否按上报整改方案执行，还需要细致检查被巡察单位有无新的类似问题，判断其是否举一反三彻底整改，而不是就事论事敷衍塞责，要将审计反馈问题整改提升到政治高度，促进被巡察党组织的全面重视。另外，巡察与审计部门在发现问题通报、重大问题核查等方面要保持协调沟通，巡察部门要及时将有关经济领域重大违纪违法问题线索抄送审计机关予以重点关注；审计在开展审计项目前，可以通过收集巡察中发现的苗头性、倾向性问题，巡察整改等情况纳入审计监督的重点内容，督促被审计单位经济工作规范开展，提高审计效能，实现巡察监督与审计监督同步推进、同向发力。

## 四、提高政治站位，锤炼职业精神与综合能力

审计专业人员作为巡察组的成员，要始终做到对党忠诚、坚持原则、信念坚定、担当作为、公道正派、清正廉洁，要坚持党的领导，将增强“四个意识”、坚定“四个自信”、做到“两个维护”落实到巡察工作中，体现在一言一行，带着责任、带着敬畏开展巡察工作，切

实维护好巡察干部形象。同时，作为审计专业人员，在巡察中还应坚守“以审计精神立身、以创新规范立业、以自身建设立信”的审计要求，坚持敢审敢严、敢说敢言，不断锤炼“责任、忠诚、清廉、依法、独立、奉献”的审计精神，做到以集团公司决策部署为标尺，以财经法规制度为准绳，如实揭露问题，不受利益驱使，不向任何力量屈服，聚焦权力规范运行。

审计人员还要在巡察中树牢学习意识。巡察组的成员来自不同单位、不同专业，大家在一起相互支持、相互配合，了解彼此工作内容、流程和方法，审计人员可以借此机会学习很多跨专业的知识，提高协调配合能力。巡察善于采用谈话、走访等方式，以“人”为主线，通过听取汇报、个别谈话等方式获取问题线索，巡察工作的一些方法值得审计人员学习和借鉴，特别是要深入学习领会用政治眼光分析审计问题，防止只见树木，不见森林，确保自身专业能力不断增强，更好助力今后的审计工作。

总之，审计人员在参与巡察工作中发挥了专业优势，为加强巡察政治监督贡献了力量，同时巡察工作也提高了审计人员政治素养及专业能力。巡察与审计贯通融合，优势互补，凝聚了监督合力，提升了监督质效，为深入推进党的自我革命、推动全面从严治党向纵深发展提供了有力保障。

# 如何做好财会监督与巡察监督的贯通融合

大连铁越集团有限公司计划财务部副部长　丁　春

政治巡察是党内监督的重要形式，是全面从严治党的有效举措，而财会监督作为党和国家监督体系的组成部分，在推进全面从严治党、维护中央政令畅通、规范财经秩序、促进经济社会健康发展等方面也发挥重要作用。在开展政治巡察中，注重精选财会专业力量参与其中，促进巡察监督与财会监督的巡财联动，为推动企业高质量发展发挥监督服务保障作用。

## 一、充分认识财会监督与巡察监督的区别与关系

**1. 财会监督与巡察监督具有贯通潜力。**财会监督和巡察监督都是监督的有效形式，但是两者的侧重点不同。财会监督通过对企业财务活动的合法性、合规性和真实性进行监督，发现并纠正财务违规行为，保证企业财务活动规范进行。而巡察监督则是通过对企业各级党组织、领导干部的行为进行监督检查，发现并纠正领导干部的违规行为，保证企业管理合规。因此，财会监督和巡察监督应当相互配合、相互协调，实现信息共享、成果共用，形成监督合力。

**2. 财会监督与巡察监督具有融合黏力。**财会监督具有专业优势，能够及时挖出深层次、隐形变异的问题，不仅是发现“四风”及腐败问题的一把利剑，也是防止小问题演变成大问题的重要一环。巡察监督则是上级党组织对下级党组织履行党的领导职能责任的政治监督，要坚持发现问题、形成震慑，推动改革、促进发展的方针。因此，财会监督是业务监督，巡察监督是政治监督，两者相互融合，共同促进企业合规发展。

## 二、财会监督与巡察监督贯通融合的方式方法

巡察工作中加强与财会监督协作配合，更好发挥财会监督经济体检作用，更加有效促进巡察监督政治体检功效。

**1. 统筹人员力量使用。**在巡察监督工作中，人员选派是确保监督质量和效率的关键环节，在每轮巡察前，巡察办与财务、审计等部门确定抽调优秀财务专业干部参加巡察工作，强化专业力量支撑。一是要明确监督任务的专业要求，根据巡察监督的具体需要，从财会角度选拔具有专业背景和实际工作经验的人员。这不仅能够确保巡察工作的针对性和有效性，也有助于提升巡察工作的专业性和权威性。二是要注重财会人员的综合素质，特别是职业操守和责任感。选派的人员应具备较强的原则性和公正性，能够客观、公正地进行账目检查和业务评估，不受社会关系的影响，确保巡察结果的真实性和公正性。三是考虑到巡察工作的复杂性和敏感性，选派的财会人员还应具备良好的沟通能力和应变能力。应能够有效地与被巡察单位的人员进行沟通，准确理解和把握被巡察单位的实际情况，同时在遇到突发情况时能够迅速作出合理判断和处理。四是为了增强巡察工作的系统性和连续性，可建立一支由财会人员参与的相对稳定巡察队伍，通过定期培训分享经验，不断提升队伍的专业能力和工作效率。这样不仅能够保证巡察工作的质量，也有助于形成一套成熟有效的巡察工作机制。

**2. 共享情况通报资源。**每轮巡察前，根据巡察任务安排，有关部门向巡察组通报情况，帮助巡察组了解财会、审计监督发现的问题，用好已有的监督成果。一是通报内容的详尽与准确。通报中应详细列出业务部门以往发现的主要问题，包括但不限于账目违规、财务管理不善、业务失真等方面。同时，对于以往发现的问题，应提供准确的数据支持，并在可能的情况下，给出具体的问题实例。二是提出合理的巡察建议与措施。财务等部门除了通报被巡察单位以往存在的问题外，更重要的是对巡察工作提出切实可行的巡察建议及措施。这些建议应具体明确、操作性强，既包括系统特点的倾向性问题，也包括被巡察单位自身实际的隐性问题。

**3. 做好政策咨询工作。**巡察工作面对不同的部门、不同的单位、不同的业务、不同的问题，对巡察人员的综合素质、能力提出更高要求。因此，做好政策咨询显得极为重要。一是建立政策咨询团队。依托专业部门优势，组建一个由财会专家组成的咨询团队。这个团队不仅需要对财会、审计有着深入的理解，还应熟悉相关法律法规和行业政策，能够提供全面、专业的咨询政策。二是制定咨询流程。明确政策咨询的流程，包括咨询提交问题的分析、咨询意见的形成和反馈、保密等环节。

**4. 建立协作配合机制。**基于对被巡察单位可能存在的问题及风险，制定详细的巡察措施和执行计划，包括明确的时间表、责任人、执行步骤。一是建立由财会人员与纪检人员的协作机制。鉴于措施实施可能涉及多个专业，在组内需要建立有效的协作机制，保证信息流畅、资源共享，确保各项措施能够得到全面协调和支持。二是进行实施培训和指导。对于需要特定知识或技能才能实施的措施，应由巡察组长或副组长组织进行相关培训和指导，确保执行人员理解措施的实施方法，提升执行效率和效果。

**5. 确保问题研判精准。**发现问题是巡察工作的生命线，只有精准研判，才能发现高质量的问题。一是收集并整理问题线索。在巡察过程中，应及时收集和整理发现的问题线索，包括账目违规情况、合同落实的问题等，确保问题的完整性和准确性。二是分析问题根源。对收集到的问题线索进行深入分析，找出问题的根本原因。可能涉及对账目的详细审查、相关人员的谈话、相关政策法规的解读等，以确保问题研判的深度和广度。三是评估问题影响。对问题可能产生的影响进行评估，包括对财务状况的影响、对被巡察单位形象的影响、对单位内部管理的影响等，以确定问题的严重程度和紧迫性。四是提出意见建议。根据问题的研判，提出有针对性的巡察意见建议。

**6. 强化整改监督指导**。问题整改是巡察工作的落脚点。做好巡察“后半篇文章”，必须在整改上持续发力。一是明确整改要求和期限。对于巡察中发现的每一个专业问题，需明确具体的整改措施、责任人及完成期限。这有助于被巡察单位有针对性地制订整改计划，确保整改工作有序进行。二是通过定期的进度报告、会议或现场检查等方式，跟踪整改工作的实施情况。这不仅可以及时发现整改过程中的问题，还可以调整不合理的整改措施，确保整改效果。三是提供财会专业指导和支持。针对一些复杂的问题或是被巡察单位缺乏整改能力的情况，业务部门日常应提供财会专业的指导和支持，帮助其理解整改的重要性，提升整改的效率和质量。

**7. 促进成果运用闭环**。推动改革，促进发展是巡察工作的落脚点，要深化以巡促改、以巡促建、以巡促治，推动形成监督、整改、治理、运用的良性循环。一是加强成果整合与分析。财务、审计等有关职能部门要将巡察过程中发现的有关重要情况和重大问题，抄报相关部门了解情况，并提出改进建议，为决策提供依据。二是成果分享与培训。通过内部会议、工作交流等形式，分享巡察的成果和经验，对关键人员和普通员工进行针对性培训，提升他们对财务规范、风险防控的认识和能力。三是持续跟踪与评估。通过专业检查，定期对整改进展情况进行跟踪和评估，及时调整和优化制度措施，并对整改成果进行评价，形成闭环管理。

推动财会监督与巡察监督贯通融合是全面从严治党的重要举措，只有加强财会监督与巡察监督贯通融合，才能充分发挥巡察综合监督作用，形成监督合力，提升监督质效。同时，更有利于推动党内政治生态和企业治理不断完善发展。

# 发挥财审专业优势　提高巡察发现问题质量

沈阳铁道工程建筑集团有限公司稽核部部长　羿秀辉

巡察作为集团公司党委履行全面监督职责的重要抓手，具有贯通协调的实践基础和组织优势。发挥巡察综合监督作用，有利于把方方面面监督力量凝聚在一起，有机贯通，共享共用信息资源、问题资源、力量资源、手段资源、成果资源，形成监督合力。

## 一、做到“六个盯住”，找准问题切入点

巡视工作始终坚持“发现问题、形成震慑，推动改革、促进发展”的工作方针，这就要求巡察人员要以党风廉政建设的各项要求为依托，以规章制度和责任落实到位为准则，擦亮利剑、紧盯问题，用锲而不舍的钉钉子精神去抓住问题关键、找到线索。

**第一个盯住：盯住手续不健全、程序不合规、不按章办事的事项。**主要表现在：不能依法合规地按流程、按规定完成工作，有明确的规章制度不去执行，流程上不符合规定。比如：已完工程该招标不招标，该签合同不签合同；先施工后补招标手续，后签合同；先签合同后补招标手续，验工提前、拆分合同、规避审批等。存在擅自指定施工队

伍嫌疑，容易存在违规违纪问题。有重点地抽查几个大型项目工程的验工和预算，剖析其存在的问题，然后有针对性地对现场进行勘验，查出问题所在。查出问题时不应像以前审计检查那样，查出这种问题不能仅对规、做稿完事，一定要多问几个为什么。这样有助于深挖问题的根源，剖析出工程管理、业务外包、物资采购等方面存在的真正问题，从而发现被巡察单位可能存在的隐性问题。

**第二个盯住：盯住关键时间点。**传统节日属于消费高峰，违规发放钱物问题时有发生，节日前期的大量费用列支，容易发生套现以解决其他费用行为，一定要盯住；另外，从刚注册的公司或公司未注册就签订购料合同，容易发生问题。重点盯住那些刚注册的公司，如果被巡察单位从这些公司大量购买工程材料，且这些公司的办公地址设在居民楼，就会有专门为该工程而设立公司的嫌疑，利益输送的可能性也随之增加。盯住有大量资金往来的新增供应商，重点查验在供应阶段供应商的注册时间，如果发现个别供应商在签订合同时还没有注册，要深挖涉及的项目，审查其详细资料和列支的各项材料，寻找蛛丝马迹。

**第三个盯住：盯住关键人物签字。**报销发票是容易造假和发生问题的重要一环，大量的违规行为往往最后都要从报销环节上变现。如果报销发票翻来覆去就三两个人签字，且经办人、验收人角色频繁互换，不符合不相容职位相分离的原则，容易存在问题。尤其是在收发料单上，领料人、发料人、仓库保管员之间循环互签，不符合内控制度要求。再有，技术部门人员也是在经办人、验收人之间循环签字及代签，实际上具体工程情况经办人不了解、验收人未验收，存在代签现象，这都是不正常现象，深入了解调查后发现一般变通解决其他费用问题较多。

**第四个盯住：盯住资金支付异常情况。**正常情况下，工程资金应该按照合同约定的起止时限支付，凡提前支付或刚到期就立即支付的，都有可能存在问题。比如：某项工程合同约定为先预付10%资金，其余90%在验工后付款，并扣除一定比例的质保金。但检查该工程资金支付情况时发现，不仅预付款高于合同约定的10%，而且未验工前就支付剩余90%工程款，甚至连质保金都未扣除。上述情况极有可能存在挪用工程资金、变通套现等风险。此外，还要关注单位主要领导人员变动之际的大额资金支付，如果存在异常情况，就要深查细挖。

**第五个盯住：盯住造假事项。**俗话说假的真不了、真的假不了，造假的记录往往残缺不全，或不符合逻辑。有些单位的党政联席会议记录和工程验工报表等文件存在造假问题，针对发现的造假事项深挖，往往能发现问题线索。会议记录造假，没有开会时间、出席人员等，记录属于胡编乱造，深挖造假事项容易发现问题。可以选择几个可疑的工程，然后从上会、招投标、业务外包、预算、验工、资金支付等方面入手，从头梳理，查找疑点问题。

**第六个盯住：盯住“微腐败”。**在巡察过程中，往往把精力和重点放在大项支出上，食堂采购、奖金的二次分配、职教经费科目列支等容易被忽略，通过近两年的巡察发现，这部分违规违纪问题也很多。比如：有的单位将食堂餐料采购款打入个人银行卡中，还有的单位未将收取外来就餐人员的费用缴财务等。个别企业的职教经费成为财务人员的可支配科目，未经过职教科目负责人签字，财务人员和相关人员任意报销、违规报销等。

## 二、做到“三不放过”，排查问题关键点

**第一个不放过：列支项目不合理不放过。**比如：一项工程一般由人、材、机等费用组成，财务账项列支上却只体现一项费用的列支；或者人工费、材料费、机械费占比明显不合理；还有费用单价明显高于同期市场价格等不合常理的现象。细节决定成败。巡察中一定注意凭证里附件的各个环节，通过结算单填制的工作量和单价等细微处发现问题，深追原因，找出背后隐藏的秘密。

**第二个不放过：经办人和部门负责人是同一人的不放过。**在正常的工作流程中，经办人和部门负责人很少为同一人，尤其是涉及签订合同和资金往来。比如：发现合同经办人和部门负责人都为同一人，且所有的手续都是出自一人之手，可以对此项业务进行重点关注，对所涉及业务的合同签订前期手续、结算依据、资金支付进行全面核查，一旦发现疑点，应进行深入核查。

**第三个不放过：开具高税率票据的商家不放过。**这就要求从对被巡察单位的各项费用结算单入手，按照结算单显示的税率和实际开票的税率对比，一旦发现结算单的税率高于发票税率，很可能存在虚开发票的嫌疑，有套现的风险，需进一步核查开具虚假发票的用途。

## 三、做到“统一协作”，核查问题可疑点

巡察最重要的是“工作形成合力”，只有通过巡察人员的统一协作、密切配合，才能顺藤摸瓜，锁定最终线索，彻底查出违规违纪行为。财务审计人员一旦发现疑点，都要在当天的碰头会上与组长汇报，组长会安排巡察组谈话人针对发现的问题，确定谈话内容、被谈话人、谈话顺序等，未被谈话的人暂时安排到其他房间，避免他们之间互相通气。第一次谈话结束后，根据谈话记录，梳理出第二次需要谈话的人员名单，继续针对问题进行调查了解。通过反复调查谈话将疑点问题一一核实，这就需要发挥全体巡察人员智慧，群策群力，通力协作，相互沟通，心往一处想，劲往一处使，这样，最终才能将问题及线索锁定。

巡察监督与审计监督的贯通协调，能够更加有效地形成工作合力，提高监督效能。充分运用审计、专项检查、专项审计提出的问题，将整改情况纳入巡察监督的重点，有助于做好“后半篇文章”。对审计报告披露的问题进行全面梳理，分析原因，找风险点，用好审计的监督成果，能够充分发挥“巡”的权威、“审”的优势，督促问题整改到位，整改彻底，提升监督工作质效。

# 在巡察工作中把握财会专业细节找准问题突破口

辽宁铁信集团印刷服务有限公司财务部部长　刘海鹰

财务工作是巡察的重点内容之一，发现并暴露出基层单位财务管理方面的问题，对夯实财务工作基础，提高财务工作标准能够起到很好的促进作用。把握财会专业细节、找准问题突破口对巡察工作十分重要。

## 一、立足财务专业找准问题突破口

**1. 安全生产费方面常见问题。**一是未按规定比例提取安全生产费用；二是弄虚作假、层层转包、随意变更安全费用使用范围和用途，截留挪用安全资金；三是在安全生产费中安排与安全无关，应由日常成本费用承担的项目。

巡察工作思路方法：财务人员在巡察中应加强对安全生产费计提、使用及项目预算管理的监督，通过查阅会计账簿、安全生产费台账、现场调研等方法重点看被巡察单位按照职责加强对项目安排合理性、真实性、合规性及预算执行进度等情况的监督。

**2. 商贸经营核算方面常见问题。**一是应招不招、不按程序招标、设置隐含条件排斥潜在投标人、围标串标、签订超长期限合同；二是未决策私自降价、无依据降价，损害铁路利益；三是资产资源出租业务未按合同约定收取租金及水、电、采暖费等。

巡察工作思路方法：看是否加强资产负债规模和负债率管控，是否存在有息负债过高等问题；梳理商贸业务收入相关的合同、业务流程等是否规范，是否存在“空转”“走单”等虚假贸易，是否存在向对方提供资金，收取资金占用费的垫资、融资业务，预付款依据是否充分，货款是否按规定收回，收入确认是否正确，是否严肃查处违规开展商贸业务行为；是否采取捏造、伪造等手段编制虚假报表，存在统计数据造假行为；是否健全违规经营投资责任追究机制、依规依纪依法追究责任。

**3. 零小工程管理方面常见问题**。一是工程外包不按规定竞标；二是工程外包给无资质施工方；三是工程存在违规转包、虚假验工等行为；四是工程违约结算，施工内容与实际不符。

巡察工作思路方法：重点监督检查项目审批、概预算执行和拨付资金情况，严肃查处提前支付和超拨工程款、挪用项目资金和设立“小金库”等违规行为。

**4. 会计基础工作规范化方面常见问题**。一是岗位设置不符合不相容职务相分离原则；二是部门间核对联控制度执行不到位，对个人款项支付行为管理不到位；三是会计档案管理不规范。

巡察工作思路方法：重点检查会计人员配备情况、岗位职责分工情况，检查会计核算是否真实合法、工作流程是否合理顺畅、会计凭证账簿手续是否完备准确。各项制度体系是否相互衔接、相互协调，确保会计工作依法有序进行。

**5. 工会经费管理和使用方面常见问题**。一是工会物资采购虚假询价；二是工会大额资金支付未经集体决策；三是工会大病救助未上报审批；四是工会活动超范围发放服装及奖品。

巡察工作思路方法：重点检查工会经费管理制度是否有漏洞，是否存在个人擅自签批和违规使用资金情况。“三线”建设等重点工作项目、重大活动安排、重大物资采购，是否经过工会集体研究论证决策。各项经费支出是否超标准超范围列支。工会资产日常管理监督是否到位。

**6. 预算执行方面常见问题。**一是执行预算缺乏刚性约束，存在无预算、超预算等情况；二是未有效落实各项节支降耗措施，对能源消耗、备品购置等可控支出的管控力度不到位；三是存在年底突击花钱情况。

巡察工作思路方法：监督检查预算纪律执行情况，是否存在无预算超预算超标准安排支出，重点检查道路硬化、环境美化等“锦上添花”的问题，强化预算执行过程监督、监控。

**7. 风险债权管理方面常见问题。**一是应收未收发生账外风险债权；二是瞒报漏报风险债权；三是资金收回不及时。

巡察工作思路方法：确认债权债务发生的真实性，审查债权资金清理是否及时，推进风险债权清理是否有效，责任追究是否有力，各项呆、死账项处置是否合规，是否有隐藏风险债权，形成仲裁和诉讼风险。

**8. 资金安全管理方面常见问题。**一是大额资金支付未执行联签制度，存在“化整为零”规避联签行为；二是未按规定使用备用金且账实不符；三是违规对无投资关系的企业及个人提供担保；四是一人保管全部银行预留印鉴，财务专用章保管人员同时保管银行票据。

巡察工作思路方法：检查代发银行协议签订、预留银行印鉴保管、大额资金使用等管理情况。资金支付是否执行授权审批制度，是否建立并执行大额资金管理制度，是否履行“三重一大”事项决策程序，大额资金是否联签和报告，是否严格执行事前审批、事中控制、事后稽核。是否对大修、用油、用电、社保、集中采购、建设及其他大额资金进行集中支付，是否对技术改造、零小工程等涉及对路外单位支付的资金进行集中支付。

**9. 职工食堂管理方面常见问题。**一是职工食堂餐料先采购后签合同；二是食材采购变通品名虚开发票；三是食堂管理不规范，餐料采购、验收、管理等均由一人负责；四是食材采购缺乏真实性，存在套取现金行为。

巡察工作思路方法：通过查看财务会计凭证资料，分析比较各项数据，锁定有疑问的目标食堂，到食堂现场通过实物盘点、谈话了解、查看资料等方式方法查找是否存在侵占职工利益的行为。

**10. 强化出资人监督方面常见问题。**一是管理不到位存在资金风险；二是不考虑经营效益，盲目赠送造成利润下降；三是存在账外资产及高档闲置物资。

巡察工作思路方法：重点检查出资人履行监督职责情况，主要包括存在清偿风险的担保问题，对非运输领域参股企业股权日常管理不力、财务监管不及时、产权管理不规范、股东权责履行不到位、体系建设不健全、投资决策不规范等方面工作责任落实、问题整改情况等。

## 二、财务人员做好巡察工作的几点建议

**1. 加强业务学习，吃透制度政策。**巡察工作任务重，专业性强，纪律严明，对巡察人员的能力素质提出了很高的要求，除了要学习巡察工作的条例和文件规定外，还要不断深入学习掌握党建、财务管理、纪检等方方面面的知识，成为“行家里手”。针对巡察工作中可能涉及的业务内容，要广泛搜集相关制度、文件和规定等，熟悉掌握政策，力求找准方向不走弯路，透过现象看本质，坚持实事求是，充分运用多种工作方法，把共性问题和个性问题都找出来，提高巡察工作效率。

**2. 制定巡察方案，认真查阅资料。**巡察前要做好前期准备工作。一是针对被巡察单位具体情况，按业务项点细致制定巡察工作方案；

二是调阅被巡察单位各部门的相关资料，如人事档案、工作总结、会议记录、合同文本等；三是全面了解账务整体状况，有针对性地在会计账簿、会计报表、会计凭证上查找问题；四是学习借鉴纪委、审计等各检查组的结论与成果，对被巡察单位以往或当前存在的主要问题有一个初步的了解和熟悉，能够准确找到切入点。

**3. 发挥专业特长，提高巡察本领。**在深入基层单位开展巡察时，面对财务人员负责的五项费用、资金支出、资产核对、债权债务、食堂管理、房屋出租、审计整改、业务外包、财务核算报销等各项经济活动，既要结合实际看被巡察单位的区域性、局限性、历史性问题，也要突破站段角度的惯性思维，从集团公司大局着眼，对照财务管理制度要求严格审视，从巡察角度多想是什么、多问为什么，努力做到调查情况问题深入化。

**4. 掌握谈话技巧，善于倾听民声。**发现线索后开展个别谈话是巡察工作的重要环节，谈话对象千差万别，职务、性别、年龄、性格、阅历知识等都各不相同，谈话要坚持问题导向，注重谈话质量，确保获取真实信息。首先，要善于营造宽松、和谐的谈话氛围，树立和蔼可亲的形象，认真对待每个谈话对象，始终保持客观、平和、冷静；其次，要仔细认真倾听对方所讲，善于听出“弦外之音”；再次，要掌握谈话的技巧，善于启发和引导谈话对象讲出他们想讲的心里话，说明真实情况。

**5. 深挖问题线索，勇于攻坚克难。**巡察工作人员必须要有严谨细致的工作作风，不怕困难和挑战，对待蛛丝马迹绝不放过，抓住细节顺藤摸瓜查找有价值的信息。要敢于较真，用斗争精神去开展工作，一丝不苟深研细悟。依据充分是巡察结果的重要保障，发现问题时要有典型事例作支撑，经得起推敲和检验。要做到这一点，首先，要针对有关问题与相关人员了解情况、做好谈话记录并由当事人签字；其次，要将重要线索资料复印、盖章；最后，在撰写报告时要进一步权衡、比较、修改、字斟句酌，再反复核实、修改，确保事实准确无误。

**6. 加强团队协作，汇聚集体智慧。**巡察工作综合性强，涉及问题情况复杂，巡察组成员来自不同单位与不同专业，这就要求大家必须齐心合力、握指成拳，才能更好完成巡察任务。在具体工作中，大家要从客观公正的角度出发，做到不以事小而不为、不以事杂而乱为、不以事急而盲为、不以事难而怕为，真正做到手勤、脚勤、脑勤，尽职尽责、兢兢业业，体现出严谨求实、敬业务实的高度负责精神。

# 如何做好巡察报告起草工作

沈阳局集团公司党委巡察办原常务副主任　翟有丰

巡察报告是巡察组根据授权分工安排，围绕巡察监督重点，对被巡察党组织开展巡察监督后，就巡察了解的情况进行归纳梳理、汇总分析、提出建议，进而起草的向集团公司巡察工作领导小组和集团公司党委汇报的文稿材料。

## 一、巡察报告的基本特点、构成要素以及起草报告的工作机制

**1. 巡察报告的基本属性和特点。**一是政治性。政治性是巡察报告的根本属性，巡察报告是政治公文，而不是一般的工作总结、业务评估和调研报告。二是实践性。巡察报告是写出来的，更是巡出来的。起草巡察报告要做到“三讲”：讲事实、讲原则、讲政策。三是综合性。主要包括过程的综合性、情况的综合性、成果运用的综合性。四是问题导向性。巡察的主要任务是发现问题，必然要求巡察报告坚持问题导向。一个好的巡察报告，一定是反映问题准确、深刻、鲜明的报告。五是文字逻辑性。文字语言和逻辑符合公文基本要求，语言文

字要准确、简洁，层次分明，逻辑严谨，准确规范。

**2. 巡察报告的基本结构和内在要求。**一是基本结构。基本框架结构包括四部分：基本情况和总体评价、巡察发现的主要问题、反映重点人的问题线索、意见建议。每个单位巡察报告篇幅原则上控制在4000字左右。二是报告的内容逻辑。政治巡察话语体系基本概念是上级党组织对下级党组织履行党的领导职能责任的政治监督，根本任务是“两个维护”，价值取向是“以人民为中心”，监督重点是“四个落实”“三个聚焦”。同时，报告要回答几个问题：回答是否做到“两个维护”，贯彻习近平总书记重要指示批示是否坚决、有效；回答领导班子怎么样，民主集中制执行得怎么样；回答全面从严治党状态怎么样，纪检部门是否发挥作用；回答党的建设怎么样，选人用人风气如何，基层党组织的政治功能怎么样；回答对巡视、巡察、审计等监督指出的问题整改怎么样。三是评价的标准。政治标准要达到“四个符合”，即符合中央精神、国铁集团党组和集团公司党委要求，符合被巡察单位实际，符合阶段性特征，符合政治巡察要求。内容标准要把握“四个度”，即有高度、有深度、有准度、有温度。文本标准做到“四个要”，即文字要干净、层次要分明、重点要突出、逻辑要清晰。

**3. 起草巡察报告的工作机制。**重点抓好“六个机制”。一是人员分工机制。注重“四个同步”：报告起草人同步参加组内所有会议（研究线索除外），同步掌握组内所有信息，同步记录巡察组组长思路观点，同步掌握上级精神要求。文字主笔要当好“录音笔”“记录员”“加工员”。二是学习培训机制。巡察组组长要通过学习，构建符合巡察工作要求的知识框架体系。深入学习政治理论、熟悉法规制度、掌握巡察业务、了解相关政策。三是收集材料机制。注意收集五类材料：政策性材料、通报材料、调阅材料、汇报类材料、巡察了解类材料。四是梳理问题清单机制。材料梳理分为四步：按框分类，比如按“四个落实”“三个聚焦”要求分；按点组装，即对照要点进行细分；按面平衡，即结合了解的情况，突出主要矛盾；按质优化，即按照政治巡察要求进行加工润色。第五，报告起草研究机制。起草过程分两个环节，即“1+1”组长与起草人定提纲、“2+1”组长和副组长带着起草人研究；修改过程开好“两个会”，即组长碰头会、全组会；定稿过程做好“三个审”，即巡察办审核修改、分管领导审阅修改、领导小组审议修改。第六，报告把关机制。重点审核把关“四项内容”：把好政治关、评价关、事实关、建议关。同时，审核把关时还要做到“七个对照”，即对照政策要求、方案要求、阶段汇报要求、底稿材料、专项检查报告（选人用人和意识形态报告）、听取意见情况和文本要求。

## 二、起草巡察报告的具体方法和要求

**1.“基本情况和总体评价”重在画像精准。**为给被巡察党组织画一个总体的“政治肖像”，要通过画像见全貌、见趋势、见特点。这个“政治肖像”是从政治巡察、政治监督的角度，对被巡察党组织作出的判断、评价。一是高度概括职责使命。对照习近平总书记关于铁路重要指示批示精神，对照党中央、国铁集团党组和集团公司党委部署要求，把最重要、最核心的职责概括出来，把它在全局、系统和本地区的定位和职能作用体现出来。二是对党委班子作出总体评价。评价要慎重、准确，要聚焦政治监督要求进行评价，不能面面俱到；要坚持“两点论”；要善于用发展的、动态的观点去评价。

**2.“巡察发现的主要问题”重在抓住主要矛盾。**

“聚焦党中央各项决策部署在基层的落实情况”方面。要紧盯党委发挥领导作用情况，着力查找基层党委贯彻落实党中央各项决策部署方面的突出问题。一是学习贯彻习近平新时代中国特色社会主义思想情况。重点查找是否按照国铁集团党组、集团公司党委的要求，贯彻习近平总书记重要指示批示精神和党中央重大决策部署，是否不折不扣落实；是否开展好党史学习教育，是否认真执行党内法规和重要制度文件，是否破除贯彻落实中的形式主义、官僚主义，是否提过高口号追求轰动效应，是否选择性落实、虚假落实等问题。二是党委履行核心职能作用。重点查找是否带头做到“两个维护”，是否充分发挥把方向、管大局、保落实的作用，落实集团公司“高标定位、依法治企、众智创新、实干强局”工作要求，是否结合贯彻国铁集团、集团公司关于安全生产、经营管理、深化改革等决策部署，把集团公司党委交给的“责任田”管好种好。三是全面深化改革情况。重点查找是否强化政治担当，勇于“啃硬骨头”，各方面各环节的协调配合是否顺畅有序，是否拿出实招硬招推动集团公司改革三年行动实施方案确定的改革任务和措施落地见效。四是防范化解重大风险情况。重点查找是否担负起防范化解重大风险的政治责任，牢固树立底线思维、风险意识，认真排查本单位本领域存在的风险隐患，有针对性地建立健全防范化解重大风险工作机制，制定相关应急预案。五是制度执行情况。需要遵守和执行的制度很多，巡察监督不可能面面俱到，要抽查与被巡察单位职能密切相关的核心制度办法执行情况，看被巡察单位党委有没有认真组织学习、部署落实，是否纳入本单位本系统党员干部培训，是否加强对制度执行的监督，以及执行的效果如何，有没有搞形式主义的问题。

“聚焦群众身边腐败问题和不正之风以及群众反映强烈的问题”方面。要紧盯全面从严治党责任落实情况，着力查找职工群众身边腐败问题和不正之风方面的突出问题。一是党委履行主体责任情况。党委管党治党的责任意识是否增强，党委书记是否担起第一责任人责任，领导班子成员是否落实“一岗双责”，车间、科室主要负责人是否层层落实责任。二是纪检部门履行监督责任情况。重点查找基层单位纪委是否认真履行监督责任；是否做实做细日常监督，加强对党委领导班子和班子成员，以及企业重点领域和关键环节的监督，实事求是运用“四种形态”，依规依纪依法处置问题线索。三是党风廉政建设情况。

重点紧盯领导班子成员和关键岗位、关键环节主要负责人，着力查找“靠路吃路”、设租寻租、以权谋私、利益输送、“小金库”、奖金二次分配、“小食堂”费用使用管理、岗位调整、考勤管理等职工群众反映最强烈、最突出的问题。四是“四风”问题。重点查找是否违反中央八项规定精神的问题，违规公款吃喝、公车私用、公款旅游、违规操办婚丧喜庆事宜，热衷打麻将赌博、追求低级趣味等问题。

“聚焦基层党组织建设问题”方面。要紧盯落实新时代党的组织路线情况，着力查找基层党组织建设、领导班子和干部队伍建设方面的突出问题。一是反映领导班子建设情况。党的领导在基层党委是否坚强有力，领导班子是否严格执行民主集中制，是否存在“一把手”权力过度集中，搞“家长制”和“一言堂”的问题。二是反映选人用人和干部队伍建设情况。重点看用人导向、用人风气正不正，党管干部原则坚持得怎么样，执行选人用人程序怎么样，干部日常教育监督管理怎么样，立足新时代要求加强人才队伍战略储备情况等。三是反映基层党组织建设情况。重点看党委对本单位党建工作的领导，党委书记党建第一责任的履行、其他领导班子成员“一岗双责”、党支部书记是否集中精力履行抓党建职责的情况。是否严格遵守换届纪律要求，党组织政治功能是否有效发挥。四是反映干部担当作为情况。重点看党政正职和班子成员主动担当、积极作为及在重大任务、关键时刻的表现情况。是否敢于直面问题和困难；是否存在精神懈怠、不敢负责、漠视职工群众利益、对职工群众诉求视而不见等典型问题。

“对巡视巡察、审计等监督发现问题整改落实情况”方面。要紧盯巡视巡察、审计等监督整改落实情况，着力查找整改不到位、虚假整改等突出问题。准确把握三个背景：要把握习近平总书记对巡视整改提出的新要求；要把中央明确要求主题教育检视问题和巡视发现问题结合起来，做到一体整改、集成整改；要把握机构改革、干部调整后新的领导班子和领导干部要主动承接整改责任，不能“新官不理旧账”。

**3.“反映重点人的问题线索”重在把握了解的情况。**起草这部分内容应坚持实事求是、深入研判、仔细甄别、科学分析、多方印证、完善资料、严格保密。第一类“建议进一步了解关注”类，参照监督执纪第四种形态“严重违纪涉嫌违法立案审查”来把握，反映主要问题和巡察组了解的情况，做到简明扼要、表述准确，对具体过程不详述。第二类“建议了解关注”类，参照监督执纪第三种形态“党纪重处分、重大职务调整”来把握，概要点出反映的主要问题及巡视了解情况。第三类“建议参考”类，参照监督执纪第一种、第二种形态来把握，点出被反映人的数量即可。

**4.“意见建议”重在针对性和可整改性。**意见建议总体要把握以下几点：一是站位要高，落点要实。要体现政治巡察站位，体现习近平总书记关于巡视工作的重要指示精神，体现被巡察单位的政治责任要求。在有政治高度的前提下，提出的建议一定要落实到被巡察单位的具体职能责任上，防止空洞化、口号化、概念化。二是重点突出，针对性要强。抓住主要矛盾和突出问题，直击要害，对巡察报告指出的重点问题，有针对性地提出整改要求。三是把握政策，符合实际。不能脱离实际，不能跨越阶段，确保被巡察党组织自己能整改、可落地。

具体写法可以分四个层次：一是拟向被巡察党组织反馈的意见。一般写四至五条，哪个方面的问题突出，哪方面的建议就多些，不搞平均用力。二是拟向纪检监察部门提出的建议。对领导干部问题线索提出处置建议；针对存在突出问题，提出加强日常监督、工作指导等方面的建议。三是拟向党委组织部门提出的建议。原则上不提涉及具体岗位调整的建议；领导班子或一把手问题严重、产生重大影响的，可以请组织部门关注。四是向有关职能部门提出建议。对主管部门、综合部门，建议加强领导和指导，并建议解决共性和普遍性问题；对不属于被巡察党组织责任的问题，可以在这部分提出来。

## 三、把实事求是贯穿巡察报告起草全过程

要坚持实事求是，更加精准、客观、全面地发现问题、反映问题、解决问题。起草巡察报告尤其需要自觉坚持实事求是，既要体现政治巡视定位，也要树立正确的监督政绩观，还要掌握科学的方法论，做到精准、客观、全面地发现问题、反映问题、推动解决问题。

起草巡察报告，总体把握“求真、求实、求准”的要求。一是巡察发现的问题一定要符合实际，确保发现的是真问题。二是巡察反映问题的程度一定要精准，不能放大、不能缩小。三是对问题的定性特别是违规点，一定要有政策依据。四是问题指向的责任一定要准确，不能把板子打错了。五是提出的意见建议要精准，不能违背上级要求、脱离实际。起草巡察报告过程中，注意把握以下十个关系：

**1. 把握表和里的关系。**政治和业务的关系，业务是表，政治是里。业务背后体现的是党的理论和路线方针政策、党中央决策部署，体现的是国铁集团党组、集团公司党委的要求。从政治上分析，最终落到政治责任上。

**2. 把握高和实的关系。**归结起来就是关于党中央决策部署和习近平总书记重要讲话、重要指示批示，以及国铁集团党组、集团公司党委要求，被巡察单位是否转化为实际行动并取得实际效果。

**3. 把握上和下的关系。**坚持以下看上，对上负责和对下负责是统一的，把上和下连接起来，通过下级问题来反观被巡察单位党委的责任问题、管理问题，分析党委对这些问题掌握了没有、研究了没有、推动解决了没有。

**4. 把握主和次的关系。**区分主要矛盾和次要矛盾，善于取舍，去粗取精、去伪存真，把现阶段影响制约一个单位发展的主要矛盾、突出短板指出来。

**5. 把握点和面的关系。**坚持“点面结合”“以点看面”，但不能

“以点代面”，更不能为了“吸引眼球”，引用“奇葩”的孤例、个例。典型的个性问题可以说，但要防止以偏概全。

**6. 把握新和旧的关系。**主要指老问题和新问题的关系。对汇报过或检视的问题，防止“炒冷饭”，特别是已整改到位的问题，不能写入报告；对未整改或整改不到位、虚假整改的问题可以写入报告；把握好时间界限，重点写上次巡察以来或现任班子的突出问题。

**7. 把握量和质的关系。**报告引用数据和说明性质的关系。要有比例，比例才能说明性质；要有比较，比较才能看出变化；要有分析，分析才能作出判断。

**8. 把握权和责的关系。**要特别注意把问题和责任写准，不能把张三的问题落到李四头上，不能把一般指导责任等同直接领导责任。

**9. 把握主观和客观的关系。**要分析问题是主观不作为造成的，还是客观原因造成的，不能把问题都简单归结为主观上不落实。

**10. 把握标题和内容的关系。**标题必须做到观点鲜明、归纳提炼准确。重点防止标题大内容小、标题小内容大、标题定性轻内容问题重等写法。

# 关于做好信访受理工作的几点思考

沈阳机务段党委宣传干事　袁铭泽

受理信访是指巡视巡察期间，巡视巡察组受理反映被巡视巡察党组织领导班子及其成员和下一级党组织领导班子主要负责人问题的来信、来电、来访等，是巡视巡察的重要信息来源。受理信访工作不是简单地做记录，对工作人员的综合素质要求很高，如果个人知识体系不完善、理解能力有限，甚至对方言的含义不清楚、对地方口音听不清楚，都可能导致信息记录错误或问题分类整理偏差，影响问题的定性和处置。信访组成员的言行代表组织形象，工作中态度不良也会影响信访人对党组织的信任，甚至产生涉巡舆情，工作中与被调查单位人员的过度交流或沟通不慎也可能泄露信访秘密。此外，整理归档问题底稿、梳理分类问题线索也是对信访组人员细心和耐心的考验。因此，在思想政治、保密意识、服务意识、知识储备、语言表达等方面都需要进一步提升素质水平，才能提高信访受理工作的质量。

## 一、严格遵守纪律是做好信访受理工作的底线

**1. 要提高政治站位。**要通过学习准确把握巡视巡察的基本概念和

基本原则。政治巡视巡察是上级党组织对下级党组织履行党的领导职能责任的政治监督。全过程都要坚持实事求是、依规依纪依法。巡视巡察是严肃的监督工作，要以坚强的党性和求真务实的精神，精准发现、精准分析、精准报告问题。

**2. 要落实保密要求。**信访组人员不参加进驻前的专项培训，因此更需要提高保密意识，重视保密纪律，进驻后要认真阅读《保密提醒》，清楚自己需要承担的保密义务和法律责任，并签订《保密承诺书》。在与信访人沟通中、与被巡视巡察单位工作人员交流中、与原单位同事或家人谈话中都要绷紧保密这根弦，尤其在电梯、餐厅等公共场所要提高警惕，不提及涉密信息。信访期间严禁组外人员进入，特殊情况必须进入的要将涉密信息锁入保险柜内，并派专人陪同。

**3. 要守护信息安全。**电子信息方面，要做到互联网电脑与无网电脑信息隔离，可以使用光盘替代 U 盘作为不同电脑间的信息传输介质。工作 U 盘专人专用，每日做好信息备份，避免系统故障造成资料损失。打印资料使用后要及时粉碎，工作笔记使用后锁入保险柜。信件信息方面，信访组人员每天要去意见箱处取信件，要有两个人同出同归，取信前确认意见箱位置正确、外观完好，取出的信件立即收入包内防止遗失，随后锁好意见箱。对于邮寄的信件，必须当面签收，不得经他人代领。

## 二、全面掌握信息是做好信访受理工作的前提

**1. 要掌握地理信息和行政分布。**接听信访电话或在问题调查过程中经常涉及具体地址，打印被调查单位所在省市地图，了解城市位置关系和下辖区县名称，可以显著提高沟通效率，避免发生低级错误，也有利于巡视巡察中期将问题按照区域分类。接听来电的同时可以使用百度地图等软件进行搜索，提高记录的准确性。此外，还要了解同一地区的单位分布，并且弄清各单位的本部位置和外地车间分布，对

以上信息做到心中有数，可以达到事半功倍的效果。

**2. 要掌握人员信息。**获取被调查单位全体干部职务信息和干部任免审批表，前者可以快速准确锁定被反映人，后者可以准确掌握其家庭成员、工作经历、工作业绩，有利于提升信访反映内容摘要的准确性，有助于及时发现不同案件被反映人之间的联系，每日可将重要人员的干部任免审批表打印后，随《信访反映办理单》一同呈组长批示。此外，还要尽快熟悉巡视巡察组成员姓名、办公地点，便于及时准确传递各类文件材料。

**3. 要了解当地人文特点。**主要包括方言、口音、民族风俗，通过抖音、快手等软件熟悉当地语言特点，学习常用方言，尽快适应当地口音，避免初期接听电话时的迷茫和反复听录音的烦琐，争取做到一次性有效沟通。

## 三、主动耐心服务是做好信访受理工作的基础

**1. 要用心用情服务信访人。**坚持人民立场，坚持依靠群众，坚持以人民为中心的价值取向，顺应人民对美好生活的向往。信访组人员能够第一时间与群众交流，必须以热情的态度、和蔼的语气迎接信访人，在情感上理解群众，获得群众信任，让群众敢于暴露问题，从而发现群众急难愁盼或反映强烈的突出问题，同时必须保证信访人信息不泄露，这直接关系到巡视巡察的权威和公信力。对于个别情绪激动的群众，要及时安抚，避免与其发生口角，努力将注意力引导到陈述问题上。对于反复来电急于了解线索调查进度的信访人，要耐心回应，告知线索正在进一步调查整理中、后续关注公告。

**2. 要全力协助组内人员工作。**信访组人员来自不同单位，经过两个多月的共同生活、工作，会产生非常深厚的友谊，在此期间共同学习进步，互相提示提醒，交流工作心得，发挥专业特长，合力处理难题，只有彼此信任、相互助力、默契配合，才能顺利完成既定任务。

**3. 要做好担当临时工作的准备。**除了接听电话、查收邮件、收取意见箱信件、整理每日问题、呈递组长签批、扫描归档材料等基础工作，信访组人员还可能按组长要求临时参与谈话记录、外出调查、资料分析、编写底稿等工作。这些工作相对时间长、强度大，在完成好本职工作的同时，要充分发挥个人能力，尽快进入工作状态，更深入地接触巡视巡察工作，在实践中熟悉流程、学习方法技巧。

## 四、确保信息准确是做好信访受理工作的关键

**1. 要如实记录信息。**接听电话前要保证座机或手机开启自动录音功能，电话接通后及时记录听到的重要信息，捋顺逻辑关系，涉及人员姓名要精确到每个字，记录间隙可在电脑中查找人员信息并及时核对，记录完毕后向信访人复述线索信息，核实信息准确性，挂断前要询问信访人是实名反映还是匿名反映，如果是匿名反映，要做好信息保密工作和后期移交时的敏感信息涂抹工作。

**2. 要精准汇报信息。**来电完整信息登记在《信访反映电话记录》内，呈报组长审批的内容力求精炼简洁，突出人员职务、问题性质、信访人诉求。仔细阅读组长批示内容，将材料复印后转交给承办人员，杜绝漏传文件的问题发生。

**3. 要及时更新台账。**由于信访组人员是轮班制，可能使用两台或多台工作电脑，因此要避免各自记账的行为，每晚必须维护台账信息，将所有信息汇总在一张表格内，除了填写规定项点信息，还要根据实际需要增加系统归属、地区划分、问题性质归类、组长及副组长批示内容等分类项点，便于上级及时掌握问题分布，合理调整工作人员力量。

信访受理工作贯穿巡视巡察工作始终，从接听电话、汇总呈报信息开始，到收集整理底稿、护送全部资料撤离为止，要时刻守纪保密、用心细心、持续学习，以实际行动助力巡视巡察工作取得实效。

# 如何形成高质量的巡察问题底稿

沈阳供电段宣传助理员　杨　威

巡察报告是巡察成果的重要载体，是巡察组全体成员集体智慧的结晶，体现了巡察组发现问题的能力和水平，是巡察监督能够形成震慑的关键。而巡察问题底稿作为巡察报告的重要支撑材料，既是巡察过程和结果的书面证明，也是回应有关质疑的有力证据。因此，建立巡察报告问题底稿制度能够有力解决巡察报告问题底稿支撑材料不完整、关键信息不明确、难以溯及过往等问题，是促进巡察工作制度化、规范化、科学化的重要手段。

## 一、深刻理解制作巡察问题底稿的重要意义

巡察问题底稿是准确记录巡察发现具体问题的重要材料，是支撑巡察报告的基本依据，巡察问题底稿的质量高低直接影响巡察成果的最终体现及巡察组客观公正的威信和权威。因此，制作问题底稿必须严格遵守党规党纪，坚持事实清楚、内容真实、材料完整、结论严谨的工作标准和原则。

**1. 巡察问题底稿是全面反映问题的载体。**问题底稿是巡察成果真实、完整的反映，是巡察过程、工作质效、取得成果的书面证明，又是

形成巡察报告的支撑材料、回应有关质疑的有力证据。《中国共产党巡视工作条例》明确:“对应当发现的重要问题没有发现”的，视情节轻重，依据有关规定给予批评教育、责令检查、诫勉、组织处理或者党纪、政务处分；构成犯罪的，依法追究刑事责任。因此，巡察问题底稿是巡察后对问题追溯责任，包括被巡察单位提供虚假材料的重要追责依据。

**2. 巡察问题底稿是转化运用成果的抓手。**制作问题底稿的最终目的是运用，要围绕“四个聚焦”内容，按照事实清楚、内容真实、材料完整、结论严谨的原则，详细记录核实问题的主要步骤和方式方法，客观描述了解到的基本事实，逐一制作问题底稿，供巡察组掌握运用，并通过提炼概括将有关问题写入巡察报告和问题线索。

**3. 巡察问题底稿是支撑巡察报告的基石。**制作问题底稿就是要达到筑强支撑、稳固根基的目的。巡察报告的每个关键词、每句话，都应该具有鲜活事例、问题表现、翔实数字支撑，做到有据可查、有迹可循。报告提出的观点通常由多件事、多个问题集中反映，且要求高度概括提炼，确保客观性、真实性和严谨性。

## 二、全面准确了解信息是做好巡察问题底稿的前提

巡察问题底稿的编制过程中，准确把握各方面信息，“滴水不漏”地收集、归纳、整理佐证资料，形成巡察问题底稿并与巡察报告一一对应，是巡察工作精细化管理的内在要求。因此，每轮巡察进驻前，组织巡察干部通过参加培训、学习相关文件，全面了解被巡察单位信息，是做好巡察问题底稿编制工作的基础。

**1. 要政策熟、本领实，做到定性有依据。**巡察前所要做的功课“一个都不能少”，要深入学习领会习近平总书记关于巡视工作的重要论述，学习领会党中央关于巡视工作的部署要求，认真学习党章、巡视工作条例、党组工作部署和集团公司巡察规划等重要文件精神，深刻领会上级党组织关于巡视巡察工作重要部署，知道做什么、怎么做、

做成什么，带着问题思、奔着问题找，力争心中有计划、做事有章法。

**2. 要对应准、描述妥，做到事实有支撑。**根据被巡察单位党组织提供的资料，全面了解被巡察单位的管辖范围、安全生产及经营、职工队伍和干部队伍等情况，根据上级党组织的组织人事、宣传、纪检、信访、审计等部门提供的情况，了解掌握党的建设、意识形态建设及信访举报、党风廉政建设等情况，为找准问题切入点、“一针见血”找关键事奠定基础，防止问题定位不准、陷入被动。

**3. 要实时理、日日清，做到过程有记录。**坚持当日事当日毕，定期“盘点清理”是制作巡察问题底稿的关键。一天的巡察工作结束后，每个组员手中都积攒了一些“问题”或“困惑”，这就需要高质量的组内碰头会，通过充分讨论来答疑释惑。在确保做到收集的问题与佐证材料前后一一对应后，才能切实把工作成效体现在问题底稿中，为巡察报告提供精准依据，全面提高工作效率和巡察报告的质量。

## 三、实事求是、依规依纪依法是做好巡察问题底稿的基本遵循

实事求是、依规依纪依法是巡视巡察工作的根本和灵魂。要以坚强的党性和求真务实的精神，精准发现、精准分析、精准报告问题，精准制作巡察问题底稿。

**1. 要严格遵守制作巡察问题底稿的程序和标准。**按照统一格式和标准进行编制，做到问题有来源、有概述、有具体内容、有佐证材料、有责任签名等要素，及时翔实记录核实问题的主要步骤和方式方法，客观迅速了解到基本事实及确定问题的依据，确保发现问题定性准确、依据有力、支撑充分、逻辑严密，做到见人、见事、见细节，进一步增强巡察报告的客观性、真实性和严谨性。

**2. 要围绕问题见事实、见数字、见结果。**重点盘点底稿支撑材料是否全面完备，是否做到对查处的问题有充分的事实支撑和定性依据，

规范巡察工作依规依纪依法、有迹可循，让巡察成果经得起历史和实践检验。通过实事求是、依规依纪依法，让巡察发现的问题定性更准、意见更实，确保巡察报告问题与底稿事事对应、件件可查，做到既能“精准画像”，又能找准“病灶”开出良方。

**3. 要坚持谁发现问题谁制作巡察问题底稿。**巡察开展过程中，尽量减少交叉制作巡察问题底稿、资料多次交接等情况，由承办人员及时编制巡察问题底稿，完整描述发现问题的方式方法、责任主体、时间地点、主要情节、定性依据、造成影响等，列举支撑材料目录，并将有关谈话记录、凭证复印件等支撑材料整理附后，经其他组员复核签字后，再由副组长全面审核，最后报巡察组组长签字把关，确保巡察问题底稿的真实性、准确性、完整性、规范性。

## 四、规范巡察问题底稿管理是做好巡察工作的助推器

**1. 明确审核把关要求。**巡察问题底稿由底稿编制人和其他组员、巡察组副组长、组长四方共同签字，按照问题性质进行梳理分类、归档管理。巡察组副组长要重点对巡察问题底稿的来源、描述、印证资料及格式要求进行把关；组长重点围绕政治巡察的根本要求，从问题现象归属、政治偏差上提炼问题概述。

**2. 明确保密纪律要求。**巡察工作过程中，任何资料都具有不同程度的保密性，巡察组责成联络员负责各类资料和财务账目的保密管理，按照保密要求进行分类整理，并要求组员互相监督约束，从而确保巡察档案的安全性、完整性、保密性。

**3. 明确档案管理要求。**巡察组一入驻，就要求每名组员认真及时收集巡察各阶段的记录，形成目录清单和编号，为后期立卷做好准备工作。在做好巡察问题底稿的同时定期检查资料的完整性，既要客观反映巡察工作全过程，做到问题可追、整改见效，又要便于档案保管和利用，为做好巡察整改“后半篇文章”提供客观依据。

# 关注细节　做好巡视巡察线索移交工作

沈阳局集团公司人事部（党委组织部）党员科部员　孟祥君

线索移交工作作为巡视巡察的基本程序和步骤，是至关重要的。通过线索的移交和整改落实，才能有效解决巡视巡察工作“虎头蛇尾”的问题；才能有力保障习近平总书记重要指示批示和党中央重大决策部署，在铁路企业条条落实、件件落地、事事见效。

## 一、巡视巡察线索移交要找准切入点、着力点和关键点

**1. 找准切入点，解决定位不准问题。**有人认为，巡视巡察是个筐、什么都能往里装，这是典型的定位不准。新时代新征程，巡视巡察的任务就是推动党员干部深刻领悟“两个确立”的决定性意义、坚决做到“两个维护”。开展巡视巡察，紧紧围绕新时代新征程党的使命任务，研究被巡视巡察单位的特点、主要业务范围，发现线索要从细处入手、从实处发力，不仅看有没有学、有没有研究、有没有会议记录，还要看落实举措、实际效果和干部职工的认可度，要找准被巡视巡察单位执行各项规章制度上有没有偏差，特别是“关键少数”、重点岗位权力是否被关在制度的“笼子”里。

**2. 找到着力点，有的放矢开展工作。**巡视巡察的着力点就是要发现、查处违反政治纪律和政治规矩的线索。通过巡视巡察发现的违反政治纪律和政治规矩的典型案件，为如何发现线索指明了方向。知易行难，如何把发现线索作为巡视巡察的着力点，对参加巡视巡察的干部提出了更高要求，既要善于用政治眼光、从政治视角审视具体业务，深挖问题、消灭隐患，又要研判业务问题背后的深层次原因，通过细节查找站位不高、作风不硬朗、制度机制不健全等问题，提高巡视巡察工作质量。

**3. 紧盯关键点，提高针对性和震慑力。**巡视巡察发现线索，要聚焦关键点，精准监督，敢于亮剑，对于问题线索要准确把握问题事实、性质、程度、责任，把问题搞清楚，从主观、客观、思想、态度、动机、行为等多方面综合分析，分清主次责任。对于重点事，不能抓小放大，只盯细枝末节，也不能因循守旧，“一个药方吃到底”，发现问题浮在面上、停在纸上。重点盯住“关键少数”，巡视巡察才有震慑力和说服力。比如：检查民主集中制落实情况时，既要看“三重一大”是否上会讨论，还要看“一把手”是否坚持末位发言，是否注重集思广益，切实督促“一把手”和班子成员严于律己、严负其责，通过抓好“关键少数”带动“绝大多数”。

## 二、多措并举，用高质量问题线索提高巡视巡察工作质效

**1. 制定办法，促进线索移交工作制度化、规范化、常态化。**一是规范线索移交流程。要结合工作实际制定《巡视巡察工作流程》，明确线索移交、接收、办理、反馈时效性，确保线索移交工作有据可依。统一制定模板，严格审批流程，对线索移交、接收、办理等情况进行统计、分析、通报，确保线索流转有序、办理规范高效。二是加强参加巡视巡察人员的培训。要建立巡视巡察人才库，定期组织培训，突出专业方向，特别是要学习和了解线索移交流程，提高发现问题、移

交线索的能力和积极性。三是要充分发挥历年来巡视巡察案件指导作用。要精心筛选、定期编印违反政治纪律和政治规矩的典型案例，并组织大家学习，准确把握定性尺度，用高质量线索保障巡视巡察的有力推进。

**2. 协调配合，多部门协作。**深入推进巡视巡察上下联动，巡察要借鉴巡视工作的方式方法，参考一些巡视发现的问题线索，全面贯彻巡视工作方针，做到步调一致、共同发力，围绕中心服务大局，主动适应新时代、服务新时代。巡视巡察不是一个部门的事，不能只靠巡察部门单打独斗，要多部门协作。要加强信息沟通、强化配合联动、规范线索移送、深化成果共享，把贯通融合落实到巡视巡察各个环节，推动信息、资源和监督成果共享共用，不断推动巡视巡察监督与纪检监督统筹衔接，与组织、政法、审计、财务、干部职工监督协作配合，形成同题共答的监督合力。

**3. 调动职工群众参与监督。**巡视巡察是党内监督和群众监督结合的有效方式，要牢牢把握住密切联系职工群众这一纽带，把自上而下的组织监督与自下而上的民主监督有机结合起来，让职工群众知道监督、参与监督。往往巡视巡察的线索来源于职工群众的监督和举报，通过举报电话、纸质信件、网络邮件等方式，在众多线索中，梳理出有用的信息，调查核实形成线索。通过巡视巡察，既严查干部不作为、慢作为、乱作为等问题，也严查干部利用职务之便吃拿卡要等问题，切实让干部作风转变，让职工群众得到实惠。

## 三、关注细节，做好线索移交基础工作

**1. 加强对线索的处置和整理。**要发扬“工匠精神”、下足“绣花功夫”，确保问题线索的准确性，确保巡视巡察工作的公信力。问题线索的收集和整理是问题线索处置的基础，要规范问题线索的收集和整理工作，特别是对问题线索的描述，语言不要有歧义，用词要简练准确，

调查过程、说明材料、证明材料和相关文件等信息链要完整，要为后续纪检部门核实打好基础。

**2. 做好线索的移交工作。**巡视巡察既要找“症状”，又要挖“病因”，以便开准“药方”。对发现的线索移送方向、成案可能性、巡视巡察的预期效果进行综合分析、科学研判。发现问题线索，要控制调查人的范围，注意询问的语气，避免打草惊蛇、线索泄密，特别是重点案件线索，采用专报的形式及时向上级党组织汇报，做好保密工作，并准备好线索移交的相关材料，对移交纪委等相关部门的原始材料存档备查。

**3. 完善台账管理制度。**加强台账管理，建立健全信访反映台账和问题线索台账，及时对信访反映和问题线索登记汇总，有关内容底稿要存档备查，相关线索复印件和信访反映原件，移交纪委等有关部门，确保巡视巡察过程中的精准和结果的高质量。

## 四、移交线索以案促改，“回头看”形成闭环

**1. 形成监督闭环。**巡视巡察要发现问题、形成震慑。移交线索后，要与移交部门保持联系，确保信息沟通及时顺畅、无阻碍。落实巡视巡察清单制度，建立任务清单、责任清单、问题清单、落实清单。通过参加巡察反馈会、巡察通报等形式传递压力，通过列席民主生活会、座谈会等掌握整改落实情况，通过走访一线、调研督导等形式把监督闭环做在日常、抓在经常。从发现问题、建立台账，到动态跟踪、限期办结，最后“回头看”督促整改，形成完整的监督闭环，确保件件有着落、事事有结果。

**2. 警示教育，以案促改。**要下大力气开展警示教育，对一些不涉密的典型问题，可以编制案例教材，以身边鲜活的人和事来警示教育各单位，做到以案促改、未巡先改。同时，还要积极推进大数据分析，以弥补巡视巡察主体力量不足等短板，进一步提升巡视巡察质效。通

过分析巡视巡察的问题，归纳出哪个系统、哪个地区是不放心的、风险大的、问题多的，为下一步精准巡视巡察打下基础，做到有的放矢。

**3. 开展“回头看”，对症下药抓整改。**在巡视巡察“回头看”上持续用力，既监督过程也监督结果。要让各级党组织认清巡视巡察不是时紧时松、抓抓停停，也不是一阵风、风过不留痕。巡视巡察作为一种经常性工作、常态化工作，融入日常、做在经常，做到内容上全涵盖、对象上全覆盖、制度上全贯通，以常态求长效、以长效促长治，推动完善机制、凝聚合力。不能只做“前半篇文章”，要坚持系统思维，对发现的问题，举一反三、深挖根源，对症下药、靶向治疗，建章立制、堵塞漏洞，形成前后衔接、环环相扣的政治监督闭环。

# 如何做好巡察反馈工作

沈阳工务段指导主任　杨　帆

巡察反馈是指巡察组向被巡察党组织领导班子和主要负责人反馈巡察情况，被巡察党组织按照巡察反馈意见及时组织开展巡察整改工作。巡察工作成效关键体现在成果运用上，巡察反馈作为成果运用的前置环节，是做好巡察整改和成果运用的重要依据，因此抓好巡察反馈是保障成果运用的关键所在。

## 一、细致准备，确保巡察反馈工作的周密严谨

2024年新修订的《中国共产党巡视工作条例》对巡视反馈的各个环节提出了明确要求，每个环节环环相扣、具体严格。在做好巡察反馈的准备工作中要认真参考，把相关要求不折不扣地落到实处，确保巡察反馈工作周密严谨。

**1. 制定详细的巡察反馈方案。**集团公司党委巡察工作领导小组向集团公司党委汇报巡察情况后，巡察工作领导小组办公室要根据党委、巡察工作领导小组的部署和要求，制定详细的巡察反馈方案。反馈方案需明确集中反馈会议召开时间、参会人员、会议方式、会议议程，

以及巡察组“一对一”反馈时间等，确保环节不失、流程不缺。

**2. 制定下发反馈意见。**反馈意见是传导党中央、国铁集团党组和集团公司党委有关指示精神的重要载体，更是巡察组同被巡察党组织对巡察成果同题共答的关键一步。巡察组要严格按照集团公司党委审议通过的巡察报告研究起草向被巡察单位党委书记和被巡察单位党委的反馈意见，不得擅自增加、删除或变更相关内容。向被巡察单位党委书记的反馈意见除涉及本人的问题线索之外，其他问题均应原原本本反馈；对被巡察单位一些关于领导班子成员或下一级主要负责人的问题反映，只向主要负责人通报，供主要负责人了解掌握，对问题反映相关人不传达、不约谈，要求主要负责人在日常工作中把握并严格控制知悉范围，积极支持有关纪检机关依规依纪依法处置。

**3. 指导被巡察党组织制定反馈工作安排。**巡察成果的运用关键在于整改，而被巡察单位党委对反馈工作的重视，直接体现了后续整改工作的导向和态度，更是确保巡察问题整改全面、深入、高效的关键环节，因此巡察组应提前审核反馈会议安排、座次安排等材料，重点看被巡察单位党委主要负责人主持词和表态讲话稿，要体现政治站位、强化政治担当、落实整改责任、作出初步工作部署等，确保巡察反馈工作的严肃性。

**4. 做好巡察反馈宣传工作。**召开反馈会议前，巡察工作领导小组办公室按照反馈宣传工作安排协调相关媒体进行宣传报道；巡察组协调被巡察单位党委与相关媒体及时对接，做好宣传准备，并指导起草反馈新闻稿，反馈新闻稿要体现政治巡察要求，既要严肃指出巡察发现的突出问题，又要做到内外有别。

## 二、直指问题，确保巡察反馈会议的庄重严肃

习近平总书记指出，巡视工作“就是要发现和反映问题”“要增强对党负责的政治意识、发现问题的责任意识、敢于提出问题的党性意

识”。必须牢固树立“有重大问题应该发现而没有发现就是失职，发现问题没有客观汇报就是渎职”的观念，做到剑指问题、一目了然。因此巡察反馈会议必须做到直指问题，切实彰显巡察利剑高悬的震慑作用。

**1. 严抓三个方面，确保巡察反馈质效。**一要压实责任。巡察组代表集团公司党委反馈，要向被巡察单位党委主要负责人当面反馈，彻底把责任压实。向主要负责人反馈，要督促其切实担负起第一责任人责任；向领导班子反馈，要对党组织落实“两个责任”、领导干部履行“一岗双责”提出明确要求。二要直指问题。反馈问题要直截了当，明确具体，把问题讲透、要害点明，不留情面，不遮不掩。习近平总书记指出：“要直指问题，一五一十把问题抖搂出来，根本不要搞任何遮掩。”三要传导压力。对顶风违纪问题和典型案例，要点名道姓公开通报，让干部受警醒、明底线、知敬畏，把纪律立起来、严起来，让利剑高悬、震慑常在。

**2. 严格落实巡察两个反馈的流程。**一是向被巡察单位党委主要负责人反馈。会议向被巡察单位党委主要负责同志通报巡察发现的重要问题和领导干部的问题反映，反馈前被巡察单位党委主要负责人要签收向被巡察单位党委主要负责人的反馈意见、向被巡察单位党委的反馈意见。参加人员一般为：集团公司党委巡察工作领导小组副组长；集团公司纪委、组织部、巡察办、业务主管部门同志，巡察组组长、联络员；被巡察党组织主要负责人和单位行政主要负责人。主持人由集团公司纪委或巡察办负责同志担任。会议议程主要包括：巡察组组长通报巡察发现的主要问题；集团公司党委巡察工作领导小组副组长传达集团公司党委书记听取巡察工作情况报告后的讲话精神，并提出有关要求；被巡察党组织主要负责人简要表态等。二是向被巡察单位党委反馈。参加人员一般为集团公司党委巡察工作领导小组副组长；集团公司纪委、组织部、巡察办、业务主管部门同志，巡察组组长、联络员；被巡察党组织领导班子成员。被巡察单位科室各部门正副职，所属车间级正职（异地可采取电视电话会议形式），党员和职工代表（根据单位规模确定）作为列席人员。主持人由被巡察单位党委书记担任。会议议程主要包括：巡察组组长讲话；被巡察党组织主要负责人表态；集团公司党委巡察工作领导小组副组长讲话等。

**3. 组织宣传报道，印发党内通报材料。**按照统一安排，巡察组协调被巡察党组织按照反馈宣传方案确定的时间节点，通过被巡察党组织或单位微信公众号向职工群众公布反馈情况。反馈会议后，巡察组督促被巡察党组织以党内公文印发向领导班子的巡察反馈意见、被巡察党组织主要负责人表态讲话，一般发至各党支部（总支），并将印发材料分别报送集团公司纪委、组织部、巡察工作领导小组办公室备案。

## 三、注重流程，确保巡察情况通报的准确稳妥

**1. 做好通报准备。**根据集团公司党委听取巡察汇报时的会议精神和巡察工作领导小组要求，巡察工作领导小组办公室研究向同级党委、分管领导和有关职能部门通报巡察情况的方式、内容等，形成通报工作方案报巡察工作领导小组批准。

**2. 起草通报材料。**巡察工作领导小组办公室、巡察组根据通报工作方案，梳理向同级党委、分管领导和有关职能部门的通报材料。通报材料一般应在向集团公司党委的综合报告附件和专题报告的基础上形成，对反映领导干部问题线索等涉密内容应按规定处理。

**3. 组织通报情况。**通报材料报批后，书面通报的，巡察工作领导小组办公室以党内公文形式将相关材料送有关领导和部门；当面通报的，巡察工作领导小组办公室与有关领导、部门沟通后，由巡察工作领导小组有关领导同志或巡察组组长进行通报。

巡察反馈工作是巡察工作开展的重要环节之一，也是巡察成果运

用的重要依据。抓好巡察反馈，不仅体现了巡察工作对上级负责、对被巡察党组织负责的政治态度，也是被巡察党组织全面掌握问题、更好推动解决问题的前提条件，为巡察整改工作打下严抓政治整改的严肃基调，使巡察充分彰显利剑作用。

# 如何开展好专项巡察

沈阳局集团公司纪委纪律检查三室纪律检查员　陈　棣

巡视监督是党和国家监督体系的重要组成部分，是全面从严治党的战略性制度安排。党的十八大以来，党中央不断深化政治巡视，充分运用以往有效经验，接续推出并统筹使用常规巡视、专项巡视、机动巡视、巡视“回头看”等多种巡视方式，以灵活多变的方式打出“组合拳”。集团公司党委紧扣党中央决策和国铁集团党组部署，在稳步推进常规巡察的基础上，充分发挥专项巡察“小切口、大纵深、效果好”的优势，紧盯重点领域，紧贴群众关切强化靶向监督，有效促进了巡察工作向深拓展、向专发力、向下延伸，为推动党中央重大决策和国铁集团党组重要部署落实落地提供了坚强保障。

## 一、坚持问题导向，做好“必答题”，用专项巡察彰显巡察“政治性”

巡察是政治巡察，是上级党组织对下级党组织履行党的领导职能责任的政治监督。在专项巡察中牢牢把握政治巡察的内涵，运用好专项巡察更为机动灵活、专注聚焦的特点，深入查找政治偏差。

**1. 坚持把“两个维护”作为根本任务。**在集团公司党委组织开展的“靠路吃路”专项巡察中，始终把坚持党的领导、加强党的建设摆在突出位置，以“四个落实”为根本出发点和落脚点，重点查找工作落实中存在的政治偏差，并把监督检查被巡察单位党委推动“靠路吃路”问题整治情况，作为其践行“两个维护”、贯彻党中央决策部署、落实党的二十大精神的具体行动和效果，通过从政治的角度检查是否存在搞“击鼓传花式”传达，只注重层层留痕、点到为止，雷声大雨点小，不求深入不重实效等问题，督促各级党组织和领导干部始终在思想上政治上行动上同以习近平同志为核心的党中央保持高度一致。

**2. 紧盯“一把手”和领导班子的权力责任。**加强对主要领导干部和领导班子的监督，是推动全面从严治党向纵深发展的必然要求。在专项巡察过程中，首先要深入了解“一把手”履行第一责任人职责，以及领导班子依规依法履职用权、担当作为、廉洁自律等情况，特别是在工程建设、物资管理等重点领域，重点检查是否存在整治手腕不硬、效果不佳，经营管理漏洞较多，风险债权清理乏力，廉政风险防控不实等履职不到位、权力不受监督等问题，督促“一把手”和领导班子严于律己、严负其责、严管所辖。

**3. 坚持以人民为中心的价值取向。**让人民生活幸福是“国之大者”。巡察工作本身就是调研工作，只有深入基层、深入群众才能精准发现问题，要牢牢坚持以人民为中心的发展思想，在聚焦专项巡察重点内容的同时，紧盯人民群众反映强烈的突出问题、职工身边“微腐败”整治情况，深入车间班组、项目现场等，重点检查是否存在食堂采购虚假验收、虚开发票，汽车租赁维修询价造假等方面突出问题，着力发现并推动整治违反中央八项规定精神问题，尤其是形式主义、官僚主义顽瘴痼疾，推动解决好一批职工群众身边的操心事、烦心事、揪心事，不断增强人民群众获得感、幸福感、安全感。

## 二、坚持目标导向，做好“自选题”，用专项巡察拓宽巡察“覆盖面”

与常规巡察相比，专项巡察针对某个系统、某个领域的突出问题开展巡察，特点是更具针对性，可以围绕一件事、一个人、一个单位、一个工程项目、一笔专项经费开展巡察，既起到丰富巡察形式、推动重点工作的效果，也进一步拓宽巡察覆盖面，有效保证巡察目标更精准、形式更灵活、时间更紧凑。

**1. 问题专注倾向重点工作。**专项巡察的最大特点就是“专”，即在短时间内抓住被巡察单位的突出问题，集中力量进行突破，然后通过整改快速取得成效。因此，制定“靠路吃路”专项巡察工作方案，必须紧紧围绕国铁集团党组对深化法治国铁建设、推进铁路市场化经营、加强铁路经营管理、提升非运输企业发展质量的重点部署，结合加强经营开发领域“靠路吃路”问题专项整治工作要求，明确资产资源招商、商贸业务经营、产品采购业务外包、土地开发与处置、资本运作和对外投资、运输相关服务等专项巡察重点，不求面面俱到，而是聚焦问题、突出重点、挖深吃透，但求突出实效。

**2. 对象专列增加巡察覆盖面。**形势决定任务，任务倒逼创新。集团公司管辖范围大、管理单位多，依靠现有力量，如果继续沿用往常的做法，几乎不可能完成巡察全覆盖目标，必须在方式方法上加以改革创新。结合“靠路吃路”专项巡察重点，统筹业务面全覆盖、重点单位不遗漏，从集团公司未接受过巡察的单位中确定专项巡察对象，并将进驻方式从“单打一”调整为“一托二”，每个巡察组同时进驻 2 个单位，每轮连续进行 2 个批次，以高质量、快节奏保障专项巡察的针对性和时效性。

**3. 人员专攻保障巡察质量。**兵在精，不在多。专项巡察是内行过招，尤其需要专业人才，必须打好“内行过招”人员专攻牌。结合被巡察单位所处领域特点、经营重点，在集团公司巡察人才库中优选纪检、组织、审计、财务、经营、法律等人才配强巡察队伍，突出手段专业、人员专攻，有力确保发现问题更深入更精准。同时，集中梳理集团公司27个职能部门现行党风廉政建设重点任务清单，利用巡察启动前封闭培训实际，聚焦重点、统筹资源，形成“一企一案”，有的放矢做好巡前准备，全力发挥专项巡察一竿到底的“穿透式”监督作用。

## 三、坚持结果导向，做好“应用题”，用专项巡察加大巡察“推动力”

巡察整改是政治巡察的“后半篇文章”，决定着政治巡察的实际效果，要充分发挥巡察成果专用的解剖麻雀、见微知著作用，着力发现单位、系统、领域的共性问题，提出意见建议，堵塞漏洞，为促进长效机制建立、深化改革发展提供决策参考。

**1. 释放“震慑力”推动“执行力”。**专项巡察进驻后，组织被巡察单位立即启动“边巡边改”机制，确定专门联络员与巡察组沟通对接，针对巡察组发现的问题，第一时间进行专题研究分析，找准问题的根源，以坚决的态度立行立改、严改快改。针对个别单位在“靠路吃路”整治上缺乏刀刃向内的勇气和决心、整治态度不够端正、自查自纠不深不透、管理不规范不严格、整改“走过场”等问题，会同组织人事和纪检部门对被巡察党组织负责同志进行约谈提醒，造成严重后果的，严肃追责问责，有效释放巡察震慑力，推动问题整治的执行力。

**2. 厘清“三清单”促动“全面改”。**发现问题的目的是解决问题，整改不落实，就是对党不忠诚、对人民不负责。由各巡察组和有关部门到被巡察单位面对面反馈意见，指导被巡察单位依据反馈意见和具体问题制定整改方案和问题清单、任务清单、责任清单，并逐项明确责任人、整改措施和落实时限，为全面做好巡察“后半篇文章”明确了路线图、时间表、任务书。在此基础上，将整改中期实地督查作为抓实日常监督的重要抓手，不定期深入被巡察党组织就巡察整改工作推进情况开展督导检查，对整改不力的，制发督办函或提示函，确保整改“不悬空”“全见底”。

**3. 通过“小切口”撬动“大治理”**。强化有关职能部门对巡察成果的运用，促进标本兼治。按照集团公司《加强巡察整改和成果运用实施办法》，向安监、劳卫、企法、物资等职能部门通报系统性、倾向性问题，各有关部门把“当下改”与“长久立”相结合，在加强点对点指导被巡察单位整改的同时，开展“内部采购清理”“运输纪律、收入纪律”“违规经商办企业”等专项整治，并修订完善相关制度办法，通过整合力量资源，不断释放巡察监督叠加效应，凸显了巡察一案、警示一片、治理一域的整改效果。

# 做好巡视“后半篇文章”答好巡视整改“考卷”

阜新工务段纪委副书记　魏默楠

《中国共产党巡视工作条例》规定：“被巡视党组织承担巡视整改主体责任，应当把整改作为履行管党治党责任、推动高质量发展的重要抓手，融入日常工作、融入深化改革、融入全面从严治党、融入领导班子和干部队伍建设。”新时代以来，在习近平总书记亲自指挥、亲自部署下，中央巡视工作加强巡视整改和成果运用，取得明显成效。但也要清醒看到，不同层级、不同领域在落实巡视整改、用好巡视成果方面还存在不平衡、不充分的问题：有的履行整改主体责任不力，存在“过关”心态；有的“新官不理旧账”，出现整改脱节现象；有的敷衍应付，做表面文章、报整改假账甚至边改边犯。这些问题严重影响和制约巡视工作实效，进一步加强巡视整改和成果运用势在必行。整改不落实，就是对党不忠诚，必须以彻底自我革命精神做好巡视“后半篇文章”、答好巡视整改“考卷”。

## 一、做好巡视“后半篇文章”，要以扎实理论武装为根基

**1. 要从思想深处与党中央对标对表。**习近平总书记对巡视工作

的定位、作用、方针等重要论述是巡视工作深化发展的思想武器和行动指南。做好新时代巡视工作，最根本的是一以贯之用习近平新时代中国特色社会主义思想武装头脑、指导实践、推动工作，准确把握新时代赋予巡视工作的责任、使命和要求，切实增强做好巡视巡察工作的思想自觉、政治自觉、行动自觉。

**2. 要把握全面从严治党形势任务。**坚持党要管党、全面从严治党，坚持实事求是，坚持依规依纪依法，把“严”字长期坚持下去，敢于斗争、善于斗争，在维护党规、严明党纪、改进党风中发挥重要作用，在一体推进不敢腐、不能腐、不想腐中发挥独特作用。巡视整改是对党员干部能力的一场政治考验，广大党员干部要把自己摆进去、把职责摆进去、把工作摆进去，形成齐心抓整改、全心促发展的良好局面。要举一反三，既治表面问题又治根本问题，确保常抓常管，标本兼治。要深挖细究，对反馈问题追根溯源，找准症结，精准施策，靶向治疗。要严肃查办，对一些涉及干部违纪线索、群众反映强烈的问题一查到底，绝不姑息。

**3. 要深刻认识巡视整改工作重要作用。**巡视整改是推动改革、促进发展的重要动力，要将整改转化为干事创业的实劲，把整改成效转化为发展改革的成果。坚持标本兼治，以综合治理、源头治理实现整改成果最大化。理顺体制机制，对涉及选人用人、机构编制等问题，要规范程序，从体制机制上解决问题。防止问题反弹反复，始终从问题出发，强化跟踪问效，反复提、反复改，防止整改工作“前紧后松”。切实运用好巡视成果，以整改实际成效取信于民、推动改革、促进发展。

## 二、做好巡视“后半篇文章”，要把握住整改的重点和关键

**1. 要紧盯“一把手”和领导班子。**一是紧盯权力运行机制。紧紧

围绕“一把手”履行第一责任人职责、执行民主集中制和“三重一大”决策制度等，探索形成一套重点监督“一把手”的方式方法，对“一把手”进行精准“画像”，为加强企业领导班子建设提供重要参考。二是紧盯责任制落实。以被巡视单位党委主体责任落实、纪委监督责任落地、“一把手”和领导班子廉洁从业情况为切入点，深入查找“关键少数”在责任落实过程中存在的难点和堵点。

**2. 要紧盯违反中央八项规定精神和“四风”问题。**把深入分析违反中央八项规定精神和“四风”问题作为巡视整改的重要内容，重点分析公款吃喝等反复性顽固性问题，“不吃公款吃老板”等改头换面问题，以快递物流方式“隔空送礼”等隐蔽性问题，不担当、不作为、乱作为等形式主义、官僚主义问题，以及特权思想和特权行为产生的土壤，从完善防控机制角度规范整改。

**3. 要紧盯重点领域和关键环节。**始终坚持严的基调不动摇，树立鲜明的问题导向，针对不同领域、不同层级特点，持续深化政治监督。聚焦工程建设、招标投标、物资采购、产权交易等重点领域、关键环节，着力推动整治靠企吃企、关联交易、设租寻租、利益输送等腐败问题，深入分析重大损失、重大风险背后的腐败诱因，关注领导干部配偶、子女及其配偶等亲属和身边工作人员利用影响力谋私的腐败情形，坚决从源头斩断政治腐败和经济腐败交织链条。

## 三、做好巡视“后半篇文章”，要紧盯整改“两个责任”的落实

**1. 压实整改责任。**抓好巡视整改，关键在于压实主体责任。巡视整改是党中央交给的重要政治任务，是检验被巡视党组织领导干部“四个意识”的试金石，也是履行管党治党责任、推动高质量发展的重要抓手。要大力倡导一盘棋思想，力戒“眼里没有活、心里不装事”的惰性。作为推进整改的“关键少数”，必须切实提高政治站位。党组

织书记要履行第一责任人责任，要主动担起巡视整改政治责任，对整改负总责，做到重要工作亲自部署、重大问题亲自过问、重点环节亲自协调、重要案件亲自督办，带头领办重点难点问题；领导班子其他成员要落实“一岗双责”，把自己摆进去、把工作摆进去、把职责摆进去，落实好分管领域管党治党政治责任，推动职责范围内整改任务落到实处，要勇于直面困难，摒弃“与己无关”当看客的心态，增强系统思维。

**2. 形成整改合力**。抓好巡视整改和成果运用是一项系统工程，不仅要压实被巡视党组织的主体责任，也离不开有效的监督。巡视整改监督是纪检部门责无旁贷的重要政治任务，必须不断增强做好巡视整改监督的责任感和使命感，深刻认识巡视发现问题的严重性、巡视整改要求的严肃性、巡视整改监督的重要性，以高质量监督推动巡视整改真改、实改、改到位。要督促被巡视党组织在加强思想武装、提高政治站位上下真功夫、实功夫，严肃认领问题，深刻反思问题，推动解决问题，坚决防止出现责任压力递减问题。巡视整改是一项需要横向到边、纵向到底的工作，要取得实效，还要压紧压实组织、审计、财务等相关职能部门各方的责任，实现同题共答、同向发力。

**3. 增强整改韧劲**。整改和成果运用是巡视的“后半篇文章”，是巡视工作取得实效的关键所在，只有切实抓好整改，坚持件件有着落、事事有回音，让广大干部群众感受到巡视的效果，才能为巡视工作赢得更为广泛的信任和支持，巡视工作才能始终保持应有的权威性、公信力和旺盛生命力。要以重点突破带动全面整改。要建立问题清单、任务清单、责任清单，明确时限、责任到人、逐个销号，对难点问题、突出问题，有重点地深入改。在集中整改期之后，要持续推进常态化整改，把抓整改融入日常工作、融入深化改革、融入全面从严治党、融入班子队伍建设，解决好影响长远发展的体制机制等深层次问题，持续深化标本兼治。要强化巡视整改现场督促检查和成效评估，对敷衍整改、虚假整改的，抓住典型严肃问责，对矛盾集中、问题突出的单位，采取整顿的方式抓整改，做到问题不解决不放手，成效不明显不收兵。

巡视整改是一份沉甸甸的政治责任，必须责任上肩、任务到人，要动态管理、挂账销号，能立行立改的迅速整改到位，因客观原因一时无法整改到位的问题，要制定切实可行的解决方案。要紧密配合，落实责任，相关部门相互协调，确保整改工作有序展开，要有长期作战的思想，克服“过关”心态和畏难情绪，持之以恒、久久为功，把巡视问题作为宝贵资源，通过实实在在的整改，推动企业高质量发展再上新的台阶。

# 构建整改评估机制　提升巡察工作质效

沈阳机务段党委宣传助理员　姚宪鹏

党的二十大报告强调，要“发挥政治巡视利剑作用，加强巡视整改和成果运用”。科学合理地评估被巡察党组织整改情况，是检视巡察整改成效的重要手段。探索建立有效的巡察整改评估机制，对于做好做实巡察“后半篇文章”，切实发挥巡察利剑作用，具有十分重要的意义。

## 一、要明确评估机制指导思想

“发现问题、形成震慑，推动改革、促进发展”的巡视工作方针，是党中央对巡视工作最基本、最集中的要求。“发现问题、形成震慑”是“前半篇文章”，“推动改革、促进发展”是“后半篇文章”，在精准发现问题的同时必须注重推动解决问题，强化巡察整改，并综合用好巡察成果。做好整改评估正是强化巡察整改落实、综合用好巡察成果的重要手段，是惩治震慑、督促整改、促进治理有机贯通的约束机制。所以，建立好整改评估机制，必须提高政治站位，必须有明确的指导思想。通过相应学习和实践，建立整改评估机制的指导思想，应该体现以下重点：一是巡察整改评估机制，必须坚持以习近平新时代中国特色社会主义思想为指导，增强“四个意识”、坚定“四个自信”、做到“两个维护”，坚守政治巡察定位，深入贯彻中央巡视工作方针，落实国铁集团党组有关加强巡视巡察整改和成果运用的要求。二是整改评估机制，必须坚持实事求是、客观公正，注重问题导向、目标导向、结果导向相统一，注重政治效果、纪法效果、社会效果相统一，压紧压实责任，有效解决“整改责任悬空、整改监督缺位、整改成效甚微、敷衍应付了事、真改假改一个样”等问题，不夸大整改的工作成效、不放大整改的存在问题，客观公正、不偏不倚地进行评估。三是整改评估机制，必须促进巡察监督、整改、治理有机衔接，着力发挥评估的激励约束作用，推动巡察反馈问题整改件件有着落，不断促进整改常态化长效化。四是整改评估机制，必须以巡察问题整改情况为评估主攻方向，不扩大范围，不搞重复巡察，通过客观真实的评估，进一步促进和推动巡察问题整改，达到以评促改、以评提效的目的。

## 二、明确评估工作组织领导和评估重点

评估工作应依据巡察整改和成果运用相应实施办法中明确的多方责任，由纪检部门结合巡察整改日常监督情况牵头开展，组织部门、巡察办及相关职能部门参与。为进一步压紧压实被巡察党组织整改的主体责任、党组织书记第一责任人责任、班子成员的“一岗双责”责任，整改评估工作要紧盯各责任人的责任落实情况抓住关键、切入要害。整改评估工作应以“一方案三清单”、集中整改工作报告、年度整改工作报告、长期整改问题情况、整改中建立的长效机制执行情况为切入点，以被巡察党组织对巡察反馈意见、选人用人专项检查、意识形态责任制专项检查反馈问题的整改落实情况，以及移交问题线索和信访举报件处置办理情况为重点，全面进行评估。

评估工作原则上在巡察整改公开后进行，也可以根据工作情况开

展动态评估。评估工作可采取听取汇报、个别访谈、查阅资料、走访调研等方式进行。可组织召开巡察整改情况汇报会，由被巡察党组织主要负责人汇报巡视整改进展情况、取得的成效及存在的问题。与被巡察党组织主要负责人、领导班子成员，各部门主要负责人，部分关键岗位人员，相关干部职工进行个别访谈，全面了解巡察整改情况。组织查阅巡察整改工作方案、党委会会议记录、专题民主生活会相关资料、各种工作台账、制度文件等，相互进行佐证。到被巡察党组织下属车间、部门实地了解巡察整改情况。

## 三、建立科学有效评估指标体系

评估工作可采取定量与定性相结合的方式进行，对被巡察单位整改情况作出综合评估。在评估前，需建立行之有效的评估指标体系，要以结果性指标为主、过程性指标为辅，选取能反映整改成效的关键指标并进行量化，明确减分的情形和标准，实行减分制考核。评估指标体系由“主体责任”“问题整改”“满意度测评”三项指标构成，基础分为 100 分。“主体责任”指标占 20 分，主要包括被巡察党组织加强组织领导情况，主要负责人履行第一责任人责任、其他领导班子成员落实“一岗双责”情况。“问题整改”指标占 70 分，主要包括被巡察党组织整改事项逐项办理销号情况，建立整改长效机制情况，对移交的问题线索和信访举报件处置办理情况，巡察反馈意见及整改落实通报情况。“满意度测评”指标占 10 分，主要包括被巡察党组织班子成员和干部职工对巡察整改情况满意度的测评情况。评估结果分为“完成整改”“基本完成整改”“未完成整改”三个等次，评估在 95 分（含）以上的，评为“完成整改”；80 分（含）至 95 分的，评为“基本完成整改”；不满 80 分的，评为“未完成整改”。对巡察反馈问题拒不整改，或是整改过程中弄虚作假、敷衍应付，造成恶劣影响的被巡察党组织，直接确定为“未完成整改”等次。

## 四、深化评估工作结果运用

习近平总书记强调："主要负责同志要种好自己的责任田，不抓党风廉政建设就是严重失职，对巡视整改不到位的地方、部门和单位，要抓抓典型，严肃问责。"2024年新修订的《中国共产党巡视工作条例》，单列一章对巡视整改和成果运用作出规定，突出强调把整改作为履行管党治党责任、推动高质量发展的重要抓手。党组织主要负责人承担巡视整改第一责任人责任，领导班子其他成员承担"一岗双责"。为解决"新官不理旧账"的问题，规定"党组织主要负责人和领导班子其他成员有调整的，应当做好巡视整改交接工作，持续落实整改责任"。同时，把"组织领导巡视整改不力，落实巡视整改要求不到位，敷衍应付、虚假整改"作为责任追究情形之一。这些要求，为加强巡视整改和成果运用提供了有力制度保障。

评估工作结果的运用，是整个评估工作的"最后一公里"，是推动和激励被巡察党组织继续抓好整改的重要依据和动力，直接关系评估工作的成败。评估工作结果运用要区分等次，对于整改质量完成出色的，以及开展巡察整改过程中有好的经验做法的，要及时总结推广，进行通报表扬；对于整改质量一般的，要提示加大整改工作力度，按照既定整改措施，督促其进一步抓好整改落实；对未完成整改的，要提请集团公司分管领导对其主要负责人进行约谈，督促提升整改成效。同时，实行"两不纳入"，即不纳入评先评优，不纳入提拔重用。特别是对于巡察整改态度消极、拒不整改的，或整改过程中弄虚作假、敷衍应付，造成恶劣影响、严重后果的，依据相关规定视情况提出问责建议，依规依纪依法严肃追究责任，并对典型问题通报曝光，达到问责一个、警示一片的效果。对于评估结果，要作为巡察工作领导小组向党委汇报每轮巡察整改落实情况的一项内容，并纳入巡察整体工作当中。

**附件：巡察整改成效评估指标体系**

| 评估指标 | 评估内容 | 分值 | 减分情形 | 减分具体问题和原因 | 得分 | 评估部门 |
|---|---|---|---|---|---|---|
| 主体责任 | 1. 被巡察党组织加强组织领导情况 | 10 | （1）未传达学习集团公司党委主要领导在专题会议听取巡察情况汇报时的讲话精神。（-1 分）<br>（2）未组织召开党委会会议集体研究巡察反馈问题整改情况、审议巡视整改报告。（-1 分）<br>（3）党委制定的整改方案和措施不具体可行、不务实管用、没有针对性；或未制定整改方案和措施、问题清单、责任清单、任务清单，未细化整改措施，明确责任部门、责任人和整改时限。（-1 分）<br>（4）未按规定召开领导班子巡察整改专题民主生活会或民主生活会搞形式、走过场，未聚焦反馈问题认真开展批评和自我批评，深刻剖析问题产生原因。（-1 分）<br>（5）以监督责任代替主体责任。（-1 分）<br>（6）未建立巡察反馈问题整改相关制度办法、应该上会研究的问题未上会研究、未落实相关巡察整改要求。（-1 分）<br>（7）未按照集团公司党委要求进一步补强巡察整改要求完善相关措施。（-1 分）<br>（8）巡察反馈问题未按任务清单安排整改到位，党委对整改情况底数不清楚、没有通盘掌握，好改的没有马上改到位，难改的没有取得明显进展。（-1 分）<br>（9）巡察整改反馈情况与整改实际结果不一致。（-1 分）<br>（10）问题整改不恰当、不符合规定（-1 分） | | | |

续表

| 评估指标 | 评估内容 | 分值 | 减分情形 | 减分具体问题和原因 | 得分 | 评估部门 |
| --- | --- | --- | --- | --- | --- | --- |
| 主体责任 | 2. 党组织主要负责人履行第一责任人责任情况 | 5 | （11）对重要工作没有亲自部署、重大问题没有亲自过问、重点环节没有亲自协调、重要线索没有亲自督办。（–1 分）<br>（12）抓巡察整改工作力度不大，工作敷衍，工作调整对整改工作未交接等“新官不理旧账”问题。（–1 分）<br>（13）未带头领办重点难点问题，有的整改工作本应由党委主要领导牵头，却由其他领导班子牵头，简单把整改任务推给副职、推给有关部门。（–1 分）<br>（14）未支持处置巡察移交的领导干部问题线索及群众反映的信访事项。（–1 分）<br>（15）对整改不落实，甚至搞敷衍整改、虚假整改的，未严肃追究责任（–1 分） | | | |
| | 3. 其他领导班子成员落实“一岗双责”情况 | 5 | （16）对分管部门或系统问题整改工作不研究、不落实，或者落实打折扣，不到位，敷衍整改、应付整改。（–1 分）<br>（17）未按整改任务分工要求落实整改职责。（–1 分）<br>（18）未推动分管系统巡视整改任务落到实处，存在上推下卸、虚与应付等问题。（–1 分）<br>（19）岗位或者分工调整的，未做好整改任务衔接，“新官不理旧账”。（–1 分）<br>（20）对分管部门整改工作把关不严格，存在有的问题在整改不到位的情况下就签字确认办结，或未完成整改虚假整改签字（–1 分） | | | |

续表

| 评估指标 | 评估内容 | 分值 | 减分情形 | 减分具体问题和原因 | 得分 | 评估部门 |
|---|---|---|---|---|---|---|
| 问题整改 | 4. 被巡察党组织整改事项逐项办理销号情况 | 46（上限） | （21）在规定期限内，无正当理由未完成整改的。（每一项整改任务未完成 –1 分，最多 –28 分）<br>（22）整改措施流于形式，没有触及根本矛盾，存在会议整改，文件整改、制度整改等情况。（–2 分）<br>（23）就事论事整改，没有举一反三、以点带面，对涉及制度机制的问题没有建章立制、推动源头防治。（–2 分）<br>（24）敷衍应付，以巡察前出台的制度、已开展的工作代替整改措施和成效。（–2 分）<br>（25）未健全整改日常监督机制，制定巡视整改监督检查方案不可行。（–2 分）<br>（26）未建立整改监督台账，未加强跟踪督办，未按方案要求开展监督检查、及时发现问题、纠偏正向。（–2 分）<br>（27）未加强实地检查，没有掌握整改真实情况。（–2 分）<br>（28）落实监督检查工作情况及整改评估问责，应该问责的未问责，针对整改存在的问题未采取相应的督办措施。（–2 分）<br>（29）未把巡察发现的问题及整改情况作为领导班子建设和干部教育、考核评价、选拔任用、管理监督的重要参考。（–2 分）<br>（30）相应整改不到位等问题没有问责追责（–2 分） | | | |
| | 5. 建立整改长效机制情况 | 8 | （31）对照整改方案列出的制度建设情况，应建未建或执行落实不力。（–2 分）<br>（32）某方面问题突出存在，未开展专项治理。（–2 分）<br>（33）未深入剖析存在突出问题的根源，没有采取抓根治本的措施，问题重复发生的。（每发生一起 –2 分）<br>（34）前期反馈问题反映出的管理空白点没有建立相应的制度办法，新建立的制度办法没有得到有效落实，制度机制没有发挥作用（–2 分） | | | |

续表

| 评估指标 | 评估内容 | 分值 | 减分情形 | 减分具体问题和原因 | 得分 | 评估部门 |
|---|---|---|---|---|---|---|
| 问题整改 | 6. 对移交的问题线索和信访举报件处置办理情况 | 10 | （35）对移交的问题线索无正当理由压案不查或办理进展迟缓，或事实不清、定性处理不当。（–2 分）<br>（36）对移交的信访举报件办理不认真，一转了之、简单了结或办结率低。（–2 分）<br>（37）对巡察反馈涉及党员干部违规违纪违法问题，以及巡视移交问题线索调查处置不到位。（–2 分）<br>（38）对巡察移交的问题线索未逐一排查、没有加强分析研判和依规依纪依法处置，未做到件件有着落。（–2 分）<br>（39）存在压案不查、行动迟缓等问题（–2 分） | | | |
| | 7. 巡察反馈意见及整改落实通报情况 | 6 | （40）巡察整改情况未向党内或群众公开。（–2 分）<br>（41）被巡察党组织对公开事项审批把关不严、公开内容不实。（–2 分）<br>（42）巡察整改情况向党内或职工群众公开通报过程不符合规定，内容不全面、有漏项，公开不及时，公开方式方法不合理、未达到一定覆盖面（–2 分） | | | |
| 满意度测评 | 8. 巡察党组织班子成员和干部职工对巡察整改情况满意度的测评情况 | 10 | （43）召集被巡察单位干部职工等，进行民主测评，满意度低于 90%，–4 分；低于 80%，–6 分；低于 70%，–10 分 | | | |

# 体会感悟篇

本篇突出体会感悟，收录沈阳局集团公司领导人员、巡察干部在统筹谋划、组织开展、躬身参与巡察工作实践中所凝炼的心得与体会。

# 以更高的政治责任感抓实巡察问题整改促进党建工作高质量发展

沈阳车务段党委书记　杨玉伟

沈阳车务段党委坚持做好巡察“后半篇文章”，紧紧围绕加强巡察整改和成果运用，紧盯影响整改实效的关键环节和突出问题。通过压紧压实整改政治责任，做深做实整改日常监督，建立健全整改制度机制，实现以巡促改、以巡促建、以巡促治，提高广大党员干部政治站位，加强基层党建工作标准化管理，夯实全面从严治党基础建设，推动企业高质量发展。

## 一、强化思想引领，提高政治站位，增强巡察整改自觉性

**1. 提升思想认识。**巡察问题整改是践行“两个维护”的具体行动，是落实全面从严治党部署的政治要求。段党委通过组织召开巡察整改专题民主生活会，利用党委会“第一议题”、党委中心组学习，对照反馈意见深刻剖析，从思想上查根源，从行动上找差距。同时，针对巡察指出“学习贯彻习近平新时代中国特色社会主义思想和党的十九大精神有差距”的问题，着力在学懂弄通做实上下功夫。创新推进理论学习，打造“横向”运用“中心组研讨 + 集中学习 + 自学 + 理论测

试”，“纵向”落实“6个党总支+45个党支部”的学习模式，确保每名党员干部都能将党的理论学真、学实、学透。运用系统观念将党中央和国铁集团党组巡视反馈的共性问题和审计发现的问题同巡察整改相互融合，不断发挥党委引领作用，结合企业实际，进一步找准贯彻落实党中央决策部署和习近平总书记重要指示批示精神的切入点、着力点，将习近平新时代中国特色社会主义思想落实到安全运输生产各项工作当中。通过巡察问题整改，有效推动本单位迅速扭转安全被动局面，打赢安全“翻身仗”，实现全段安全形势稳中有升，各项工作稳中有进，得到集团公司党委高度认可。

**2. 压实整改责任。**段党委坚决扛起巡察整改主体责任，坚持同题共答，运用历史思维、系统思维、辩证思维，让反馈问题事事有人管、件件有着落。在推进整改过程中，段党委第一时间召开党委会会议，明确整改目标，确定整改思路，落实整改责任，研究制定整改“一方案三清单”。段党政正职带头做到对问题不回避、不遮掩、不护短，坚持亲自部署、亲自过问、亲自协调、亲自督办、亲自验收。段党委书记切实担负起巡察整改第一责任人责任；分管领导班子认真落实“一岗双责”，坚持从本级、本人改起，示范推动，组织分管科室相关同志领任务、落责任，定期进行现场督导、验收，定期研究整改过程中存在的难点、重点问题，定期开展整改工作考评；各责任部门切实做到问题照单全收，主动领责担责，并以坚决的态度和务实的作风，全力推动问题真改实改、按期销号。为确保巡察整改监督责任落实到位，段纪委印发每月监督重点事项表，明确监督重点、方式和责任等内容，确保上级巡察反馈问题始终在监督下高质量开展、高效率推进。通过巡察问题整改，推动车务段营造风清气正、干事创业的良好政治生态。

**3. 谋划长远之策。**坚持问题导向，强化系统思维，立足新发展阶段、贯彻新发展理念、构建新发展格局，以推动治理体系不断健全、制约高质量发展的难点堵点问题有效破题、政治生态持续向善向好为突破口，以推进车务段标准化规范化建设为抓手，突出针对性、时效性和长期性，打好巡察整改与中心工作有效贯通“组合拳”，切实将抓巡察整改融入日常工作、融入全面从严治党、融入班子队伍建设等各个方面。通过巡察问题整改，全段党员干部能够坚决贯彻落实上级各项决策部署，加强前瞻性思考、全局性谋划和整体性推进，一系列制度机制得到了健全和完善，干部落实力、执行力不强等问题也有了明显提升。

## 二、强化组织领导，建立长效机制，提供制度保障

**1. 建立协同联动机制。**坚持横向联动、多方协同，紧盯难点、阻点问题，加强与各责任科室之间的沟通交流，针对整改责任不清、整改进度迟缓等问题，段党委有针对性下发《督办通知书》，由分管领导班子牵头推动，实现巡察整改工作平稳推进。坚持上下联动、同题共答，针对巡察反馈意见中指出的党建基础问题多、阵地管理有疏漏等问题，段党委向集团公司相关部门动态汇报整改进程，邀请上级党委领导下沉指导。巡察整改期间，集团公司分管领导班子成员和相关部室主要负责同志先后到车务段调研指导巡察整改工作 11 次，下发指导性意见 13 个，并从政策、人员、经费等多方面给予大力支撑，推动巡察整改有实效，工作标准上台阶。

**2. 建立常态长效机制。**坚持问题整改与建章立制相结合，深挖问题本质，深化标本兼治，加强制度建设、完善管理流程，达到“整改一个问题、堵塞一个漏洞，完善一项制度”的效果。巡察整改期间，共制定和修订《党委意识形态工作责任制实施办法》《党费收缴、使用和管理办法》等制度办法 18 个，规范“三重一大”议事决策、车间研究重要事项、召开违纪违规问题专题组织生活会等工作流程和标准 23 项，切实增强全段党员干部职工对党建相关制度办法、工作流程的整

体认知和贯彻落实的自觉性、严肃性，为沈阳车务段持续健康发展提供有力保障。

**3. 建立跟踪回访机制。**对照巡察整改“一方案三清单”，采取召开座谈会、调研督导、查阅资料、实地核查等形式，对整改进度和整改效果进行时时监督，对各责任部门巡察整改情况采取“清单式”管理，分别建立《问题整改完成清单》《未整改完成清单》，对已经完成整改工作、成效明显的实施销号，对整改进度缓慢、整改效果不好的，提出整改意见建议，纳入纪委督办，并持续紧盯直至整改到位。巡察整改期间，共组织座谈6场次，发放调查问卷1000余份，下发《督办通知书》9期，一系列实用管用的举措，确保了推动巡察成果运用、实现标本兼治的目标。

## 三、强化监督问责，深化成果运用，确保巡察整改切实有效

**1. 注重组织整改，在推动问题清零销号上下功夫。**充分发挥段党委“把方向、管大局、保落实”作用，聚焦巡察整改“一方案三清单”落实，推动整改一件、销号一件，防止前紧后松、虎头蛇尾。其中，针对当前和今后一段时间内能够解决的突出问题，督促立行立改、即知即改；对已经落实的整改任务，适时开展“回头看”。巡察整改期间，共组织开展专项检查5次，随机抽查16次，利用段月度例会和微信工作群督促提醒相关部门落实巡察整改工作12次。利用季度联检、值班检查、包保检查等时机，深入基层调研整改情况，聆听基层反馈，切实以强有力的监督保障整改落地、见底清零。通过巡察问题整改，基层党支部党建基础不断夯实，服务保障中心工作成效持续彰显。

**2. 注重监督问责，在动真碰硬考核上下功夫。**段纪委充分发挥监督执纪作用，坚持“一把尺子量到底”，围绕巡察整改问题认领是否全面、责任划分是否明确、整改措施是否务实、整改时限是否合理、建

章立制是否科学等方面，逐项分析研判，切实把好巡察整改质量监督关。用好追责问责利器，段纪委对相关责任人进行严肃追责问责，共给予相关责任人党纪处分 5 人次，诫勉谈话 12 人次，失责追责 33 人次，并全段通报，进行警示教育。抓实共性问题整改，段纪委将巡察整改工作作为全面从严治党的有力抓手，先后对照巡察共性问题开展自查自纠 3 次，紧盯巡察指出“落实新时代党的组织路线不扎实，党建基础工作薄弱”的问题，重点解决了个别党支部党建责任落实有差距、换届选举不规范、专题组织生活会制度落实不到位等问题。纳入季度验收考核，将巡察问题整改作为党支部季度标准化规范化验收的必检项、关键项，对巡察问题不整改、假整改的给予严肃处理，切实以严的基调推动整改认识到位、责任到位、成效提升。巡察整改期间，共问责处理干部 16 人次。通过严格的监督考核，督促全段各级党组织和党员干部始终绷紧全面从严治党这根弦，促进责任落实、作风转变和工作效能提升。

**3. 注重举一反三，在持续巩固整改成果上下功夫。**突出举一反三、以点带面，从巡察问题中触类旁通、见微知著，对车务段党建工作存在的短板弱项、盲点盲区进行全面起底，深化以巡促改、以巡促建、以巡促治。比如：针对巡察指出“派驻集体企业党支部书记存在未按要求组织党员过组织生活”的问题，对全段临时到外单位借调和在抽调到临时机构工作的党员进行全面筛查，逐一规范、明确要求，堵塞党员管理盲区。再比如：针对巡察指出“重点领域和关键环节存在廉政风险”的问题，段纪委充分借鉴巡察手段，围绕物资采购、奖金二次分配、考勤管理、食堂管理等关键廉政风险，每季度确定一个专项，由段纪委、劳动人事科、财务收入科抽调业务骨干，组建专项督查组，采取谈话问询、查阅账目等方式，深入现场开展检查，针对巡察同类问题反弹回潮的现象，及时通报、严肃处理，持续释放巡察利剑作用。

# 坚持做好巡察“后半篇文章”助推国铁企业可持续健康发展

工业集团党委书记董事长　赵振海

沈阳铁道工业集团有限公司党委在接受沈阳局集团公司党委政治巡察后，针对巡察反馈的问题，高度重视，从做好巡察“后半篇文章”入手，运用巡察问题整改成果，促进本单位生产经营更加规范有序。

## 一、聚焦问题整改，在压实主体责任上抓落实，企业全面从严治党认识得到提升

**1. 成立问题整改专班，压实整改责任链条。**公司党委成立了问题整改专项工作领导小组，制定了一体化推进措施。党委书记、董事长和总经理亲自挂帅组织整改，分析问题根源，对照查摆不足，细化责任分工，明确整改任务；班子成员按照职责分工，带领分管部门主动认领问题，研究制定整改措施；纪委书记负责问题整改过程监督，确保问题件件有回音、事事有着落。最终形成了“问题清单”“任务清单”“责任清单”，明确了责任部门、责任人和完成时限。

**2. 召开专题分析会议，对照查找自身差距。**针对反馈问题，公司党委组织班子成员、中层干部及各子、分公司班子成员三次召开专题

分析会议，全面总结分析了迎接巡察前后的认识和态度，从巡察前的不以为然、自以为是，到迎接巡察时的手忙脚乱、漏洞百出，再到巡察结束后的捶胸顿足、追悔莫及的心理状态转变过程。会议中开展了“灵魂三问”，围绕为什么自己发现不了问题？为什么巡察一来就在短时间内发现大量问题？为什么会产生这些问题？通过深入反思和查摆，认真查找在纪律规矩意识、敢于担当作为、落实主体责任等方面存在的差距和不足。

**3. 抓好问题整改督办，确保实现闭环管理。**对问题整改实行“台账式”销号管理，实现整改进度清晰化。建立问题督办机制，由综合部牵头督办，在月度工作会议上对问题整改情况进行通报，对整改落实态度不坚决、行动不迅速、措施不得力、整改不彻底的部门和人员进行提示提醒，确保问题整改高质高效。适时开展自查整改“回头看”，对整改情况进行全面梳理总结，确保问题整改实现闭环。

## 二、坚持问题导向，在制定长效机制上下功夫，企业规范经营管理能力得到强化

**1. 强化党的政治建设，不断完善公司治理。**深化落实“第一议题”制度，认真学习领会习近平总书记关于铁路工作的重要指示批示精神和党中央的重大决策部署，自觉把同习近平总书记的重要指示批示对标对表的具体措施落实到企业实际工作中；深入推进企业党建入章工作，不断完善企业治理体系建设，进一步修订“三重一大”决策制度及党委会、董事会、总经理办公会工作制度，厘清各治理主体权责边界，把党的领导落实到公司治理全过程。

**2. 坚持多措并举，不断规范经营管理。**针对业务外包零小工程问题频发，将10万至50万元业务外包、5万元以上零小工程的招标采购及劳务派遣人员的使用等三项权限上收到公司本部。三项权限上收后，公司经营活动更加规范，成本支出同比下降8%。组织开展了差旅费、

业务外包、物资采购、零小工程等专项检查，不断规范各项业务管理行为。以沈东分公司为试点实施扁平化管理，取消车间机构设置，由科室直管班组，在提高工作效率的同时，大幅减少了人工成本支出。

**3. 严抓严管严干部，不断转变干部作风。**巡察结束后，公司党委组织开展了“干部作风整治年”活动，全员对标“十种现象、十种人”，促进干部作风不断向实。人力资源部成立干部考核组，调整干部77人次，将合适的人放在了合适的位置，干部职工干事创业劲头进一步提升；物资管理部创新采购方式，深入分析水泥、钢材等大宗物资价格走势，通过采取分段采购、先款后货的方式，极大节约原材料采购成本；装备公司积极与中国石油辽宁分公司达成战略合作，解决货运装卸设备维保润滑油脂供应质量差和不及时的问题；公司各级干部主动报名参与，解决再生资源管理监装人员严重短缺难题，成立了35人的兼职监装队伍，完成报废物资监装5.3万吨，监装交付覆盖面达到90%以上，得到了沈阳局集团公司物资部的充分肯定。

## 三、拓展巡察成果，在加强企业治理上求实效，企业落实依法治企效能得到增强

**1. 把问题整改和提升政治意识相结合。**整改过程中，公司党委把季度党风廉政建设专题分析会议扩大到中层干部和子、分公司班子成员，领导干部落实“一岗双责”意识明显转变，廉洁风险防范能力明显提升；坚持案例警示教育，尤其是巡察问题查处的案件，不隐瞒不避讳不遮丑，坚持做到公开处理并全员通报，切实做到人人吸取教训，累计处理问题线索12个，立案审查7个，给予11名党员干部党纪处分；通过党员大会、月度会议、廉政党课、现场宣讲等时机，重点强调巡察整改成效，引领干部职工把巡察问题整改提升到政治意识的高度，党员干部政治站位得以提高。

**2. 把问题整改和提升责任意识相结合。**历史问题越晚解决，难度

越大，付出的代价也更大。巡察问题整改为解决历史遗留问题提供了思路，公司党委坚持“新官理旧账”的原则，督促现管干部担当作为。2023年，处理了原材料、库存商品积压、成本挂账、计提跌价准备金等历史遗留问题，解决了吉林木材厂13年未能销号的问题；解决了原沈东机械总厂房产土地税欠税问题；解决了原沈东机械总厂等公司剩余账务长期挂账债务问题。解决历史遗留问题，卸下了一直压在工业肩上的沉重包袱，为企业实现可持续发展奠定了坚实基础。

**3. 把问题整改和规范公司治理相结合。**为扩大问题整改成效，公司党委在落实党建入章、规范经营行为上出实拳，重点解决企业治理机制不完善、经营管理不规范等问题。组织开展了4个专题的专项检查，累计发现87个问题，发现问题质量较巡察前不断提升，直指问题关键，为今后开展业务监督作出了很好的示范。通过专项检查，党员干部以权宜之计、一时之举解决问题的思想意识得到改善，举一反三，透过问题看本质，深入分析问题原因，制定整改措施，并建立相关长效机制，进一步扩大了巡察整改效果，公司治理行为更加规范。

2023年，工业集团完成营业收入和利润总额有了较大增长，曾连续7个月在集团公司非运输企业中综合排名第一，摘掉了很久以来排名垫底的帽子。2024年1—6月，营业收入和利润总额较预算有较大提升，经营情况持续向好。这都是巡察带来的利好，公司党委将把问题整改成果贯穿在公司经营管理全过程、各方面，认真做好巡察“后半篇文章”，助推工业集团可持续健康发展。

# 关于通过政治巡视不断促进新时代国铁企业党建工作的思考

沈阳车务段党委副书记　潘佳宁

进入新时代，中国共产党不断深化对自我革命规律的认识，不断推进党的建设理论创新、实践创新、制度创新，在构建全面从严治党体系上取得了丰硕成果。随着《中国共产党纪律处分条例》和《中国共产党巡视工作条例》的修订完善，进一步彰显了构建全面从严治党体系是一项具有全局性、开创性的工作。国铁企业作为国有企业重要的组成部分，是中国特色社会主义重要物质基础和政治基础，随着我国政治和经济的持续发展，国铁企业党建工作也发生了巨大的变化，对新形势下基层党建工作也提出了新的要求。政治巡视是随着全面从严治党实践发展而提出的，是党的政治建设的重要保障。因此，国铁企业的发展壮大，需要用好巡视利剑，不断加强对党建工作的管理和监督力度，从而进一步提升国铁企业党建工作质量和成效。

## 一、深刻领会加强国铁企业党建工作的重要意义

**1. 做好党建工作是夯实国铁企业高质量发展政治基础的需要。** 习近平总书记指出：“办好中国的事情关键在党。”国铁企业体制和发展

脉络决定了在不同历史时期人民铁路为人民的使命任务，铁路行业始终围绕并服务于党和国家的重大战略，其政治方向是坚定不移的，其忠诚担当是矢志不渝的。坚持党的领导、加强党的建设是国铁企业的“根”和“魂”，加强国铁企业党的建设工作旨在坚持马克思主义的指导地位、坚持习近平新时代中国特色社会主义思想、主动承担交通强国、铁路先行的历史使命，确保新时代国铁企业的发展始终走在中国特色社会主义发展的道路上。从而进一步保证国铁企业干部职工坚定理想信念，坚定拥护“两个确立”、坚决做到“两个维护”。

**2. 做好党建工作是国铁企业凝心铸魂的需要。**加强思想引领工作是将党的工作优势转化为确保铁路安全畅通的重要手段，集聚众智创新强大合力，教育引导广大铁路干部职工时刻心系人民、厚植家国情怀，自觉投身于争当服务和支撑中国式现代化“火车头”的潮流之中。只有党的建设不断加强，党的五大工作优势才能充分展现，才能解决思想认识上的根本问题，才能助推国铁企业在国家重大发展战略中更好地展示作为，强化“公转铁”降低社会物流成本、打造城市经济圈、高质量建设“一带一路”等新兴领域的政治引领，在振兴区域经济发展重点难点痛点的领域进行社会服务。只有党的建设不断加强，才能更好地坚持党管干部、党管人才，有助于促进国铁企业育人铸魂根本任务，培养一批忠诚干净担当，能积极服务国家和社会发展的管理和技能型人才；有助于复兴号品牌战略实施，输出中国自主制造技术、产品和高端人才，向世界展示一个更加真实、立体、生动的中国，展现大国的担当和形象。

**3. 做好党建工作是强化基层党组织在高质量发展中战斗堡垒作用的需要。**加强党建工作是完成党的执政使命的必然要求。国铁企业基层党组织是推动铁路构筑“六个现代化体系”、更好服务中国式现代化的战斗堡垒，是党组织的全部工作和战斗力的基础，是保持党思想上的先进性纯洁性的决定性根基。抓好党组织建设就是做好了联系党和群众的桥梁、纽带，担负起上传下达、组织实施、树立形象、凝聚人心的神圣使命。时刻铭记党建工作是关怀群众、凝聚党员的实践载体，是中国共产党维护其先进性的基本单位，是党的肌体细胞，是健全群众利益表达和利益协调机制，培育各类服务组织，拓宽新形势下基层党组织服务群众、凝聚人心的强大支撑。党的工作最坚实的力量支撑在基层，基层党组织的建设是党的整个执政能力体系中的重要组成部分，是党的执政能力建设的落脚点。只有每一个基层党组织都健全而充满活力，整个党的组织才能坚强有力、朝气蓬勃。

## 二、通过巡视监督发现国铁企业党建工作存在的主要问题

习近平总书记深刻指出："当今世界正经历百年未有之大变局。"这是我们党立足中华民族伟大复兴战略全局、科学认识全球发展大势、深刻洞察世界格局变化而作出的重大判断，对于指导我们开启全面建设社会主义现代化国家新征程、夺取新时代中国特色社会主义新胜利，具有重大而深远的意义。国铁企业在百年未有之大变局中，党建工作同样面临着来自内外部环境所带来的各种新挑战，特别是通过政治巡视发现的问题看，一些问题需要加以重视、予以解决。

**1. 对新时代党建职责定位不准，影响国铁企业党建高质量发展。**国铁企业党建在党的建设中具有特殊重要地位。只有深刻理解、准确把握新时代党的组织路线赋予新时代国铁企业党建的职责定位，忠实履行党建的职责使命，才能全面提高党的建设质量。在国铁企业长期的改革过程中，形成了诸多经验做法，但长期以来，"如何强化党建工作纵深发展"和"党建工作的实与虚"这两个难题始终没有得到根本解决。部分领导干部抓党建主责主业意识不强，从严管党治党主体责任落实不够，重业务轻党建，党建与业务工作"两张皮"现象和机关党建"灯下黑"问题依然存在；部分党员干部身份意识不强、工作能力不足、先锋模范作用发挥不够；部分机关党务干部结构参差不齐、

素质不高、能力不足等问题比较突出。这些不足和问题与各级党组织肩负的使命和时代要求不符，也与党中央赋予新时代党建的职责定位不相契合，制约了国铁企业党建高质量发展。

**2. 党建工作与安全生产经营融合不够，制约企业合力的有效形成。**“重业务、轻党建”的思想仍然存在。由于业务工作任务繁重，再加上党组织负责人缺乏正确的教育和引导，不少领导干部对于党领导一切的正确思想缺乏深刻理解，导致业务负责人和党员、干部产生“业务工作务实、党建工作务虚”的错误思想和认识。因基层一线安全生产任务繁重，占用了大量工作的时间，导致开展党员教育和基本的党组织生活制度无法得到有效落实，党建工作被表面化、形式化，有时无法保障基层党员参加必要的党组织生活。部分基层党组织自身建设的步伐相对滞后，与当前形势任务的发展需求存在较大差距，形成了业务工作走在前、党建工作跟在后，两者互不结合、互不干涉的错误现象，导致基层党组织的战斗堡垒作用不能充分发挥。

**3. 国铁企业党建工作创新力度不够，影响党建工作效能的发挥。**随着全面从严治党深入推进，国铁企业党建质量和水平有了明显提升，尤其是党的领导全面加强，理论武装持续深化，基层基础更加牢固，服务大局实效更加突出，能力素质有效提升，作风也明显改善。但也确实存在因创新不足、活力不足而影响党建效能的发挥。党建工作中仍然存在作风浮漂、官僚主义、形式主义和民主集中制不健全等现象；党员队伍的建设与管理存在思想不够解放、创新不足、管理不严等问题；党建组织群众、凝聚群众、服务群众功能没有充分发挥；部分党组织的战斗堡垒作用和党员先锋模范作用发挥不足等还存在诸多制约。

## 三、对进一步加强国铁企业党建的建议

**1. 在深化工作理念上下功夫。**只有紧紧围绕党的建设主题主线、基本目标来加强党的建设，才能有效解决实践问题、提高党建质量与

成效。要进一步强化新时代党的组织路线落实成效，使党的政治路线、思想路线、组织路线、群众路线的基本内涵得以逐级深化，成为新时代党的建设主线有力支撑。强化新时代党的建设理念，必须立足于马克思主义政党的根本政治立场与基本观点，坚持使命引领、问题导向、实践导向、目标导向的有机统一，从继承与发展、守正与创新中去分析研判；必须立足于党的初心使命，紧紧围绕党的建设的主题、主线与基本目标来进行系统性的分析研判；必须坚持“全面论”与“重点论”的统一，既要深刻把握那些具有系统性、全面性、整体性的重大理论创新，也要深刻把握那些致力于有效解决党的建设某一方面问题的重要创新点，坚决杜绝不分轻重与主次。

**2. 在完善工作机制上下功夫**。按照党中央决策部署，结合国铁企业发展的实际情况，坚决做到党的建设推进到哪一步，两级党委责任体系的制度建设就跟进到哪一步，要坚持以用为本，把握党建的特点和规律，搞好制度“供给侧结构性改革”，空白缺位的抓紧建立，不全面的尽快完善，成熟经验及时推广，让实践亟须的党建法规制度加快出台，不断完善操作性强的配套专项制度，实现接续细化，使党建制度体系精准性、实效性、匹配度明显增强。尊重基层首创精神，重视总结提炼各级党组织在党建实践中的创新经验，把经过实践验证、适用性强的好经验、好做法提炼上升为法规制度。同时要强化监督机制的介入，将过程性管理行为和成效纳入监督管理的范畴。

**3. 在发挥党员作用上下功夫**。国铁集团党组下发的关于实施新时代基层党组织建设“强基提质”工程的指导意见，为广大党员提供了广阔舞台，更提出了新的时代要求。每一名党员都要勇立时代潮头、勇当时代先锋，坚定不移听党话、跟党走，做“两个确立”的拥护者；全力以赴挑重担、打头阵，做推动发展的开拓者；真心实意办实事、惠民生，做服务群众的践行者；以身作则讲文明、树新风，做社会风尚的示范者。各级党组织要为党员发挥先锋模范作用搭建平台、完善机制、拓展内容，教育引导广大党员亮身份、做示范、当先锋，立足本职岗位无私奉献、建功立业，在科技研发、项目建设等急难险重任务中勇挑重担、攻坚克难，做到平常时候看得出来、关键时刻站得出来、危难关头豁得出来，以先锋模范行为为党的事业增光添彩。

**4. 在深度融合上下功夫。**要认准党建和业务的基本内涵。党建是指党的建设，是党为完成自身使命、保持自身生机和活力而从事的一系列自我完善的活动。业务则是根据法律法规、三定方案（定机构、定职能、定编制）赋予每个单位的职能职责，业务工作根据单位不同而不同。新的历史时期下，各级党组织必须坚持党建工作的统领地位，将党建工作放在重要位置，在开展和推进各项工作中，必须坚持围绕中心、服务大局，不断强化政治功能，将党建工作同业务工作综合考虑，做到同步规划、同步部署、同步落实，防止把党建工作和业务工作搞成“两张皮”，甚至把党建工作虚化、弱化、边缘化。各级党组织负责人要熟悉和精通党建工作和业务工作，通过系统培训、跟班学习等举措不断提升自身业务本领，不断提高专业化水平，不断扩大党的工作覆盖面，提升各级基层党组织的组织力、凝聚力和战斗力。

# 掌握运用好方式方法<br>在巡视中有效发现问题

长春供电段党委副书记、纪委书记　付兴旭

巡视是党内监督的战略性制度安排，是以习近平同志为核心的党中央全面从严治党的战略性举措，对于强化党内监督、保持党的先进性和纯洁性，发挥着不可替代的作用。参加政治巡视工作，是一次自我政治体检的难得机会，也是一次加强党性锻炼、提高党性修养的难忘经历。参加巡视工作的最大感受是巡视他人、教育自己，一次巡视、终身受益。

## 一、提高政治站位，掌握方式方法，是做好巡视工作的重要前提

党的十八大以来，以习近平同志为核心的党中央高度重视巡视工作，把巡视作为推进党的自我革命，全面从严治党的战略性制度安排。习近平总书记作出一系列重要论述，为做好巡视工作指明了方向，提供了根本遵循。

**1. 提高政治站位。**巡视是政治巡视，本质上是政治监督。习近平总书记指出，“政治监督是督促全党坚持党中央集中统一领导的有力举

措”。作为一名巡视干部更要深刻理解和把握好巡视工作的政治意义，进一步增强做好巡视工作的责任感和紧迫感。要坚持政治巡视定位，坚定拥护“两个确立”、坚决做到“两个维护”。巡视干部必须要做到对党绝对忠诚，要始终心怀“国之大者”，要拓宽视野、提高境界，坚持不懈用党的创新理论武装头脑、指导实践，推动巡视工作不断向纵深发展。

**2. 掌握方式方法。**要以学为先，巡视干部不仅要学习习近平总书记关于巡视工作的重要论述和部署要求，还要学习巡视相关的制度办法及财务管理、工程建设、物资采购、审计专业等领域的有关知识，不断为自己充电续航。要提升技能，做到边学习、边实践，要善于向有经验的同志和专业人员请教，掌握巡视工作方法及操作技能，将学到的理论知识与巡视工作实际有机结合起来，进一步深化对政治巡视的规律性认识。要坚持以发现问题为出发点、整改问题为落脚点，运用好“学、思、看、谈、查、核”等多种方式，突出重点、抓住疑点、解决难点，着力提升发现问题的能力和精准度。

**3. 练就过硬本领。**巡视干部要具有较强的协调能力、沟通能力和组织能力，要具有一定的文字功底，要掌握巡视工作的主动权。要从细微处发现问题，要善于透过现象看本质，要发挥探照灯和显微镜作用，要练就一双“火眼金睛”。要有善于发现问题的政治嗅觉、查找蛛丝马迹的高超本领和深挖线索的恒心毅力。要在巡视工作的实践中增长才干、积累经验，持之以恒、久久为功，努力做业务的“内行”、巡视的“骨干”。

## 二、做好谈话准备，讲究谈话技巧，是巡视发现问题的有效方式

个别谈话是巡视工作的一项规定性动作，高质量的谈话能够为巡视发现问题奠定基础。巡视谈话内容比较特殊，不等同于纪律审查谈

话，更区别于一般性交流交谈，做好谈话前的各项准备工作、有效运用好谈话技巧和方法，会更有助于发现一些典型性问题。

**1. 做好充足准备。**谈话前，充分了解谈话对象及其所在单位的一些基本情况。通过查阅资料、听取汇报和谈话交流等多种形式了解谈话对象的工作经历、性格特点、奖惩情况、配偶及其子女和近亲属的自然状况，还要了解其所在单位的机构设置、经营现状、队伍建设及党员干部被问责处理等有关情况，为进一步找准找实问题打开突破口。在此基础上，要本着因人而异、一人一案的原则，科学制定周密的谈话提纲，做到环环相扣，层层递进，让谈话对象的思路和交流的内容始终离不开谈话人所关注的重点和需要获取的信息。

**2. 用好谈话技巧。**一是开门见山。通过前期所掌握的信息和问题，谈话要开门见山，带着问题谈，不遮遮掩掩，不拐弯抹角，让谈话对象感觉到组织已经掌握其大量事实，向组织讲清问题是当前的明智之举，从而为进一步延伸了解其他问题提供有价值的信息。二是刨根问底。要善于察言观色、从谈话对象的神态变化和一些“小动作”判断其心理变化，要善于从细节中发现问题。对谈话对象吞吞吐吐、欲言又止的一些信息一定要追问到底，促使其讲清问题。还要通过现象看本质，努力发现深层次的问题。比如：通过谈话了解到个别领导干部存在与下属打牌带有输赢的问题。下沉检查就要重点关注这方面问题，通过进一步了解，就会发现个别党员干部存在安逸、享乐等问题。三是抓住时机。通过谈话捕捉到有价值的信息后，一定要迅速安排相关人员进行现场核实，不能留有统一口径和消除痕迹的机会。比如：从谈话中了解到单位“一把手”存在特权思想，有设立单独休息室的问题，要立即组织人员进行现场复核，这样就可能发现办公面积超标等“四风”问题。

## 三、高效团队协作，科学工作方法，是巡视发现问题的关键所在

下沉检查是巡视发现问题的关键，要求组内成员相互间要分工明确、协调配合，高效的团队协作、科学的工作方法是巡视发现问题的关键。

**1. 同频共振、信息共享。**下沉前，以小组为单位制定科学有效的下沉核查方案，组内人员要合理分工，协同合作，要进行有效的沟通和信息共享。组内成员间要横向联系、纵向沟通，依靠审计、财务、工程、建设等专业优势，发挥纪检组织谈话核查作用，形成角色互补，最大限度发挥巡视团队作用。比如：巡视发现某单位为规避招标将多项工程擅自进行拆分的问题，这就是多部门综合发力、团队协作打开突破的最好例证。审计部门通过查阅资料发现疑点、工程建设人员进行现场验证、纪检干部采取核查谈话方式进一步做实问题。

**2. 综合发力，多措并举。**巡视干部在巡视工作中要做到不放过任何细节，同时采取多种方式，才能够善于发现问题。一是综合比对。从被巡视单位提供的单一方面材料中很难发现问题漏洞，一定要通过多个材料综合比对分析，才能找出问题症结。比如：通过查看各项补助、提职晋级、评先表彰与干部处分处理资料综合分析，就会发现程序不合规、存在违规提拔和“带病评先”等问题。二是倒查分析。从结果看过程、从过程找线索、从线索挖成因。比如：通过先查看某单位救助、补助和领导人员婚丧喜庆重要事项报备等资料，就可以掌握领导干部重要事项是否先执行了报备规定；对未执行报备的领导干部可以通过谈话了解等多种方式，剖析不执行制度的深层次原因，是否存在有意规避监督的问题；再通过深挖取证可能就会发现领导人员存在违规操办婚丧喜庆事宜、收受礼金等问题。三是延伸拓展。对于发现的疑点和问题，要点线面结合、以点带面、纵向横向查核，把情况

摸清、把性质定准、把责任落明。特别是要摸透背景、梳理清晰、分析透彻、了然于胸。因此，开展巡视巡察工作，要有强烈的问题意识，对问题要有高度的敏感性，要善于全面、联系、多角度、多方位地发现问题、看待问题，有凭有据，见微知著。同时，对于发现的问题，不要急于下结论、不要轻易去定性。可能当时看到的问题只是一个点、一个面、一个表象，如果多方联系地去核查、剖析，这个问题有可能是不同性质的问题，也可能会引出、延伸拓展出其他问题。

# 如何在巡视工程建设领域工作中锁定靶向点

丹大快速铁路公司大庄临时现场指挥部指挥长　关利强

工程建设领域投资密集、资源集中，一直以来都是巡视工作的重点。工程从设计到验收，包含立项决策、招投标、物资采购、变更设计、验工计价、资金拨付等多个廉政风险环节，信息量大，千头万绪。如何快速、精准地发现问题需要方法和技巧，现就基本建设项目和基层单位零小工程的巡视工作中如何锁定靶向点谈几点感悟。

## 一、把握巡视角度，坚持政治巡视站位

巡视是政治巡视，站位高于业务检查。很多刚参加巡视工作的同志把工作重点放在了查缺找漏上，结果花费了很多时间，拿回来一堆资料，在形成底稿的时候却发现归不到“四个落实”上去。对巡视中发现的问题，要时刻尝试能否作出“被巡视单位党委推动某项工作不力或落实某项要求不力”这样的结论，如果不能，就要尽快放弃现有的思路，否则就是在浪费时间。如果只能得出“某某单位某个项目没有履行决策程序”或“某某单位某项工作不严谨，审核把关不严”这样的简单结论，就要暂时放弃，等待有同类问题再汇总研究。

## 二、做好做足准备工作，力争事半功倍

巡视工作很紧张，下沉检查在一个基层单位的时间只有几天，要发现有质量的问题可以说很难，因此准备工作就非常必要。首先，仔细阅读被巡视单位党委和纪委的工作报告和巡察报告，通过被巡视单位自查的问题来发现突出问题和惯性问题。其次，对基层单位的主要工作职能和分工、业务范围和特点、相关规章制度要提前熟悉，以节省下沉后熟悉基本情况的时间。同时，在下沉之前对基层单位上报的台账资料进行梳理，对投资比重较大的业务和板块有一个初步的了解，就有了工作重点。做足上述准备工作，即可提前形成问题框架，带着问题去检查，解决无从下手的问题，便可起到事半功倍的效果。

## 三、不断提出质疑，于细微处寻找线索

巡视工作站位高是指看问题的层次、角度更高，但支撑问题的材料需要从最基础的资料中去搜索，要坐得下来、看得进去，不断地质疑和解答。在检查某单位承揽地方企业维修工程业务时发现，承揽合同与对下发包合同的工程内容及金额相差较大，同时发包合同中对工程款拨付依据的约定非常模糊。查看验工计价表，没有找到详细的工作量清单，被检查单位解释是由车间负责核对工作量。最后到车间检查工作日志，发现施工时间与合同工作量完全不符。这样从大处着眼，从小处入手，不断提出质疑并追问、追查，最终发现非法转包、虚假验工、套取工程款等一系列问题。

## 四、保持“执拗”的工作劲头，深挖问题根源

对巡视工作中发现的问题线索要追查到底，没有进展的时候可以暂时搁置，但不能轻易放弃。巡视某单位零小工程施工招标工作时发

现，某个施工企业多次中标而其他企业多次不中标，但查阅集体决策会议记录、招标文件、投标文件等资料并没有发现问题出处，只能暂时搁置。后来检查招标代理公司时，带着这个疑问，把该单位招标录像调出来仔细研究，就发现了招标人和评委疑似串标、暗示其他评委倾向性评标的问题。如果没有坚持查到底的决心，可能就错过了这个重要的线索。干巡视工作需要“执拗”的工作劲头，没有深挖问题根源绝不轻言放弃。

## 五、把握巡视主要方向，主动沟通和交流

巡视工作有专业分工，不同小组会去不同的区域和单位，这时候，及时沟通、交流就非常有效。一个问题可能是个别现象，但在多个单位发现同样问题就有了代表性，可能就是行业的普遍问题。每个人的业务知识和工作经历都会有局限性，适时听听别人的意见会避免走死胡同、钻牛角尖，甚至会有豁然开朗的感觉。工作中发现的问题及时向组内领导汇报，有利于把控巡视的主要工作方向，避免浪费时间走弯路。不同专业之间沟通、组与组之间沟通，对于提高巡视工作的效率和质量是非常有效的。工作中发现的问题要及时向巡视组组长汇报，有利于把控巡视的主要工作方向，避免浪费时间走弯路。

## 六、运用统计分析的方法，更加准确迅速地发现规律

在巡视工作中面对大量甚至海量数据的时候，要学会运用统计分析的方法，更快更准确地发现问题的规律性。比如：在巡视某单位防洪工程时发现，应急工程比较多，但多到什么程度没有具体概念，于是调阅了该单位 5 年内 2000 多项同类工程数据进行统计分析，发现应急工程在同类工程中占比达到 60%以上，这样就把问题归结到行业性、系统性上来。又如：在调查某系统某类工程虚假招标的情况时，把十几项同类工程的投标单位、中标结果、招标代理人以及标书中相

关内容进行列表比对，发现很多共性的问题，确定了围标串标的重要线索。

工程建设领域的巡视工作涉及专业很多，工作量很重。既要高屋建瓴，又要抽丝剥茧，只有不断学习和应用有效的工作方法和技巧，才能更快、更精准地发现问题，达到发现问题、形成震慑的目的。

# 准确把握巡察定位　精准掌握工作方法

吉林车务段纪委书记　王　勇

巡察工作层面高、边际宽，内容丰富，信息量大，头绪较多，需要在杂乱头绪中理出思路，在大量信息中把握重点。巡察中如何在短时间内圆满完成发现问题、形成震慑的工作任务，应在把握巡察定位、掌握工作方法上下功夫。

## 一、准确把握巡察定位，牢记责任使命

准确认清和深刻理解政治巡察的重大意义和职能定位是做好巡察工作的基础。通过学习培训和实践逐渐认识到，巡察的本质是政治监督，是重要的政治工作，有别于其他监督检查，是加强党内监督的战略性制度安排，是党委履行全面监督职责的直接抓手。巡察工作是上级党组织对下级党组织履行党的领导职能责任的政治监督，被形象地称为党内政治体检、作风的综合会诊、精神的集中补钙和思想的深刻警醒，根本任务是“两个维护”，目的是坚持好、巩固好、维护好党的领导。监督重点是“四个落实”，到了基层单位党委就是要巡察“四个落实”要求，不能变成一般的业务检查，要始终聚焦政治责任，体现

再监督的要求，工作方针就是“发现问题、形成震慑，推动改革、促进发展”。作为巡察人员只有深刻领会政治监督的核心要义，明确该干什么，准确把握政治巡察定位，抓住政治巡察重点，瞄准政治巡察目标，才能确保巡察的政治方向不偏离，充分发挥巡察的尖兵、利剑作用。另外，要通过培训和实践进一步明确巡察工作的基本要求，熟悉工作程序、方式和权限。巡察工作具有高度的政治性、纪律性和规范性特点，既是对被巡察单位的政治巡察，也是对巡察工作人员自身的政治考验和锤炼，需要所有参与巡察工作的人员站在讲政治的高度，做到实事求是、严谨细致、严格要求。总结起来讲，参加巡察必须做到“政治站位要高、政策尺度要准、了解问题要深、问题过程要清、语言表述要实、内部运行要畅、自我要求要严”。

## 二、始终坚持问题导向，提高政治站位

发现问题是巡察工作的生命线。作为巡察人员要树立“发现不了问题就是失职，不如实报告巡察情况、隐瞒事实就是渎职”的理念，始终坚持问题导向，保持强烈的问题意识，消除“怕得罪人”的思想顾虑，并善于从政治角度敏锐发现问题、理性分析问题、如实反映问题。不能靠经验、不能凭主观、不能盲目定性。要本着对单位负责、对组织负责、对个人负责的态度，聚焦党的领导、党的建设、全面从严治党、党风廉政建设和反腐败工作以及选人用人等问题，看看被巡察党组织的领导核心作用发挥得够不够，领导班子凝聚力强不强、状态好不好，“一把手”责任落实到不到位，党的建设是实还是虚，基层党支部是“堵”还是“通”，党支部的战斗堡垒和党员的先锋模范作用是否发挥。要牢牢把握“纪律的尺子”，紧盯重点人、重点事和重点问题，看全面从严治党是严还是宽，执纪问责是紧还是松，“微腐败”是否抬头，是不是坚定地与党中央保持高度一致，是不是在管党治党上体现“严”的要求。通过了解规定动作是否做到位，刚性规定是否坚

决执行，必备程序是否严格履行，类似问题是否同样发生，常规常理中是否有异常现象等情况来发现问题、提炼问题。通过发现的问题表象，剖析深层次原因，最终找准问题症结所在，做到叫不准的就问，弄不清的就学，深入研究和准确把握相关制度和规定，把精准发现问题做实，确保发现问题经得住历史检验。要做到这些，客观上要求巡察人员要加强学习，对上级制度、规定、办法熟记于心。要坚持原则，对标对表，知道巡察单位在什么地方存在问题，违反什么规定。还要团结合作，主动配合，等等。

## 三、精准掌握工作方法，强化巡察质效

如何精准发现问题是检验巡察工作质效的重要标准之一。那么如何发现问题，需要正确的方法和路径。比如：访谈法、比较法、剥笋法、查账法和单刀直入法等，作为巡察组成员都要在实际具体工作中摸索前进，需要对巡察方法进行不断总结和创新。一是脉络梳理法，做到准备充分，胸有成竹。对被巡察单位基本情况的把握至关重要，进驻前、巡察中全面收集被巡察单位资料，做到心中有数、有的放矢。比如：被巡察单位人员编制、职责职能，以及按照上级决策部署开展的重大活动、专项工作，领导班子成员分工及个人简历，违法违纪案件，信访举报，财务账目，审计牵头开展的专项检查及工程项目，学习及会议记录，再结合相关部门提供的情况，有针对性地开展巡察工作。从政治高度把巡察对象摆进去，分析出巡察的重点方向、应当查找的主要问题。二是问题谈话法，做到掌握技巧，循循善诱。个别谈话是发现问题的重要途径，也是巡察中常用的方法。要科学缜密地组织谈话，前期的准备工作要做到细致充分，根据本轮巡察对象及内容，梳理重点问题，从查阅资料发现疑点入手，拟定个性化谈话提纲，带着问题对被巡察单位领导班子成员、重点对象谈话，还要针对谈话对象个人情况，灵活提问，随机应变。对一般谈话对象要亮明身份，讲

清原则，消除其顾虑，取得其信任、理解和支持。要善于从谈话对象的话语中抽丝剥茧，顺藤摸瓜，留意“话中话”“话外音”。要提前考虑谈话中可能出现的各种情况，思考应对策略，谈话中从容不迫，牢牢掌握谈话的主动和节奏，让纸质档案台账“说话”。三是延伸检查法，做到集思广益，尽其所长。巡察组组长要定期组织召开组务会，听取组员各自工作进展情况，探讨解决遇到的问题和困难，总结分享取得的成果和经验，研究制定下步工作安排和具体方案。这就需要每一名巡察人员积极主动与其他巡察人员交流互动，互相学习借鉴好的方式方法，并运用到自身的工作上来。通过走访调查、谈心交流、列席会议、询问了解等方式“以下看上”，真正找到被巡察党组织领导弱化“弱”在哪些方面，党的建设缺失“缺”在哪些环节，全面从严治党不力“失”在何处。四是固定证据法，做到注重细节，相互印证。巡察组每一位成员都应树立证据意识、熟悉取证方法、遵守取证程序，巡察中发现问题，第一时间固定基本证据。对发现的问题线索及时梳理问题清单、复印相关书证、制作谈话记录、形成情况说明。通过谈话和查阅文件资料了解的情况，须实地查看来印证，将问题线索做细做实。巡察组提供的证据是问题线索成案的关键，证据是否有效、是否扎实，直接关系到巡察是否能够形成震慑。

总之，作为巡察人员要做到忠诚干净担当，不断提升思想境界，提升政治觉悟，善于从政治角度看问题，既不能拘泥业务就事论事，也不能脱离业务空谈政治，要始终在实践中不断提升政治判断力、政治领悟力、政治执行力，带着责任、带着敬畏、带着感情去工作，才能高质量完成政治巡察任务。

# 在巡察实践中提升斗争精神和斗争本领

沈阳车辆段党委副书记、纪委书记　王作奎

巡察是推进党的建设新的伟大工程，实现全面从严治党向基层延伸的重要途径，是打通党内监督“最后一公里”，发现和解决损害群众切身利益的腐败问题和不正之风的一种重要方式。做好巡察工作，要求巡察干部必须具备较强的斗争精神和斗争本领。

## 一、秉持对党忠诚之心，滋养巡察工作正气

巡察的重点是面对基层党组织和党员领导干部，会遇到很多个性鲜明、性格特点不同的同志。巡察组成员大多数是从基层抽调的，这些同志中，会有在不同单位、不同岗位工作多年的老同事、老领导，面对“老相识”时有一定个人感情。有没有“受命之日，则忘其家；临阵之时，则忘其亲；击鼓之时，则忘其身”的胆气，是高质量完成巡察工作的前提条件。需要派出党组织精心筛选的巡察干部，细致严格地开展巡察培训；需要进驻期间派出党组织负责同志面对面进行指导督促，巡察组内需要经常性开展学习讨论；需要把“严”的基调贯穿巡察工作始终，通过耳濡目染，逐步使巡察组所有成员都能够充分

认识巡察是党章规定的一项重要组织制度；需要把“两个维护”作为根本任务，突出政治定位，当好党组织的“千里眼”，始终保持对党、对本单位改革发展负责的“赤胆忠心”。真正把党组织和群众利益举过头顶，内心就能源源不断地迸发出胆气，各种不必要的担心就会消除，在人情上的纠结就会化解。

## 二、常怀公正廉明之念，积淀巡察工作底气

清廉方敢怒，公正才敢言。只有做到公正廉明，才能有果断处事、敢于担当的底气。无论是常规巡察，还是专项巡察，工作时间有限，发现问题不允许有太长的纠结时间，需要做到担当、果断。要做到这一点，就需要时刻牢记公正廉明，否则会失去开展工作的底气。进驻期间，巡察组的同志难免会接到电话、微信、短信，被巡察单位的同志邀约吃个饭、见个面，特别是面对一些“老相识”的邀约，难免会在一片盛情之下产生纠结，作为巡察组成员只要把纪律挺在前边，就可以果断拒绝。同时，要清楚这些“老相识”，都是以往出于公心开展工作建立起来的感情，绝大多数同志都能够正确对待，并不会影响感情。所以开展巡察工作，一定要坚持“公生明、廉生威”，只有公正廉明，才能使工作更有底气。

## 三、焕发求知若渴之欲，保证巡察工作质效

开展巡察工作，需要通过核查方方面面的具体工作落实过程才能发现问题，只有正气和底气是不够的，还需要全面系统深入掌握相关的具体业务工作。比如：衡量被巡察单位贯彻落实党的路线方针政策和党中央重大决策部署是否扎实到位，需要对全员安全生产责任制、双重预防机制、安全闭环管理等各方面情况进行全面系统、深入细致的核查，如果没有业务上的“内功”做支撑，是不可能高质量完成的。即便是死板地对照规定查出问题，也很难让人服气，会让巡察工

作不扎实。如果对安全管理工作的本质、关键、重点都能吃得准、拿得稳，被巡察单位的同志就会心服口服。特别是通过巡察发现死角盲区、堵塞管理漏洞，会明显感受到被巡察单位的干部职工发自肺腑的钦佩和感谢。所以学懂弄通方方面面的业务，可以使巡察工作更有质效。

# 磨砺初心　在巡察实践中成长进步

沈阳铁道物流集团公司党委副书记、纪委书记　孙鸿飞

习近平总书记指出，“把全面从严治党作为党的长期战略、永恒课题，坚决摒弃权宜之计、一时之举的思想，坚决克服松劲歇脚、疲劳厌战的情绪，坚决防止转变风向、降调变调的错误期待”。巡视巡察是党章赋予的重要职责，是推进党的自我革命、全面从严治党的战略性制度安排，作为巡察干部要按照习近平总书记的要求，保持斗争精神、提高斗争本领，在全面从严治党的新征程上发挥更加突出的作用。

## 一、提高政治站位，充分认识开展巡察的重要意义

开展巡察工作，是新形势下贯彻落实党中央全面从严治党向基层延伸的重要举措和重要抓手。做好巡察工作，责任重大、使命光荣。必须以更高的标准、更严的要求约束自己，不断进行自我革命、自我锤炼。一是坚守初心，保持政治清醒。在巡察过程中，要时刻告诫自己，参加巡察工作既是组织信任，也是政治考验。因此，更加注重加强自身政治建设，提高政治站位，加强党性锻炼，增强政治自觉，增强政治敏锐性和政治责任感，增强纪律规矩意识，努力做党的路线方

针政策、决策部署和制度规定的坚定执行者，做守纪律、讲规矩、政治清醒的“巡察人”。二是秉持公心，增强政治定力。在巡察过程中，要始终本着对组织负责、对被巡察单位负责的态度，牢记巡察使命，以“四个落实”为重要抓手，紧盯事实依据，认真查找问题，把握政治方向，力求不偏不倚，不辜负组织的信任和重托，切实把担负的政治责任落实落地。三是坚定决心，发扬斗争精神。在巡察过程中，要始终严格按照巡察程序，坚持发现问题不动摇，落实政治巡察要求不走样，履行党内监督职责不懈怠，以勇于担当负责、敢于较真碰硬的精神，保持高度的政治责任感和使命感，确保及时发现问题、客观反映问题，确保每一个巡察问题都有理有据，确保通过自身深入查找和推动解决问题，促进被巡察单位更好地改进工作。

## 二、强化责任担当，切实增强巡察的责任感使命感

巡察工作是一项重要政治任务，坚持以事实为依据、以党规党纪为尺子，是什么问题就客观如实反映什么问题，是对巡察工作的基本要求。作为巡察人员要带着责任开展工作，这个责任是职责使命，没有强烈的责任感和使命感是完成不好巡察工作任务的。这样就要求必须强化责任担当，完成好党组织交办任务。一要持续深化业务学习。在消化吸收前期集中培训内容的基础上，加强自身的业务学习，重在日常，特别是到基层巡察时，注重边巡边学，不断增加知识积累，尤其是对于上级党委的政策、制度、办法等要了然于胸。同时，要虚心向组内同志学习，日常向他们勤请教，能少走弯路，无论是巡察的每一个环节，还是发现问题的方法他们都毫无保留地传授给大家，工作进展就会很顺利。二要坚持从严自我约束。打铁必须自身硬，巡察组由组织授权工作，代表着组织的形象，在个人的纪律和作风要求上必须十分严格。要坚决落实中央八项规定及其实施细则精神，要知道自己该干什么、不该干什么，要始终保持态度谦和，决不能居高临下、

口大气粗、颐指气使。要注意保密，严守纪律，不该说的话坚决不说，以自身良好的作风和形象保证巡察工作的顺利开展。三要动真碰硬破解难题。发现问题是巡察工作的生命线，作为巡察干部要始终坚持问题导向，把敢不敢发现问题、能不能发现问题、想不想发现问题作为检验自己对党忠诚的重要标尺。工作中紧盯被巡察单位关键部门、关键岗位和关键环节，拓宽渠道收集信息，创新方法筛选信息，深入细致排查被巡察单位存在的问题，确保问题排查全面、准确。

## 三、善于总结提高，精准掌握巡察工作的方式方法

巡察工作往往时间紧、任务重、要求高，尤其是在短时间内给被巡察单位“精准画像”，精准发现存在问题并提出整改意见，是对巡察组和巡察工作人员党性和综合素质能力的检验和考验。必须多学多悟，总结提高，精准熟练掌握巡察工作的方式方法、技巧手段，持续提高巡察工作效率、质量。一要深化理论武装。作为巡察人员要认真学习党的二十大和习近平总书记关于巡视工作的重要讲话精神，科学把握其核心要义、精神实质、丰富内涵和实践要求，并时刻把学习收获充分运用到指导工作实践上，把学习成果体现在精准监督被巡察党组织落实全面从严治党政治责任上，体现在推动巡察工作高质量发展上。二要认真研判分析。作为巡察人员，必须在分析研判中强化问题起底，在组内问题分析研判阶段，要充分利用组务会议、组务扩大会议等方式，听取集体意见，吸纳集体智慧，不断增强问题研判的精准性。同时，要积极强化组办会商，认真落实巡察工作领导小组的部署要求，积极主动接受巡察办的业务指导，把牢问题导向，深挖问题线索，更好彰显巡察工作质效和权威。三要用好谈话技巧。巡察谈话是巡察工作中非常重要的一环，通过与相关人员的直接对话，了解其工作情况、问题和需求，进而发现和解决问题，基于此，就要用好谈话技巧，要全面准确了解被谈话人信息、要制定好谈话提纲、要把握好节奏和方

向、要仔细认真梳理对照印证谈话情况，只有这样才能做到谈有所需、谈有所获。

## 四、注重团结协作，着力形成巡察工作的强大合力

巡察组是一个统一的整体，团结协作是做好巡察工作的重要保证。工作中，既要强调分工，更要讲究配合，既要强调发挥每个同志的个人优长，又要注意发挥集体的力量，决不能任性随意、推诿扯皮。一要在工作中相互提醒。巡察工作代表着党组织的权威和形象。所以，每名巡察人员都要在巡前提醒谈话的基础上，加强在日常工作中相互提示提醒，共同严守纪律红线、不碰高压线，做到同频共振、同向发力、同题共答，共同完成好巡察任务。组长率先垂范、尽职尽责、亲力亲为，对组员既教方法，又指导实践，每天晚上都与组内成员面对面交流，对白天发现的问题逐个进行研究，对问题的质量进行严格把关。二要在攻坚中相互协作。巡察工作中大家要加强信息共享和互通，以便对巡察单位有全面的了解。日常工作中要加强互相交流，在相互提升业务能力的同时拓宽知识面。同时，通过大家每日一小结、每周一总结，同步做好下步工作计划，做到手中有料，心中有数，从而确定重点关注的问题和攻坚方向。三要在生活中相互帮助。高强度、满负荷的工作，生活中的孤独、寂寞，远离了亲情、多了牵挂，是每个巡察人的真实写照。要发挥好临时党支部的作用，组织巡察组的同志们在日常生活中相互激励、相互帮助、相互支持、相互关爱，用平凡的肩膀扛起不平凡的事业，为做好巡察工作贡献力量。

# 高标定位　掌握方法<br>高质量完成政治巡察任务

阜新车务段党委副书记、纪委书记　魏金彦

巡视作为加强党内监督的战略性制度安排，是国之利器、党之利器。党的十八大以来，以习近平同志为核心的党中央高度重视巡视工作，从推进党的自我革命、全面从严治党的战略高度，对巡视工作发表一系列重要讲话，作出一系列重大部署，引领新时代巡视工作持续推进、向纵深发展。无论是专职巡视巡察干部、还是抽调兼职巡视巡察干部，都要认真学习领会习近平总书记关于巡视工作的重要论述，主动扛起巡视巡察职责，发扬斗争精神、增强斗争本领、掌握斗争策略，让巡视巡察利剑高悬、震慑常在。

## 一、勇闯“三关”树正气

作为巡察人员，除了具备较高的政治素质、较强的业务能力、过硬的工作作风外，还要克服“都是兄弟单位、铁路系统内部、大家都差不多”的惯性思维，提高政治站位，勇于向自我挑战，刀刃向内，勇闯“三关”，做到打铁还需自身硬。一是要过“人情关”。面对巡察工作中遇到的同学、同事、朋友、熟人，巡察人员必须旗帜鲜明地亮明身份、表明态度，切不可为了“一团和气”“有过交情”就丧失原则、失去正气，拿原则问题卖人情做交易。这就要求每一位巡察工作人员要认真贯彻落实中央关于“在巡视期间严禁说情、打招呼，干扰巡视组正常工作”等有关要求，维护风清气正、干事创业、遵规守纪的良好巡察工作风气。二是要过“特权关”。要克服巡察是集团公司党委的授权，自以为取得了“尚方宝剑”，便有了“一朝权在手便把令来行”的特权思想，到被巡察单位高高在上、高人一等，谈话居高临下、生冷硬，调查问题不注重方式方法、态度傲慢蛮横，违反巡察工作纪律、不按照巡察流程进行巡察、不认真落实中央八项规定精神，影响被巡察单位正常工作，犯官僚主义错误。凡此种种都是巡察中要克服的特权思想，要认真学习《中国共产党巡视工作条例》和党中央、国铁集团党组、集团公司党委关于巡视巡察工作的文件精神，对照“四个落实”开展巡察，切实贯彻落实好“发现问题、形成震慑，推动改革、促进发展”的巡视巡察工作方针，突出政治监督定位，做好被巡察单位的体检队、培训队和宣传队，为企业健康发展保驾护航。三是要过“自卑关”。作为临时选调的巡察人员，思想素质、业务能力、工作作风都是比较优秀、过硬的，但学历学识、职级资历并不一定很高，特别是面对被巡察单位“关键少数”群体，都是领导班子成员、副处级以上领导干部，巡察人员多数属于“小兵”，有些“小兵”担心今天的被巡察单位的领导干部和关键岗位人员，明天有可能成为自己单位的领导，所以瞻前顾后、畏手畏脚，不能大胆发现问题。作为巡察干部，必须消除这些顾虑想法，树牢责任意识，强化纪律执行，把党的利益放在第一位，把自己的“胆怯”放到一边，放下包袱、大胆作为，敢于“唱黑脸”“当包公”，高质量推进巡察工作。

## 二、苦练本领强筋骨

做好巡察工作，不但要政治坚定、忠诚干净、敢于担当、善于作为，更要胸怀大局、勇于挑战、练就“火眼金睛”，不断提高发现问题的本领。一练思想提站位。巡察的本质是政治监督，是对被巡察党组织和领导干部履行职能责任情况的全面政治体检。巡察人员一定要做到以习近平新时代中国特色社会主义思想为指导，以党的政治建设为统领，把坚定拥护“两个确立”、坚决做到“两个维护”作为根本政治任务，以“四个意识”为政治标杆，以“六项纪律”为尺子，以政治巡察为重点，强化思想建设，提高政治站位，视野放宽、格局放大，要有“会当凌绝顶，一览众山小”的政治视野。二练业务强本领。巡察工作的关键是发现问题，而巡察内容涉及党建、纪检、人事、财务等各个方面的专业知识，特别是党中央、国铁集团党组、集团公司党委的决策部署落实情况，这要求巡察人员一定要有较强的业务知识，既要精通自己分工负责内的相关制度规定，又要全面通晓上级开展的主要工作，重要活动的目标、内容及要求，把握精髓要义，善于对标对表，要具有敏锐的洞察力，不断提高发现问题的本领。三练协作讲大局。巡察过程中，一定要强化团队建设，树立一盘棋思想，在组长的统一安排部署下开展巡察工作，既要按照巡察清单要求各专业照单推进，又要统筹布局、相互协同、实现共享，形成协调配合机制。巡察人员一定要克服个人英雄主义，在巡察过程中大家要取长补短、交流沟通，要通过碰头会对问题定性、描述进行讨论，对发现问题线索调查走向进行预判，不断提高巡察效率。四练修养守纪律。巡察人员必须做到自重自省自警自励、慎独慎初慎微慎友，不断提高自身党性修养，筑牢思想防线，做到谨言慎行，严格按照巡察保密纪律要求开展工作，强化纪律执行，按照签署的保密承诺严守保密纪律，不该说的话不说、不该打听的事不问、不该保存的巡察资料不私自存放。同组同事之间也要建立相互监督机制，时刻检视思想行为，确保不越法纪红线，做到防微杜渐、慎独慎微。

## 三、掌握方法求实效

发现问题是巡察工作的生命线，不能在有限的时间内发现有质量的问题就是不合格的巡察干部。因此，在巡察过程中，必须掌握有效的巡察方法，既要耳聪目明、见叶知秋，还需抽丝剥茧、提高质效。一要有“目光如炬能穿雾”的眼力。巡察组里一般都按照专业背景分工，负责自己熟悉的一项或几个方面的巡察任务，要充分发挥知识储备和工作经验的积累，善于在纷繁复杂的材料中发现问题的蛛丝马迹，能够迅速辨别问题的真相，进而发现深层次的问题。俗话说变化点就是问题点，问题大多数从变化点而产生。要多关注政策变化过渡期、人员变动调整期和重点工作终始期等特殊阶段，往往在这些特殊时期隐藏着政策执行偏差，存在着大量问题。二要有“问渠那得清如许”的脚力。政策在上边，问题在下边。巡察不能只停留在机关科室看资料，要经常下沉到现场车间班组，通过看现场、看实物、看设备、看库存，通过询问、盘点等手段发现可疑的问题线索。比如：在工程建设领域，往往能够通过到项目现场查看材料使用、核对开竣工时间和了解施工队伍等情况，发现工程建设中存在的未批先建、违法转包、虚假验工等问题。三要有“一日看尽长安花”的手力。巡察进驻时间十分有限，对问题线索一定要做到心到手到、把握时机、快速核查、快速取证，有时巡察核实问题跟纪委办案一样，如果做不到快速处置，往往因为信息暴露，形成攻守同盟，使高质量的问题在调查中核不下来流失掉，没有充分的证据支撑使问题落空。因此，巡察核查问题要做到认真准备方案，分兵突进、双管齐下，用短平快的方式锁定问题证据，使问题点四脚落地。四要有“无声细雨潜心扉”的谈力。个别谈话是巡察获取情况、突破问题的重要途径和手段，谈话质量的高低决定发现问题的成效。因此，在巡察工作中谈话要讲究方法策略，要做好谈话准备、掌握谈话技巧、把握谈话要求，要因人而谈、因事而谈，不同的人使用不同的谈话方式，既要单刀直入直击要害，又要迂回包抄锁定目标，更要绵绵细雨人文关怀，让谈话对象敞开心扉说实话、说心里话，直至把问题谈实谈透了解清楚。

# 强化自身建设　敢于担当作为<br>努力在巡视工作中成为发现问题的“尖兵”

通化工务段纪委副书记　尹立丽

党的二十大报告从坚定不移全面从严治党、完善党的自我革命制度规范体系的战略高度，对巡视工作作出新的部署，强调：“发挥政治巡视利剑作用，加强巡视整改和成果运用。”自《中国共产党巡视工作条例》正式实施至今，从加强党内监督、规范巡视工作，到落实全面从严治党要求、严肃党内政治生活、净化党内政治生态，再到坚持和加强党对巡视工作的全面领导、推进新时代巡视工作高质量发展的发展和变化，充分体现了党中央强化管党治党、推进全面从严治党的鲜明态度，也着重突出了巡视工作对于推动党的先进性和纯洁性的极端重要性。巡视工作处于党内监督的前沿，巡视干部是《条例》的重要执行者，肩负着“两个维护”的特殊使命和重大政治责任，不断强化巡视干部自身建设，是提升巡视工作质效的必要条件。

## 一、提高政治站位，深刻理解巡视工作的重要意义

巡视工作是党章赋予的重要职责，是党和国家监督体系的重要组成部分，是全面从严治党的战略性制度安排，深刻认识和把握巡视工

作的重要意义，是做好巡视工作的重要保证。

**1. 巡视工作是推动全面从严治党向纵深发展的重要部署。**党的十八大以来，习近平总书记高度重视巡视工作，亲自谋划部署，多次听取巡视汇报、研究巡视工作，要求："深化政治巡视，坚持发现问题、形成震慑不动摇，建立巡视巡察上下联动的监督网。"深化政治监督就必须始终把"两个维护"作为根本任务，在具体化、精准化、常态化上下功夫，紧盯"一把手"和领导班子，聚焦群众反映强烈的突出问题，聚焦党组织和党员领导干部政治责任，发挥巡视利剑作用，确保从严治党真正落到实处。

**2. 巡视工作是上级党组织对下级党组织监督的重要抓手。**《条例》明确："巡视工作是上级党组织对下级党组织履行党的领导职能责任的政治监督，根本任务是坚决维护习近平总书记党中央的核心、全党的核心地位，坚决维护以习近平同志为核心的党中央权威和集中统一领导。"巡视工作要把严明党的政治纪律和政治规矩摆在首要位置，围绕坚持党的领导、加强党的建设，聚焦党的领导弱化、党的建设缺失、全面从严治党不力等三大问题，坚持党的重大决策部署到哪里，巡视监督就到哪里。要紧紧围绕习近平总书记重要指示批示和党中央大政方针强化政治监督，紧盯权力和责任，紧盯"一把手"和领导班子，督促被巡视单位党委以对党忠诚的政治自觉，坚决做到"两个维护"。

**3. 巡视工作是强化党风廉政建设和反腐败斗争的重要平台。**习近平总书记在二十届中央纪委二次全会上强调："要把巡视利剑磨得更光更亮，勇于亮剑，始终做到利剑高悬、震慑常在。"发现问题是巡视工作的重要职责，《条例》中明确巡视工作可以通过听取专题汇报、进行个别谈话，以及来信、来电、来访等方式了解情况。还可以通过抽查核实个人有关事项的情况，向有关知情人询问情况，调阅、复制有关文件、档案、会议记录等资料，召开座谈会，列席有关会议，民主测评、问卷调查，下沉调研了解情况等方式发现被巡视单位党委全面从严治党责任落实、党风廉政建设和反腐败工作等方面突出问题，进一步强化对被巡视单位领导班子及其成员的监督，着力发现权钱交易、以权谋私、贪污贿赂、腐化堕落等违纪违法问题线索，着力发现形式主义、官僚主义、享乐主义和奢靡之风等“四风”问题，着力发现跑官要官、拉票贿选、用人唯亲等不正之风，通过发现问题，形成有力震慑。

**4. 巡视工作是党内监督和群众监督有机结合的重要方式。**党的十八大以来，以习近平同志为核心的党中央坚持全面从严治党，制定实施了改进工作作风、密切联系群众的八项规定等一系列党内法规制度，严明了政治纪律和政治规矩。坚持党内监督和群众监督相结合，是新形势下解决党内突出问题的现实需要，是及时发现和解决群众急难愁盼问题的有效措施，做好新时代巡视工作必须牢牢把握“密切联系群众”这一纽带作用，积极发挥巡视贴近一线、贴近群众、贴近职工的优势，聚焦群众反映强烈的问题，鼓励和引导群众实事求是反映问题，赢得群众信任与支持，最大限度调动和激发群众参与巡视工作的积极性。

## 二、深入检视剖析，充分认清巡视工作中易发生的问题

“打铁还需自身硬”，巡视干部必须增强问题意识，结合工作和自身特点，深入开展自我检视剖析，查找学习态度、工作作风、纪律规矩和业务能力等方面不足的问题。

**1. 学习态度方面。**一是学习贯彻党的二十大精神和习近平总书记关于巡视工作的重要指示批示精神不够深入，缺乏站在讲政治的高度看待巡视监督的思想认识；二是学习党章、《条例》等党内法规不够深入，存在“凭经验，吃老底”的松懈思想，缺乏从“要我学”向“我要学”转变的行动自觉；三是对巡视监督单位各管理领域的文件、规定等资料学习不够深入，不能准确找到工作切入点，缺乏虚心学习和自我完善的内在动力。

**2. 工作作风方面。**一是工作主动性发挥不够，存在等靠思想，缺乏主动出击的干劲；二是害怕得罪人，存在“好人主义”，不敢直面矛盾，缺乏敢于较真的钻劲；三是工作效率不够高，监督流于形式，检查走马观花，缺乏敢于动真碰硬的拼劲。

**3. 纪律规矩方面。**一是与被巡视单位工作人员违规私下接触，收受礼品馈赠，泄露巡视干部人员信息和工作计划等信息；二是通过偷拍、窃取、窥视、录音、录像等方式在微信朋友圈、微信群传播与巡视有关的信息；三是泄露被巡视单位秘密、文件资料、个人信息、个人隐私、案件线索等其他违反巡视保密承诺的行为。

**4. 业务意识方面。**一是发现问题不说或者少说，对有问题的人和事故意袒护、隐瞒；二是发现问题片面，深度广度不够，不能结合被巡视单位的实际情况准确对标对表严查工作落实和违规违纪问题；三是问题表述不清、定性依据不准确，缺乏印证问题的有力支撑和向上聚焦的能力。

## 三、强化自身建设，在巡视工作中发挥应有的作用

巡视干部肩负着党组织赋予的神圣使命和特殊任务，要做发现问题的“尖兵”，就必须具备较高的政治站位和觉悟、勇往直前的胆识和气魄，任何时候任何情况下都要做到政治立场不移、政治方向不偏，始终保持昂扬的斗志，敢作敢为、善作善成，在日常工作学习中提升“五种能力”，筑牢参加巡视工作的基础。

**1. 在理论学习中提升政治能力。**巡视干部要坚持用习近平新时代中国特色社会主义思想武装头脑，深入学习习近平总书记关于巡视工作的重要论述，准确把握其中蕴含的立场观点和方法原则要求，自觉把思想和行动统一到党中央关于巡视巡察工作决策部署上来。要系统学习党章、《条例》等党内法规制度，熟练掌握巡视业务和实操技能，认真学习巡视单位政策文件，以及机构设置、职能分工和主要矛盾等

情况，切实找准工作切入点，不断提高政治站位、强化责任担当、增强履职能力。

**2. 在实干担当中提升斗争能力。**巡视干部必须牢牢把握斗争方向，在新时代伟大斗争中不断发扬斗争精神、增强斗争本领。巡视岗位是考验干部担当的最好平台，没有担当精神就不能胜任巡视工作，该发现的问题没有发现就是失职、发现了问题不报告就是渎职。巡视干部要具备敢于担当作为的底气、“打铁还需自身硬”的硬气和“明知山有虎偏向虎山行”的勇气，底气来源于忠诚担当，硬气来源于严以律己，勇气来源于公平正义。巡视干部要明确斗争任务、明确工作职责，要讲究斗争方法，准确把握巡视所处的时与势，深入总结个别谈话，深入了解、明察暗访、信访处置等经验做法，着力增强政治监督的鉴别力、发现问题的观察力、分析问题的突破力、把握政策的判断力、解决问题的执行力，始终做党和人民的忠诚卫士。

**3. 在监督检查中提升自我约束能力。**“治人者必先自治”，巡视干部必须以身作则，时刻提醒自己带头遵章守纪，积极发挥党员模范带头作用，增强“四个意识”、坚定“四个自信”、做到“两个维护”，坚决服从组织安排，忠诚履职、干净做人，要求别人做的，自己先做到，不允许别人做的，自己坚决不做。不能居高临下、盛气凌人，不能口大气粗、指手画脚，更不能随意肯定或否定被巡视单位工作，要严格遵守巡视流程和纪律要求，不得泄露巡视工作秘密，不跑风漏气，不接受吃请和礼品赠送，不该做的不做、不该说的不说，只有耐得住寂寞，抵得住诱惑，敢于“唱黑脸”、破解“人情关”，才能无愧于党组织赋予巡视干部的光荣职责。

**4. 在细查深纠中提升发现问题能力。**巡视是党内监督的战略性制度安排。巡视组工作时间有限，不能够在短时间内通过一次巡视就把被巡视单位所有问题都查到位，也不能在有限的时间里像纪检部门一样把问题线索查清查透，所以必须抓住重点，抓住主要矛盾点，精准发现问题。巡视干部不仅要善于从大量的资料文件、各层级的谈心谈话、众多的来信来访和各种会议记录中找问题、找瑕疵，还要善于从党的建设、重大事项决策、廉政建设、经营生产和问题整改等具体工作中反推责任落实，做到痕迹资料和工作落实相互印证，要从落实看管理、从管理查问题、从问题挖线索，找出问题背后有令不行、有禁不止等典型问题和以权谋私、权钱交易等违纪违法问题，不仅要辩证地看待问题，还要客观地分析问题，切实把问题弄清楚、搞透彻，防止片面性和绝对化。

**5. 在勤学多思中提升文字综合能力。**文字综合能力是巡视干部的立身之本，更是干部素质的主要体现。巡视报告是巡视成果的集中体现，更是对被巡视单位的“精准画像”，必须要符合被巡视单位实际，符合阶段性特征和巡视要求。一篇高质量的巡视报告不仅仅体现的是执笔人本身的文字水平，更体现的是巡视队伍的整体素质和问题底稿质量。问题底稿作为巡视工作报告的重要支撑材料，不但要有准确厚重的材料来印证存在的问题，还要有层次分明、重点突出、逻辑清晰的文字表述。巡视干部要不断提高语言文字表达能力、归纳提炼能力和逻辑分析能力，阐述问题时要有理有据，顺畅明快，分析问题时要严谨缜密，论证问题时要由点到面、由表及里、自下而上，把问题聚焦到被巡视单位党委“一把手”和领导班子，力争从管理源头分析和解决各类问题。

新时代新征程赋予巡视工作更大的责任使命，维护风清气正的政治生态，是巡视干部义不容辞的职责，巡视干部必须充分发挥巡视“发现问题、形成震慑，推动改革、促进发展”的职责作用，将责任内化于心，外化于行，在推动全面从严治党向纵深发展，一体推进“三不腐”进程中，高举巡视利剑，勇于担当作为，为巡视工作深化发展作出积极贡献。

# 提高站位　深学细研<br>高质量完成政治巡察任务

通化车务段党委副书记、纪委书记　刘兆乐

巡察工作是一项严肃而重要的政治任务。作为党内监督的重要手段，巡察旨在发现和纠正党组织和党员干部在政治立场、纪律作风等方面的问题，确保党的路线方针政策在基层得到有效贯彻落实，从而推动党风廉政建设和作风建设向纵深发展。巡察不仅是对被巡察单位的监督检查，更是对巡察干部自身政治素养和工作能力的考验。

## 一、深入学习，切实增强做好巡察工作的责任感

通过参加巡察动员会，进一步增强责任感和使命感，充分认识巡视巡察是党章规定的重要制度，是上级党组织对下级党组织监督的重大举措，对进一步加强党内监督和全面从严治党，加强领导班子和干部队伍建设，以及推动上级党组织决策部署的落实，推动党风廉政建设和反腐败工作的深入开展都具有十分重要的意义。一是不断提升政治定力。巡察是政治监督而不是业务检查，这与平常开展的业务检查有着本质区别。作为巡察人员一定要以习近平新时代中国特色社会主

义思想为指导，以党的政治建设为统领，把坚定拥护“两个确立”、坚决做到“两个维护”作为根本政治任务，强化思想建设，提高政治站位。不仅要具备较高的政治意识，还要坚定政治方向，坚持问题导向，坚守价值取向，以“四个意识”为标杆，以“党规党纪”为尺子，以《中国共产党巡视工作条例》为基本遵循，深入发现和揭露问题，更要透过现象看本质。巡察人员在巡察过程中要不断加强学习，不仅要加强学习党规党纪，还要加强业务学习，更要向巡察组内的同志学习，每个巡察人员身上都有各自的优势，如果能把巡察组内同志的优势集中融合，就会发挥出超强的优势。二是努力解开人情羁绊。无论是到哪个单位巡察，都可能遇到同学、同乡、战友和熟人。这就要求巡察人员首先要克服畏难情绪，提高政治站位，勇于自我挑战，做到坚持原则、实事求是。巡察人员必须旗帜鲜明地亮明身份、表明态度，切不可为了人情关系丧失原则、失去正气，拿原则问题做人情当交易。每一位巡察人员都要认真贯彻落实中央关于“在巡视期间严禁说情、打招呼，干扰巡视组正常工作”的有关要求，自觉维护巡察工作的良好风气。三是杜绝滋生特权思想。巡察工作是党组织的授权，巡察人员切不可因为有了党组织的授权就产生特权思想，到被巡察单位就自觉高人一等，谈话态度生冷硬，只听上句不听下句，了解问题方式方法简单粗暴，不注重工作方法，甚至违反巡察工作纪律。凡此种种都是巡察中要克服的特权思想，这就要求每名巡察人员都要认真学习巡视巡察工作文件精神，切实贯彻落实好“发现问题、形成震慑，推动改革、促进发展”的巡视巡察工作方针。

## 二、严肃对待，在增强本领上下功夫

要想做好巡察工作，作为巡察人员首先要严肃对待巡察工作，从讲政治、讲规矩的高度出发，丝毫不能马虎。只有政治坚定、敢于担当、才能成为“显微镜”，不断提高发现问题的本领。一要深刻领会制度政策。针对巡察工作可能涉及的内容，要广泛收集和学习与之相关的党建、纪检、人事、劳资、财务、合同等制度文件和规定，特别是上级党组织的决策部署落实情况，这就要求巡察人员要具备敏锐的洞察力和扎实的专业知识，不仅要熟知自己分工范围内的政策规定，还要了解上级党组织开展的主要工作内容及要求，力求找准方向不走弯路，提高巡察工作效率。二要深入查阅档案资料。通过向被巡察单位各部门了解整体情况后，认真查阅巡察汇报材料、工作总结、审计报告、下发的通报，以及相关会议记录，使巡察人员对被巡察单位以往或当前存在的主要问题有一个大致的了解和熟悉，以便更快地找准巡察重点和切入点。三要讲协作顾大局。巡察工作不是一个人的战斗，而是一个团队的协作。工作中，每名成员都要树立团队意识，在组长的统一安排部署下开展巡察工作，既要按照工作分工有序推进，又要统筹谋划、相互协同，形成协调配合机制。在巡察过程中大家要相互相取长补短、交流沟通，对发现的问题要通过碰头会对问题集体研究、统一定性。对发现的问题线索调查走向要有针对性地进行预判，及时固定有力证据。

## 三、勤于思考，及时总结方法和技巧

巡察工作时间紧任务重，在较短的时间内既要发现有质量的问题，又要深入分析问题背后产生的深层次原因，如果不掌握有效方法提高巡察效率，是不能在有限的时间内完成巡察任务的。巡察中常用的三种巡察方法：一是重点排除法。针对被巡察单位可能出现的问题点，通过统计核实，逐项排除，剩下的就是问题点。二是前后对比测算法。针对一项工程撤旧换新改造完成后，通过计算新工程的材料使用数量来测算撤旧物资数量，如果材料新旧对比差异较大就可能存在废旧物资管理不善的问题。三是票据统计分析法。针对同一个人报销的票据号进行连续几个月统计分析，如果报销票据是连号的，极有可能是采用虚假票据报销问题。

巡察工作虽然充满挑战，但每一次巡察都是一次难得的学习和成长机会，只要不断提升自己，勇于担当，巡察工作一定会取得更好的成效。

# 深化政治巡察　强化政治监督<br>推动巡察工作向基层延伸

锦州工务段党委副书记　张冬梅

党的二十大报告明确要求，“推进政治监督具体化、精准化、常态化”。习近平总书记指出：“政治监督是督促全党坚持党中央集中统一领导的有力举措，要在具体化、精准化、常态化上下更大功夫。”深入学习贯彻习近平总书记关于巡视工作重要论述和党中央决策部署，巡察人员要认真落实集团公司党委对巡察工作提出的具体要求，强化政治意识，坚定政治立场，坚守价值取向，坚持学习创新，努力在干中学、学中干，不断提高巡察本领，敢于向问题亮剑，肩负起党组织的信任和重托，推动巡察工作取得实效。

## 一、提高思想觉悟，扛牢压实巡察政治责任

习近平总书记多次强调，“坚持党组织建立到哪里，巡视巡察就跟进到哪里，扎牢织密监督网”。每参加一次巡察，都有一次新的认识和收获，体会到巡察工作不仅是党的巡视制度向基层的延伸，也是加强党的建设的重要举措，还是从严治党、维护党纪的重要手段，更是加强党内监督的重要形式。

提升思想觉悟和对巡察政治职能的定位，除了要加强自我学习外，还应在巡察进驻前，甚至在整个巡察过程中，坚持对被巡察单位干部职工的宣讲，讲清巡察的重大意义、目标任务、重要要求等，切实增强其政治自觉、思想自觉、行动自觉。从思想上解决“为什么”的问题，形成上下一致应“这样做”，才能让接下来的巡察工作顺利开展，达到事半功倍的效果。

在巡察中，有的被巡察单位的同志刚开始不理解为什么要开展巡察。但随着巡察开展到“回头看”，其想法得到了转变，感觉到单位在不同层面、不同领域存在的突出问题和“要命”隐患得到及时发现、整改和消除，进一步促进了单位可持续健康发展。在看到效果的同时，放下了思想包袱，主动配合巡察工作，也充分认识到这一举措加强了作风建设，严肃了纪律执行，确保集团公司的各项要求在单位得到有效落实，进一步增强了职工队伍的凝聚力和向心力。

巡察工作任重道远，在今后的工作中，巡察干部应不断学习，通过宣传、教育和引导，切实让被巡察单位干部职工清醒地认识到巡察工作是为单位做的一次政治体检，将会推动各项工作向好发展，更会促进领导班子和党员干部队伍作风的转变、管理的提升，营造出风清气正、干事创业的良好政治生态。

## 二、坚持实事求是，优质高效完成巡察任务

是“弱”还是“薄弱”，是“不落实”还是“推进缓慢”，对一件问题定性的精准程度，就是巡察工作需要达到的标准。巡察工作是一项政治性、政策性、专业性、纪律性很强的工作，关系到全面从严治党战略实施和被巡察单位党组织能否保持健康的政治肌体，这就要求巡察工作一定要重事实，查实情，客观公正，精准科学，实事求是为问题定性。

要精准为问题定性，首要是发现的问题一定要符合实际。确切地

说，就是要精准发现那些核心问题、关键问题，要确保发现的问题是真问题。其次，问题指向的责任一定要精准，不能张冠李戴、打错板子，更不允许发生“葫芦僧乱判葫芦案”的问题。最重要的是反映问题的程度一定要精准，不能放大也不能缩小，既不能出现帽子大、问题小的“扣帽子”问题，也不能出现帽子小、问题大的敷衍塞责行为。

巡察工作时间紧、任务重、人力有限，要做到精准研判，就要求巡察干部必须保持清醒的头脑、高度的警觉，正确地分析问题，在短时间内找到问题点、找准突破口。既不能以偏概全，也不能一概怀疑；要坚持有一说一，求真务实。在问题核实上真实情况是什么样，就还原成什么样；在问题定性上，应该是哪方面的问题，就认定成哪方面的问题。做到不夸大事实、不掩盖问题，不唯上、不唯书，只唯实。只有这样，才能经得起时间的检验，才能经得起历史的检验。

## 三、做到同题共答，不断提高巡察工作质量

巡察是全面从严治党的重大举措，是帮助被巡察党组织履行政治责任、理顺工作机制的现实需要。巡察组从政治站位、政治把脉的视角出发，与被巡察单位党组织共同分析审视问题，让被巡察党组织切实认识到自身存在的积弊和不足。既然巡察组与被巡察单位目标是同向的，做到同题共答、同向发力至关重要，这会让巡察目标更明晰，工作开展更顺畅。

每次巡察前，沈阳局集团公司党委开展的集中培训很有质量，更有必要。巡察前期，让巡察人员做足功课，先当学生，后当老师，会为巡察队伍充电储能，进一步补齐能力短板，避免巡察工作走弯路，促进工作质量提升。实践证明，通过学习，必将让巡察工作起到“发现问题、形成震慑，推动改革、促进发展”的作用。

巡察组与被巡察单位虽然是巡察与被巡察的关系，但两者的目标任务是一致的，都是为了推动改革、促进企业高质量发展。作为被巡

察单位，应做好思想准备、组织准备和工作准备，自觉接受监督，主动查摆问题，积极配合支持巡察工作。不搞遮遮掩掩、不搞避实就虚，不包装、不粉饰，与巡察组相互配合，做到下借上势、上借下力，确保压力层层传导、责任级级压实。做好同题共答，就要坚持步调一致、同向发力、同频共振。只有树立一盘棋、一家人的思想，才能真正把脉去病、强身健体。

## 四、加强问题整改，推动成果应用取得实效

强化巡察整改落实和成果运用，是全面贯彻巡视巡察工作方针的内在要求，也是发挥监督保障执行、促进完善发展作用的关键一环。确保被巡察单位着眼于巡察发现的普遍性和反复性问题，以问题为导向，持之以恒抓好整改落实，确保真改实改、收效见效。真正做好巡察工作的“后半篇文章”，才是推动巡察工作持续深化的落脚点。

全面从严治党，只有进行时，没有完成时。被巡察单位要坚持以巡察发现的问题为切入点，补短板、强弱项，坚持把治标与治本、立行立改与建章立制相结合，切实把巡视巡察整改融入日常工作中、融入改革发展中、融入安全生产中、融入班子队伍建设中，要通过有效融入，真正实现以巡促改、以巡促建、以巡促治。

要坚持以“不贰过”的原则和“不被同一块石头绊倒”的决心，发扬钉钉子精神，既迅速处理、尽快完成，又锲而不舍、久久为功。只有把巡察成果体现在整改责任的落实上，体现在长效机制的建立上，体现在追责问责的严肃上，才能真正实现成果运用的最大化，确保巡察成果颗粒归仓，发挥巡察的震慑、遏制、治本作用。

# 深化认识　提升能力<br>在巡察中锤炼品行和作风

沈阳工务段副段长　张玉琴

巡察工作是新形势下贯彻落实党中央全面从严治党向基层延伸的重大举措和重要抓手，是党内的政治体检、作风的专项会诊、精神的集中补钙、思想的深刻警醒，发挥了政治“显微镜”和政治“探照灯”作用，成效显著，震慑力有目共睹。作为一名从基层选调的巡察干部，通过培训学习和实践锻炼，开阔了视野，深化了思想认识；丰富了知识，提升了工作能力；锤炼了品行作风，为完成巡察工作任务和做好今后工作打下了基础。

## 一、在巡察中深化思想认识

选调参加巡察工作之前，对巡察的政治定位、重要目的、政治要求、主要方式方法等认识不够深刻，参加巡察工作后，主要在三个方面有了深入的认识和理解。一是巡察不是简单的业务检查，本质是政治监督。巡察是上级党组织对下级党组织履行党的领导职能责任的政治监督，突出的是政治属性，是用政治“放大镜”“显微镜”为被巡察党组织工作进行一次“政治扫描”，对其工作作风进行一次“综合会诊”，从业务看政治、从问题看责任、从现象看本质，全面深入了解被巡察党组织和领导干部抓工作的政治站位、政治态度、政治忠诚、政治担当，目标是防病，实质作用在于及早发现、防微杜渐、祛病强身。二是巡察组与被巡察单位不是监考关系，是同题共答。开展政治巡察，考验的不仅是巡察组的能力担当，也是对被巡察党组织政治立场、政治品质的考验。巡察是一场考试，巡察组和被巡察单位都是答卷人，必须同题共答、同向发力、同频共振，任何一方的缺位、错位都将影响巡察工作的质效。通过召开巡察动员大会、张贴巡察公告、制作微信宣传产品等方式，使被巡察单位认识到巡察是给自己把脉、体检，遮掩回避于自身不利，同时认识到配合做好巡察是政治责任，必须积极与巡察组沟通衔接，共同“答题考试”，一起交上合格答卷。三是集中巡察结束不是巡察工作画“句号”，必须扎实做好整改“后半篇文章”。对待巡察，不能有“过关交卷”思想，“巡”“改”必须同步发力，“巡而不改不如不巡”。被巡察单位党委必须压紧压实整改责任，保证巡察问题件件有着落、条条有整改、真正见底清零，使巡察成果“颗粒归仓”。一次整改完成也不意味着永远改好了，要将巩固巡察整改成果融入日常工作，既要保证“当下改”措施落到位，又要建立“长久立”机制，以点带面，标本兼治，切实将巡察整改成果转化为推动工作发展的强大动力。

## 二、在巡察中提升工作能力

发现问题是巡察工作的生命线，能否客观、如实、全面反映问题，是对巡察干部党性和能力的一场考验，如果出现纰漏、错误或其他问题，容易错过解决问题的良好时机，如果是“致命”问题，就失去了“补救”机会。作为一名巡察干部，要时刻警醒自己不能出偏差，与组内其他同志紧密配合，边学边干、取长补短，甩掉“包袱”、轻装前进，注重从三个方面提升巡察工作能力。一要排除干扰，解决“不敢查”的问题。对巡察干部来说，第一难关是有形或无形的人情关系干扰。选调的巡察干部都来自集团公司管内单位，与被巡察单位是“低头不见抬头见”，作为巡察干部，首先必须打消思想顾虑，把党章党规党纪挺在前面，守住对党忠诚的“底线”，不怕“得罪人”、不怕打击报复，以对党负责、对巡察单位负责的态度，实事求是地反映发现的问题，努力做到问题查实、佐证找齐、定性精准，确保巡察结果经得起全方位检验。二要练好内功，解决“不会查”的问题。巡察工作政治性、政策性、敏感性强，对首次参加巡察的“新兵”来说，刚开始都有一种无从下手的感觉。通过沈阳局集团公司党委组织的集中培训、巡察办的分组培训以及巡察组的边干边培训，大家对“巡什么、怎么巡、巡到什么程度、达到什么效果”都有深切体会，但对巡察干部来说，要想切实消除“本领恐慌”，最重要的是不断学习，抓紧时间自学，“缺什么补什么”，根据巡察需要不断“充电蓄能”，有了“金刚钻”就不怕“瓷器活”了。三要协同攻坚，解决“不好查”的问题。巡察组内有分工，但必须做到分工不分家，日常小组内成员之间以及小组与小组之间，要勤沟通常联系，采取不定期的碰头会或是自找时间，共同对巡察中的存疑问题进行讨论分析，当遇到特殊情况和复杂问题时，要打破原有分工和组别界限，坚持集思广益、整体联动、优势互补、精准发力，确保巡察工作整体推进。

## 三、在巡察中锤炼品行作风

对选调参加巡察的干部来说，巡察过程是在严肃的党内政治生活中锤炼党性、砥砺品行、转变作风、强化担当的过程。巡察工作结束后，要继续锤炼品格和作风，把巡察中的收获带回到工作岗位，真正做到参加一次巡察受益一生。一要继续涵养讲政治守纪律的政治品格。巡察工作不仅是对被巡察单位的一次全方位政治体检，也是对每名巡察干部的一次政治洗礼。从巡察前认识肤浅、“本领恐慌”到巡察中的实战历练和巡察后的总结提炼，自身的纪律观念和规矩意识不断增强，尤其在巡察过程中，坚持用政治眼光和鉴别力去分析、判断、定性问题，从业务问题背后查找政治问题、深层次问题，切实提升了从政治上看问题的能力。今后工作中，仍需持续提高政治判断力、政治领悟力、政治执行力，把讲政治从外部要求转化为内在主动，确保上级决策部署在基层真正落实落地。二要继续发扬彻底的自我革命精神。巡察干部要把巡察当作一面镜子，巡察别人的同时严格审视自己，时时参照比对，时时自重、自省、自警、自励。面对别人的失误、错误，要自问“吸取什么教训，有没有类似问题”；面对被巡察单位的先进做法和经验，要自问“为什么自己做不到，差距在哪”。通过巡察准确掌握开展工作的政策依据、标准程序和纪律要求，养成对标对表的工作习惯。今后工作中，仍需时时处处对标对表，及时校正偏差，确保各项工作不跑偏、不走样。三要继续保持严谨细致的工作作风。严谨细致是巡察工作留给巡察干部最深的印象，无论是发现问题、认定责任、撰写底稿或报告，还是巡察中办文办会、听取汇报、个别谈话、下沉调研、查阅资料等任何环节，巡察组里的每名同志都十分严谨细致，比如撰写报告要精确到每一个字，有时一段话要反复推敲两个小时，一份材料要反复核实几遍，以确保精准无误。今后工作中，仍需继续保持这种严谨细致的工作作风，尽职尽责、实干笃行，做有底线、有本事、有定力、有担当的党员干部。

# 提升“四种能力” 严肃认真做好巡察工作

苏家屯机务段党委宣传助理员 耿春胜

习近平总书记指出：“巡视成为党风廉政建设和反腐败斗争的重要平台，是党内监督与群众监督结合的重要方式，是上级党组织对下级党组织监督的重要抓手，为全面从严治党提供了有力支撑。”巡察是巡视向基层的延伸和拓展，也是推动全面从严治党向纵深发展的重要手段。根据巡察工作的性质，任务和面临的形势，严肃认真做好巡察工作，迫切需要巡察干部切实提升四种过硬能力，以巡察干部高素质能力确保高质量完成巡察工作任务。

## 一、牢记初心使命，切实提升政治能力

做好巡察工作所需的各种能力中，政治能力是最重要、最关键的能力，对其他能力的有效发挥起着决定性影响。高质量完成巡察工作任务既是检验巡察干部政治能力的“试金石”，也是锻造巡察干部政治品格的“磨刀石”，是组织交给的一项重大政治任务，更是一次难得的政治历练和实践锻炼。习近平总书记在党的二十大报告中指出：“推进政治监督具体化、精准化、常态化，增强对‘一把手’和领导班子监督实效。发挥政治巡视利剑作用，加强巡视整改和成果运用。落实全

面从严治党政治责任，用好问责利器。”这再次为发挥政治巡视巡察作用，推进全面从严治党提供了根本遵循。准确把握好巡察工作的职能定位，要求巡察干部在重大问题和关键环节上头脑必须特别清醒、眼睛特别明亮，善于从一般事务中发现政治问题，善于从倾向性、苗头性问题中发现政治端倪，善于从错综复杂的矛盾关系中把握政治逻辑。巡察工作中，必须时刻牢记巡察工作使命，加强党性修养，在思想上、行动上时刻做到对党忠诚、对人民忠诚、对事业忠诚，对巡察中发现的问题做到不偏不袒、不遮不掩、如实反映。同时，严守巡察工作纪律，落实保密制度，严格做好电脑、U 盘、工作笔记等办公用品的管理，以及问题线索、证据材料和文件材料的保密工作。严格遵守廉洁纪律规定，工作生活中不搞特殊化，自觉维护巡察干部的良好形象。

## 二、坚持以学促干，切实提升学习能力

打铁还需自身硬，加强学习是做好巡察工作的前提和基础。习近平总书记多次强调学习的重要性，指出：“善于学习，就是善于进步。”“没有全党大学习，没有干部大培训，就没有事业大发展。”巡察工作新情况新变化很多，因循守旧、抱残守缺是行不通的，巡察干部必须与时俱进学、全面系统学，确保自身素质能力和专业水平与巡察工作要求相匹配。要学好创新理论，深入学习领会党的二十大和二十届二中、三中全会精神，跟进学习习近平总书记重要讲话和重要指示批示精神，读原著、学原文、悟原理，学深悟透蕴含其中的世界观和方法论，熟练运用好贯穿其中的立场观点方法，始终坚持用党的科学理论武装头脑，指导实践。要学好政策法规，认真学习党章党规党纪和党的基本理论，学好上级党委各级领导讲话和下发的各种文件，坚持多学、勤学深学，依规依纪依法开展工作，确保查实的问题有根有据，经得起检验。要全方面掌握巡察专业知识，巡察干部都要独当一面、一专多能，既要注重对本专业知识的深入学习，更要加强对其他

不熟悉领域方面知识的学习，努力提高自身的综合素质。理论素养提升了、专业本领增强了，就意味着理论思维能力提高了，从而能够积极运用科学思维思考问题、分析问题、研究问题和解决问题。通过持续不断学习，自身把握政策、综合分析等方面的能力必将有所提高，从而能更好应对巡察工作新变化、新要求，高质量完成巡察工作任务。

## 三、敢于叫真碰硬，切实提升攻坚能力

政治巡察是对基层党组织的政治体检。巡察干部要聚焦基层党组织全面从严治党存在的问题，成为善于发现问题的“瞄准镜”和“放大镜”。要敢于聚焦职工群众最关心关注的突出问题，站稳人民立场，把党的群众路线贯穿始终，以职工群众拥护不拥护、赞成不赞成、高兴不高兴、答应不答应作为根本评判标准。巡察期间，要主动深入职工群众中间，了解掌握职工群众和基层一线的呼声，让干部职工感受到全面从严治党就在身边、正风反腐就在身边，厚植坚持党的领导、加强党的建设的政治基础和群众基础。要敢于接触疑难问题，勇于挑重担子、啃硬骨头、接烫手山芋。一个单位运行多年，所积累的各种材料浩如烟海，部分积累的问题往往都是一些难啃的历史遗留问题。巡察工作中，对发现的问题提前要有预判，要有精准分析，在攻坚克难解决疑难重大的问题时要练就一双“火眼金睛”，紧盯管理上的薄弱点，找出工作中的问题点。对待有价值的线索，要抓住细节、顺藤摸瓜，抓取有价值的信息和线索，蛛丝马迹绝不放过，细心研判，仔细分析，尤其要排除各种干扰，过好人情关，实事求是地把被巡察单位的问题找出来、病根巡出来，切实传递出严的基调强烈信号。

## 四、加强互补互助，切实提升协作能力

互补互助、团结协作是做好巡察工作的关键。巡察期间，来自不同单位的同志组成一个巡察小组，聚集在一起，很快进入紧张工作模

式，每一名巡察干部都有明确的分工任务。但面对一些疑难复杂的问题，要迅速组成一个团结战斗的集体，本着实事求是和去伪存真的原则，相互协作、共同努力把真实情况剥茧抽丝汇总出来，把每一个疑点都核实准，刨根问底地追查问题根源，并通过调取资料，寻找依据，深入分析，把事实认定的逻辑链严密地串联起来，达到铁证如山的效果。巡察报告起草后，要共同推敲，集体研究，组内每名同志都要发表意见，提出值得商榷的地方，再权衡、比较、修改完善。反复核对收集的佐证材料，再上报，确保报告经得起检验，反映的事实准确无误。

巡察经历是一段宝贵的人生经历，不仅强化了党建、纪检、财务、法律等多方面的知识储备，也涵养了踏实做人、务实做事、敢于担当的工作作风，更能领会站在大局最高视角来思考问题，是一次十分难得的机会，必将推动干部在扛硬仗、干重活、担重任的淬炼下茁壮成长。

# 坚守初心使命　忠诚履职尽责<br>高质量完成政治巡察各项工作任务

霍林郭勒运营维修段纪委副书记　王　帅

巡视是推进党的自我革命、全面从严治党的战略性制度安排，巡察是巡视的延伸和补充，是党组织监督的无缝对接。巡察工作实绩与巡察干部的素质能力息息相关，只有巡察干部将巡察工作流程、巡察重要事项、巡察重点要求等内化于心，做好巡察前的各项准备工作，才能发挥事半功倍的作用，才能高质量完成政治巡察各项工作任务。

## 一、坚持吃透精神明确方向，确保锚定目标提升标准

掌握政策，把准监督方向，是做好巡察工作的先决条件。“凡事预则立，不预则废”，没有事先的计划和准备，就不能获得巡察的真正成功。在进驻被巡察单位前，巡察干部要深入学习习近平总书记关于巡视工作的重要论述和《中国共产党巡视工作条例》等党内法规，以及上级党委巡视巡察工作文件精神，掌握巡察目标和方向。开展巡察工作要正确理解政治和业务的关系，巡察是政治巡察，而不是业务检查。在巡察中要把发现政治问题作为首要任务，坚持用政治标准去衡量党组织和党员干部行为，按照“四个落实”和“三个聚焦”的要求，紧

盯党组织的政治建设、政治责任，深入查找政治偏差，进行全面政治体检。发现问题是巡察工作的生命线，要突出问题导向，深入发现问题，推动问题整改解决，真正让巡察利剑始终高悬，让巡察监督落地见效。

## 二、坚持充电蓄能增强本领，确保学以致用提升能力

学好业务，掌握专业知识，是做好巡察工作的重要前提。巡察工作实绩与巡察干部的自身素质、业务能力息息相关，在巡察前和巡察中要注重学习，不断提高自己的综合素质，以便应对各种困难挑战。一是向培训班老师学习。培训老师专业知识扎实，要在巡察前的培训中认真听好每一节课。学好党规法纪和巡察相关文件要求，努力掌握所巡察领域的专业知识，不断增强政治鉴别力，确保在政治巡察中把握好方向，精准发现被巡察单位存在的问题。二是向巡察组组长学习。巡察组组长工作经验丰富，要在其指导下熟悉巡察工作实施方案，知悉巡察具体工作任务，做到早思考、早谋划，充分发挥主观能动性，积极对接巡察准备事宜，列出初步需要材料清单，做到“思深方益远，谋定而后动”。三是向巡察组同事学习。巡察组有的组员多次参与巡察工作，经多见广，方法独到。作为新组员，在学习相关制度办法的同时，要积极向组内有经验的同事请教经验做法，尽快提高自身工作能力和技术水平。

## 三、坚持团结协作凝聚合力，确保优势互补提升效能

密切配合，发挥团队作用，是做好巡察工作的根本要求。“一人难挑千斤担，众人能移万座山”，组内人员互相尊重、积极配合，才能树立良好的团队意识，实现全组一盘棋，分工不分家，协同办公、共克难关。一是经验做法共享。多次参加过巡察工作的老组员要经常向其他组员特别是新组员分享自己好的工作做法，不断提升团队整体战斗

力。比如：按照责任分工，巡察底稿由各组员自行编写打印，老组员看到新组员业务不够熟练，费时费力易出错，便主动教会新组员整理材料、编写底稿。新组员边学边干、边干边学，迅速提升了业务能力。二是主动协调配合。各位组员来自不同单位，划分到各小组，要利用工作之余或休息时间主动帮助其他组员开展工作。比如：有的组员需要查阅大量基础资料忙不过来时，其他组员总会主动帮忙分类，梳理相关数据，录入相关信息，提高工作进度。三是合力攻坚克难。充分发挥团队作用，共同制定工作方案，合力解决巡察中的难题，才能高质量完成各项工作任务。比如：组内实行定期“碰头会”制度，针对巡察发现的突出问题，综合分析研判，找准“病灶”、挖出“病根”、开出“良方”，对症下药打通“梗阻”并取得实效。

## 四、坚持对规对标检索问题，确保准确定性提升效率

总结经验，精准捕捉问题，是做好巡察工作的必要保障。无论查阅资料还是巡察谈话、走访调研，都要求各位组员“目光敏锐、方法精准”，紧盯重点人、重点事，善于捕捉蛛丝马迹，发现有价值的问题线索。一是对规对标法。以党章、准则、条例等党内法规和集团公司党委实施的各项细则、办法、制度等为依据，检验被巡察单位具体落实情况，严查光喊口号不落实、敷衍塞责搞变通、弄虚作假打折扣等问题。二是查阅资料法。按照巡察方案，重点查阅被巡察单位的党委会、党政联席会、党组织换届选举、发展党员、党支部“三会一课”等资料，严查组织推进不力、违反制度规定等问题。三是对照清单法。依据集团公司党委历年巡察问题库，梳理出同系统单位问题清单，着重发现被巡察单位是否存在同类问题。将近期检查通报问题进行梳理汇总，形成问题清单，重点核对被巡察单位是否对同类问题组织整改到位。四是实地调研法。通过听取汇报、召开座谈会、列席有关会议等，重点关注被巡察单位落实“两个责任”方面的情况，带着疑问

到一线、进车间、入班组进行现场调研，了解情况，掌握实情，找准问题。

## 五、坚持手续完备做实底稿，确保档案完整提升质量

程序合规，底稿资料齐全，是做好巡察工作的重要基础。巡察档案是巡察成果的有力展现，也是推进全面从严治党的客观载体，要努力做好巡察资料的收集归档，确保巡察资料的真实性、关联性和完整性。一是巡察资料应收尽收。按照巡察工作流程，明确组员分工、布置收集任务、熟知归档要求、注重归档环节，在实际的收集过程中视情况分为了解类、报告类、反馈类、移交类等类别，以此达到档案收集齐全的目标。二是问题底稿规范有序。对照巡察报告和专题报告中的问题收集和制作问题底稿，一个问题对应一份底稿，对底稿材料的原件或复印件进行系统整理，规范填写问题底稿内容，做到问题有描述、事例有支撑、定性有依据、过程有记录。三是卷内资料翔实规范。按照巡察工作程序梳理档案资料，结合时间顺序、问题类别、逻辑关系全面收集汇总，做到不错项、不缺项。坚持以巡察工作流程为主线，按照分类清晰、检索快捷要求，对照档案清单及时、完整、有序地梳理电子版文档和纸质版资料，确保档案目录清单与卷内资料相符无误，归档完整。

打铁还需自身硬。巡察干部要严守政治纪律和政治规矩，严格落实中央八项规定及其实施细则精神，带头反对形式主义、官僚主义、享乐主义和奢靡之风，严格执行巡察工作纪律，做到忠诚干净担当、敢于善于斗争，依规依纪依法开展巡察工作。

# 牢记职责使命　强化规矩意识<br>在巡察实践中不断锤炼提升自我

长春客运段纪委副书记　孔祥成

党的十八大以来，习近平总书记和党中央以前所未有的决心和力度推进全面从严治党，把巡视作为推进党的自我革命、全面从严治党的战略性制度安排，在形成党的自我革命重要思想的过程中，对巡视工作作出一系列部署安排。必须充分认清巡察工作面临的新形势新要求，自觉把巡察工作摆到加强党对国铁企业领导、服务“国之大者”的战略高度来思考把握，以彻底的自我革命精神组织开展巡察工作，推动企业发展。

## 一、要加强学习，提高精准发现问题的能力

巡察工作政策性严、专业性强、业务要求高，要想准确找出问题，巡察人员就要加强各方面知识的学习和储备。深入学习理论知识是做好巡察工作的前提，特别在巡察培训期间，要根据巡察工作分工，结合自己负责的内容和项点，有针对性地集中学习或自学相关知识，特别要重点学习近年来党中央、国铁集团党组、集团公司党委下发的相关制度、办法，掌握政策的连续性，通过学习找出易发生问题的“风

险点”作为巡察的重要项点。比如：通过学习津补贴发放相关文件，了解干部岗位调整和津补贴项目调整的关系，巡察中可以有针对性地对被巡察单位一个时间段内干部调整情况进行抽查，看被巡察单位是否有规定不执行，是否存在应支付不支付、应停发不停发津补贴的问题。

## 二、要做好方案，准确把握巡察重点和工作着力点

巡察工作开展前，要全面细致了解掌握被巡察单位总体情况，学习系统单位巡察报告；针对被巡察单位实际，结合巡察重点，制定切实可行的巡察工作方案。同样，在调查核实某件问题时，也要认真分析研判，找准政策依据，制定调查取证的人员范围、调查方法、取证内容等方案，做好突发问题和安全措施等应急预案，确保取证简明扼要、真实准确、过程严谨安全。

## 三、要团结协作，凝聚集体智慧合力攻坚

坚持团结协作、增强整体合力是巡察工作的基本保证。巡察组是一个整体、一个团队，组员均由不同单位的人员抽调组成，要想高质量完成巡察任务，各组员间必须要做到团结协作，心相聚、力相合，既要分工明确，做到事事有人管、人人有事做；又要做到分工不分家，汇聚各方智慧和所长，做到相互补位、不缺位，既有单兵作战，又有集体行动。

## 四、要严明纪律，筑牢拒腐防变的思想防线

巡察既是对被巡察单位的政治体检，也是对巡察人员的考验。巡察人员要牢记职责使命，强化纪律规矩意识，自觉遵守党纪国法，严守政治纪律、政治规矩和党的制度规定；严格遵守巡察纪律，管住嘴，不该说的不说，不该问的不问，克服人情关、权势关、利益关，确保

巡察工作经得起检验。比如：在巡察有相熟人员单位时，会产生畏难情绪，很难过“人情”这一关，就需要在提升党性修养上下功夫，加强与组长和组员的谈心交流，努力转变观念，放下包袱，做到履职尽责，不为“人情”所困。

## 五、要学用结合，不断推进本职工作改进提升

参与巡察工作能够使巡察人员学习党建、财务、物资等多方面的知识，不断磨炼干净做人、用心做事、担当作为的意志品质，为工作、学习和生活积累宝贵财富。巡察工作的宝贵经历也在指引巡察组成员持续做到思想务实、作风扎实、生活朴实，以饱满的工作热情和严谨的工作态度，投入各项工作中，做到严谨、细致、务实，实事求是、依法合规。能够通过巡察找到在业务知识、专业能力方面的不足，吸取其他单位的问题教训，不断推进本职工作改进提升。

通过巡察学习提升的同时，也要注意以下问题：一是要注意理论学习的深度、广度不够的问题，需要通过不断加强学习，将理论运用到实际工作中来改进；二是要重视深入基层调研不够不深的问题，需要加大对现场第一手资料的调研收集，为巡察发现问题的质量提供有力支撑；三是要关注工作中创造性不强的问题，需要在工作中努力发挥主观能动性，积极为巡察出主意、想办法，将自身工作价值融入巡察整体工作中来。

# 坚持标准 提高站位 以求真务实的作风高质量做好巡察工作

白城供电段党委副书记、纪委书记 李 伟

巡视巡察工作是党章赋予的重要职责，也是党要管党、从严治党的有力支撑和重要手段。沈阳局集团公司党委在全局范围内开展巡察工作是深入落实全面从严治党要求，贯彻“发现问题、形成震慑，推动改革、促进发展”巡视工作方针，深入推进党风廉政建设和反腐败工作，加强领导班子和干部队伍建设，推动党的先进性和纯洁性建设的重要举措，必须坚持目标导向、问题导向，坚定政治立场、提高工作能力、忠诚尽职尽责，才能不断提高巡察质效。

## 一、只有强化使命担当，才能确保巡察方向不偏不离

巡察是党章赋予的重要职责，是党的巡视工作重要组成部分，是推进党的自我革命、全面从严治党的战略性制度安排。做好巡察工作既是组织的信任与重托，更是一次严格的政治考验。一要自觉提高政治站位。巡视巡察肩负着特殊的使命和任务，要求每一名巡察人员必须旗帜鲜明讲政治，时刻把政治纪律、政治规矩挺在前面。沈阳局集团公司党委巡察培训从巡察工作的“六大任务”到“四个紧盯”的监

督路径，从强化政治监督意识到提高发现问题的能力，从基层党务工作到审计监督检查重点，使每名巡察组成员都接受了一次思想洗礼和专业培训，更坚定了参加巡察的政治方向。巡察工作动员部署会议再次明确巡察工作面临的新形势新任务新特点，进一步提高站位，进一步增强做好巡察工作的政治自觉、思想自觉和行动自觉。二要牢牢把握职责任务。按照巡视工作方针，发现问题是首要任务和基础性工作，是巡察工作的生命线。问题是对标对表找出来的，在基层单位就是聚焦贯彻落实党的路线方针政策和党中央决策部署方面的情况、聚焦群众身边腐败问题和不正之风、聚焦党组织软弱涣散和组织力欠缺问题，盯紧巡视巡察和审计问题整改情况。在巡察中，按照职责分工确定标尺，把握“三个聚焦、一个紧盯”，梳理出监督重点和问题表现形式的负面清单。在此基础上，细化为施工图，明确调查重点、检查项点和实地走访了解的看点，做到目标明确、任务清晰，轻装上阵。三要精准聚焦重点领域。巡察过程中，要提高发现问题质量就不能眉毛胡子一把抓，必须分清主次、盯住重点、抓住关键。要紧盯党委发挥领导作用情况，着力查找基层单位党委在贯彻落实党中央决策部署、第一议题制度、上级党组织重点工作安排方面存在的突出问题；要紧盯全面从严治党责任落实情况，着力查找违反中央八项规定精神、业务外包、合同管理、虚假询价、餐料采购、废旧物资处理等发生在职工群众身边的腐败问题和职工关心关注反映强烈方面的不正之风问题；要紧盯落实新时代党的组织路线情况，着力查找组织生活制度落实、支部换届、发展党员、经费管理等基层党组织建设问题和领导班子“一岗双责”、干部队伍建设方面的突出问题；要紧盯巡视巡察、审计等监督整改落实情况，着力查找虚假整改、选择性整改、拖延性整改等整改不到位问题和边改边犯、知错不改问题。只有发现这些典型问题，才能进一步发挥好政治巡察利剑震慑作用。

## 二、只有强化专业素质，才能确保巡察质量有效提升

巡察工作时间紧、任务重、人力有限，要在有限的时间内发现典型问题、弄清问题的来龙去脉，做到事实清楚、证据确凿不是一件容易的事，这就需要巡察组成员具备较高的专业能力、丰富的基层工作经验、丰厚的知识储备，熟练掌握相关制度办法，找准问题突破口，精准靶向发力。为此，要坚持在干中学、在学中干，不断提高发现问题、分析问题、解决问题的能力。一是提前做足功课，充电赋能。在进驻被巡察单位前，针对被巡察单位系统特点和管理构架，系统研判被巡察单位可能出现的党建弱项、廉政风险、管理短板，确定巡察重点领域和关键环节，做到有的放矢是完成巡察任务的前提基础。对照近年来巡察发现的典型问题，对照党章党规党纪、对照相关制度办法，对问题进行分析复盘，逐条梳理问题线索来源、核实取证过程，分类点评调查过程中存在的缺点和不足，树立鲜明的问题导向、目标导向，是有效提高巡察能力，确保在巡察过程中能够自觉对标“四个落实”，紧盯“三个聚焦”，方向不偏，力度不减，高质量完成巡察任务的有效保证。二是坚持反复推敲，精准分析。巡察期间，通过调阅资料、个别谈话、深入了解等方式，查找存在的问题。对发现的问题本着“一事一分析”的原则，通过组务会向全组汇报，进行集体研判，共同分析问题性质、发生原因、下步调查核实方向，逐字逐句推敲问题底稿，确保发现问题定性准确、客观公正，并提出巡察中遇到的困难，集思广益、科学精准研判。同时，要根据被巡察单位存在的问题，透过现象看本质、实事求是地指出问题性质，让被巡察单位虚心接受、立行立改、全面整改，以此来推动工作质量的进一步提升。三是充分调查核实，固定证据。针对发现的重点问题、典型问题，及时调查核查。采取外围了解、个别核实、重点突破等方式追根溯源。形成有说服力的完整证据链后，从管理人、经办人谈话相互印证中

发现问题，精准发力点穴，对当事人讲清违规违纪项点、讲清问题性质，促使其打消思想顾虑，讲清真实过程，还原事情真相，反思存在问题。

## 三、只有强化作风建设，才能确保巡察质效不打折扣

集团公司内部巡察，到被巡察单位遇到同学、同事、朋友、领导在所难免，遇到打招呼、打电话、讲人情的情况时有发生，这是对巡察组成员政治定力的一次考验。一是必须坚持严于律己。强化自我约束，做到心中有戒。坚决守住工作底线，不碰纪律红线。不吃请、不收礼、不外出、不聚餐，不与被巡察单位人员私下接触，这是对巡察干部的基本要求。在巡察过程中，要严格遵守工作纪律，在大是大非面前敢于坚持原则，绝不充当“老好人”，把“坚持发现问题不动摇、落实要求不走样、履行职责不懈怠”牢牢记在心上。只有耐得住寂寞、经得起诱惑、管得住自己，时刻保持坚定的政治定力，做到严于律己、谨言慎行，才能做一名合格的巡察干部。二是必须坚持实事求是。巡察工作是一项政治任务，坚持以事实为依据、以党规党纪为尺子，是什么问题就客观如实反映什么问题，是对巡察工作的基本要求。这就要求巡察人员坚持实事求是原则不动摇，摒弃私情杂念，坚持原则、保持定力。既不能以偏概全，也不能一概怀疑，既不能放大，也不能缩小，坚持有一说一。在问题核实上，真实情况是什么样，就还原成什么样。在问题定性上，应该是哪方面的问题，就认定成哪方面的问题。做到不夸大事实、不掩盖问题，透过现象看本质，正确行使党组织赋予的权利，依规依纪依法开展巡察工作，才能经得起时间的检验、历史的检验。三是必须坚守保密承诺。巡察守纪保密承诺、巡察工作涉密材料“零持有”承诺，是参加巡察组必须签订的两份保证书。在巡察期间要时刻绷紧保密这根弦，做到心中有畏。不向无关人员谈论或透露巡察来信、来电、来访中涉及的举报、控告及了解的有关内容。

不向经办人、部门负责人、审批人等透露发现问题线索有关情况。不该说的不说，不该打听的不打听。在日常工作中，要做好电脑、U盘、记录本等办公用品的管理，以及问题报告、证据材料和文件资料的保密归档工作，从源头上筑牢思想防线，严防失密泄密问题发生。

# 以严谨务实的作风做好巡察工作

沈阳高铁基础设施段党委宣传助理员　刘　博

政治巡察作为巡视工作的延展和补充，依靠问题导向，竭力解决党的领导弱化、建设缺失、从严治党不力等突出的根源性问题，是推动全面从严治党向基层延伸的有效方式，是优化基层政治生态的重要制度保障。

## 一、做好巡察工作，必须提高政治站位

一是角色转换要快。巡察工作是一项政治性、严肃性很强的工作，巡察人员要认清巡察工作的意义，绝不能因是初次参与巡察就自行降低标准，而要从政治层面将巡察工作视作首要任务，在思想和行动上全面融入，避免出现巡不深、巡不透的情况。二是工作定位要准。要始终坚持以习近平新时代中国特色社会主义思想为指引，以党章党规党纪为尺子，充分发挥政治巡察“显微镜”和“探照灯”作用，找准业务工作的突破口，从政治高度发现问题、定性问题，透过现象看本质，把抓落实、善落实、落得实作为检验党性强弱的最直观标准。三是思想认识要深。巡察的本质是政治监督，这是巡察区别于其他监督

检查的重要标志，巡察人员要深刻认识到开展巡察工作的重要性和紧迫性，要明白巡察工作并非“骨中挑刺”、得罪人的活，虽说是在找问题，但某种意义上是保护干部，避免酿成更大的过错，造成不良的后果。

## 二、做好巡察工作，必须不断增强业务水平

一是业务水平要精。巡察工作是一项政策性、业务性很强的工作，内容涵盖党建、党风廉政建设、意识形态、单位政策规章等方方面面，巡察人员既要掌握基本巡察知识，又要吃透被巡察单位相关政策，只有做到“行家里手”，才能真正做到从业务上发现问题、从政治上分析研判问题。二是前期准备要细。发现问题是巡察工作的生命线，巡察人员入驻被巡察单位前要做好细致充分的准备，要善于捕捉蛛丝马迹，要善于从小处、小事、细节发现问题，从查阅资料、个别谈话等过程中，要梳理出重点问题，发现有价值的问题线索，从看似正常的现象中发现不正常的问题，深挖问题根源。三是靶向发力要准。巡察工作时间紧、任务重，开展工作不能眉毛胡子一把抓，巡察人员要始终坚持问题导向，突出被巡察单位领导班子成员，特别是“一把手”，盯住重点人、重点事和重点问题，对巡察发现问题进行系统分析、概括总结、归纳整理，查找共性问题和个性问题，为被巡察单位进行“精准画像”。

## 三、做好巡察工作，必须保持更加严谨的工作作风

一是干事作风要正。巡察是政治巡察，不同于业务检查，不仅是对被巡单位的政治体检、党性会诊，更是对巡察人员的一场特殊考验，巡察人员的一言一行不仅代表个人，更代表巡察组的整体形象，必须严肃对待巡察工作，时刻注意言行举止，自觉维护巡察工作的严肃性和权威性，确保巡察动真碰硬。二是问题定性要实。巡察工作讲究事

实、证据、数据，要求十分严谨，来不得半点马虎，每发现一个问题，巡察人员必须第一时间收集相关资料，收集足够的支撑材料和依据，问题底稿里的每一句话都要有出处、每一个数字都要有印证，不能凭感觉、凭经验，要精准定位、实事求是，避免发现的问题最后没有坐实。三是报告表述要准。巡察报告是对被巡察单位巡察情况的全面总结，也是如实反映被巡察单位领导班子及其工作情况的“体检报告”，巡察人员在撰写报告时不仅要耐心打磨，还要将使其精准反映巡察工作成果，要时刻做到“严谨”二字，提出的观点、展开的论述必须符合事实，报告中的每一句话甚至每一个字都要经得起推敲和检验。

# 在巡察中经受历练和锤炼

通化工务段财务计划科副科长　姜　梅

政治巡察对于深化反腐败斗争、净化党内政治生态、推动全面从严治党具有重要意义。通过参加政治巡察工作，对政治巡察工作的深远影响有了深刻的认识，身为一名党员干部，工作中必须有政治站位，重品行、做表率，充分发挥党员的先锋模范作用。

## 一、提高政治站位，找准努力方向

政治巡察不仅仅是对被巡察单位业务的检查，更是对落实党中央决策部署、执行党的纪律和规矩、加强党的建设、推进党风廉政建设和反腐败斗争等政治责任履行情况的深度审视，尤其是学习了党的二十大报告，更加感到加强党的建设和党风廉政建设的重要性。财务人员参加政治巡察不等同于业务检查，要通过看财务业务问题反映政治监督的问题，着眼于“两个维护”，着眼于党的领导、党的建设和从严治党，是透过现象看本质，查出问题不是重点，重点是要促进被巡察单位改进工作、解决问题、推动发展。作为党员干部必须始终把讲政治放在首位，任何工作都要从政治高度去思考，政治属性是第一属性。巡察工作中，要始终注意自己的言行，用同志式的方式谈话了解情况，努力树立巡察人员的良好形象，做到坚持原则、公正客观、实事求是，发现问题及时报告。政治站位的提高不仅能提升工作质量，也能够锤炼工作作风，特别是在巡察组内同志相互配合支持下，能够在财务管理、物资采购等方面先后发现一些问题，提出整改意见，对自身价值也是一种激励和认可。

## 二、增强责任担当，锤炼工作作风

政治巡察工作严谨细致，容不得半点马虎，每一步都要做到客观公正。进组伊始，作为能够被选拔出来的专业干部，对自己的工作能力和业务水平有一定的自信，但随着工作的展开，自己的不足逐渐暴露，这种自信就会逐渐消失。为了补齐短板、适应工作，需要我们提升自身业务能力，进一步锤炼工作作风。一是破除行业限制。铁路系统工作特点不同，到不同单位巡察，就要先学习了解被巡察单位的工作特点和业务流程，从各方面补强业务短板，从而确保发现问题的深度和准确性。因此，对铁路各系统工作特点尽快熟知，掌握相关业务流程势在必行。二是进一步熟悉相关规定和制度、办法。要加大对规章、制度、办法的学习力度，熟知熟练，灵活运用，不断提高业务能力，做到精准处理相关业务。三是明确查找问题的方向。巡察不是检查财务业务怎么处理、科目列支是否正确、会计基础工作是否规范，巡察工作的重点是“透过现象看本质”，要看到每一笔业务背后是否有廉政风险，是否有不符合中央八项规定精神的问题发生，更注重问题的本质，发现问题符合巡察工作的目的。

## 三、加强知识积累，做好实践运用

参加政治巡察工作，不仅是一次难得的历练和锤炼，也是一次难忘经历。不仅对党的纪律和规矩有了更深刻的理解，也学到了很多知识和工作经验，认识到了自己的不足，在思想、行动上得到了极大的锤炼和提升，要以此为契机，不断提高自己的政治素养，学习业务知识，掌握最新的规定和指导办法，与业务科室加强沟通，多下现场了解情况，做到业财融合、心中有数，特别是要提高政治站位，把在巡察中积累的经验和做法带到日常工作中，推动工作顺利开展，不断进步，为所在单位和领域的良好政治生态作出自己的贡献。

# 牢记职责使命　不断提升巡察本领

沈阳局集团公司收入稽核大队副队长　冯　锐

巡视是党章赋予的重要职责，是推进党的自我革命、全面从严治党的战略性制度安排，是党之利器、国之利器。巡察是巡视向基层的延伸和拓展，也是推动全面从严治党向纵深发展的重要手段，做好新形势下政治巡察工作具有十分重要的意义。

## 一、切实提高政治站位，坚决扛起做好巡察工作的政治责任

开展巡察是一项重要而严肃的政治任务，政治巡察最重要的是“政治”二字。巡察工作要围绕中心、服务大局，坚定政治方向，坚持问题导向，坚守价值取向，把坚持党的领导作为根本目的，把加强党的建设作为根本途径，有效发挥政治“显微镜”和“探照灯”作用。作为巡察组成员首先要深入学习贯彻习近平总书记关于巡视工作的重要论述和政治巡察的部署要求，准确把握“发现问题、形成震慑，推动改革、促进发展”工作方针，坚持实事求是，精准、客观地发现问题，推动解决问题，真正把“严”的基调长期坚持下去。必须从讲政

治的高度，以对组织负责的态度，时刻提醒自己作为一名党员干部、一名巡察组成员的政治责任，进一步增强做好政治巡察工作的思想自觉、行动自觉。

## 二、坚守政治巡察定位，精准发现并查实问题

作为巡察组成员要清晰认识所肩负的职责使命，始终把发现问题作为巡察工作的生命线，把推动解决问题作为巡察工作的落脚点。巡察期间，围绕“三个聚焦”“四个落实”，紧盯重点领域、关键岗位、关键人员，根据被巡察单位不同特点制定巡察方案，查找发现问题。通过了解被巡察单位提供的基础资料、经营管理特点、财务状况和工作状态，看被巡察单位最基础的制度有没有得到严格执行，最基本的职责有没有得到精准履行；通过了解被巡察单位专项、重点工作开展落实全过程，看被巡察单位领导班子和各部门是否按要求抓落实并彻底整改；通过了解被巡察单位工程招投标、物资采购、业务外包等重点领域情况，盯住其手续不完备、程序不合规、资金支付异常和经济业务造假等问题线索，与巡察组内同志统一协作、群策群力，对疑点业务甄别研判，深入车间、班组掌握现场实际情况，通过谈话了解将疑点问题一一核实，找到经济业务背后的真相和实质，着力把深层次问题和隐蔽性问题找出来，同时翔实准确撰写底稿，确保问题真实完整。

## 三、锤炼过硬工作作风，不断提升巡察本领

做好巡察工作不但需要高度的责任感和使命感，更需要过硬的业务能力和辛勤的付出。巡察工作的特殊性要求巡察工作人员必须不断学习，在巡察过程中，针对机务、车务、建设、经开等不同领域的复杂业务，必须坚持在干中学、在学中干，对一系列制度规定，都要深入研究学习，做到学懂、学深、学透，准确理解掌握实质。巡察工作

中勤向组长请示、汇报，多跟组内工作人员沟通探讨，获取多角度信息，不断提升找准、分析、查实问题的能力，确保巡察工作质量和效率。作为巡察组成员，同样也要主动接受来自被巡察单位各级干部职工的监督。作为巡察组副组长更要加强自身建设，严格依规依纪依法开展工作，使自己的履职行为经得起考验、查找的问题经得起推敲，所做的各项工作经得起实践和历史的检验。要带头严格遵守廉洁、保密等纪律要求，时刻做到心有所畏、言有所戒、行有所止，坚决维护好巡察队伍的形象和权威。要时刻保持党的自我革命永远在路上的清醒和坚定，站在新的历史起点上，为持续推动全面从严治党向纵深发展贡献力量。

# 在政治巡察中发挥好纪检干部作用

沈阳房建公寓段纪检员　金作伟

巡视巡察作为政治监督的重要方式，在“两个维护”上肩负重大责任。巡视巡察是党风廉政建设和反腐败斗争的重要平台，是党内监督与群众监督结合的重要方式，是上级党组织对下级党组织监督的重要抓手，为全面从严治党提供了有力支撑。巡视巡察既是治标之举，也是治本之策，要把推动解决问题作为巡视的落脚点，以巡促改、以巡促建、以巡促治。

## 一、强化理论学习，提高政治敏锐性

作为巡察组成员首先要注重加强政治理论学习，深入学习贯彻习近平总书记关于巡视工作重要论述和政治巡察工作部署，做到学深悟透、融会贯通、真信笃行，准确理解把握巡视巡察工作内涵要求，深刻理解巡视巡察工作最重要的是“政治”，始终聚焦政治责任，把握住巡视巡察的职责定位，牢牢把握“两个维护”这一根本任务、重点落实“三个聚焦”“四个对照”要求，紧密围绕坚持党的领导、加强党的建设、全面从严治党和“发现问题、形成震慑，推动改革、促进发展”的原则，常抓不懈，坚决把纪律和规矩挺在前面，落实全面从严治党的要求，增强对党的领导和决策部署的理解、把握，不断提高政治敏锐性，牢牢把握政治巡察工作定位，聚焦违反党的纪律、影响党的形象、破坏党的建设、制约企业发展的典型问题。要强化政治担当，牢固树立“该发现的问题没有发现就是失职、发现了问题不报告就是渎职”的观念，发扬斗争精神，坚定斗争意志，勇于担当承责，切实履行好职责使命。要不断提高政治能力，善于从政治上研究、谋划、推进工作，不断提高政治判断力、政治领悟力、政治执行力。

## 二、务实工作作风，扎实做好巡察具体工作

政治巡察要坚持以问题为导向，从问题看责任、从业务看政治，通过现场查看和谈话等方式，把具体问题收集上来，再透过问题去分析问题背后的原因。做好巡察工作，一定要实事求是，一切从实际出发，通过问题查找原因、查找真相。政治巡察发现的问题必须真实，反映问题的程度必须精准，问题指向的责任必须准确，对问题定性特别是违规点，一定要有法律法规和政策制度作为依据。政治巡察工作还要树立正确的政绩观，发现和反映问题不是说得越多越好、越大越好，而是越准确越好、越实越好。发现问题后用法律法规和政策制度与谈话对象谈心，用事实说话，用制度办法、法律法规说话，让谈话对象在思想上得到认识。作为巡察组中的纪检干部，要以身作则，认真落实政治巡察的有关要求，坚持实事求是，做到依规依纪依法查找问题真相，坚决防止主观臆断。要始终保持谦虚谨慎的作风，做到冷静客观，讲原则不讲情面、讲党性不徇私情，在发现问题上求真不求多，不但把问题查出来，还要把问题背后真相查出来，不断提高发现问题和寻找问题背后真相的能力，要更好地配合好组内成员，把组内成员查出的问题用谈话和实地检查的方式落到实处。始终保持忠诚、干净、担当的政治本色，把“严”的基调长期坚持下去，坚定不移地

贯彻巡视巡察方针。开展政治巡察，不管是对什么系统、什么业务，都要从政治巡察定位的角度去开展工作，政治巡察就是要把维护人民和职工根本利益、长远利益作为出发点和落脚点，着力发现并解决好人民群众反映强烈、普遍关注的急难愁盼等问题，让人民群众获得感成色更足、幸福感更可持续、安全感更有保障，在全面从严治党和政治巡察中感受到公平正义。

## 三、加强自我约束，带头维护党的纪律

巡察工作是监督别人，更要严格要求自己，打铁必需自身硬，监督别人首先管好自己，要自觉做遵章守纪的标杆，不仅要严格遵守党的政治纪律和规矩，更要遵守好中央八项规定精神和上级党委加强作风建设的具体落实措施，严守保密制度，树立好巡察形象，不该说的不说，不该做的不做，始终保持兢兢业业的工作作风，力戒骄傲自满、正确对待组织、正确对待自己、正确对待别人，强化责任担当，勇于斗争，切实维护党的纪律和形象。始终做到严之又严的工作作风，坚定维护政治巡察的严肃性和震慑力，切实发挥政治巡察的作用，发现和纠正问题，维护党和职工群众的根本利益。加强与巡察组内成员共同协作，建立和谐的工作氛围，发挥集体的智慧和力量，学习同志们好的做法，不断提高自己的工作能力，共同完成好政治巡察任务。

# 砥初心　砺使命
# 在巡察工作中锤炼党性提升本领

沈阳电务段党委宣传助理员　唐　炜

党的十八大以来，以习近平同志为核心的党中央对巡视工作作出一系列重要部署，提出“坚定不移深化政治巡视”，特别是党的二十大对坚定不移全面从严治党、深入推进新时代党的建设新的伟大工程作出战略部署，鲜明指出了新时代新征程巡视工作的使命任务。巡察工作作为中央和省级巡视向基层的延伸和拓展，是对党组织和党员领导干部全方面的政治体检，对于加强基层党的建设、推动全面从严治党向纵深发展具有重要意义。要以高度的政治自觉，提高政治站位，体现政治忠诚，强化责任担当，坚定不移推进巡察工作。

## 一、加强理论学习，维护巡察工作的政治性、严肃性

巡察工作具有高度的政治性、纪律性和规范性，既是对被巡察单位的政治巡察，也是对巡察干部自身的政治考验和锤炼，巡察干部是党的忠诚卫士，要把政治纪律摆在首位，不断加强理论学习，做到忠诚、干净、担当，切实维护巡察工作的政治性、严肃性。

深入学习理论知识是做好巡察工作的前提，要有一双发现问题的

"慧眼"，就必须全面掌握各方面的知识和技能。作为首次参加巡察的干部，要深入学习习近平总书记关于巡视工作的重要论述，学习党的二十大、二十届中央纪委二次、三次全会精神，学习《中国共产党巡视工作条例》，积极参加巡察办、巡察组和各部室关于做好巡察工作重点内容的培训，努力掌握巡察领域的专业知识，不断增强政治鉴别力，增强对巡察工作的重要意义、做好巡察工作的理解领悟，进一步提升参加巡察工作的强烈政治责任感和神圣使命感。同时在分组讨论时，要认真听取组长结合巡察工作重点内容和以往的工作经验，对于精准查找问题症结，做好巡察准备工作，充分了解被巡察单位业务工作、薄弱环节、党风廉政风险点等内容上的巡察"第一课"。通过持续深入系统的学习，切实对"什么是巡察？干什么、怎么干、怎么能干好？"有了更加深入的了解和系统的认识，也更加清醒认识到，参加巡察是组织赋予的光荣任务，要想完成好任务，必须提高自己的政治站位，强化巡察理论和业务知识学习，用理论上的"清醒"推动政治上的"坚定"，正视巡察，敬畏巡察，尽快适应新环境、尽快转变工作思路、尽快进入巡察工作角色。

## 二、加强磨砺锤炼，维护巡察工作的专业性、客观性

巡察本质上是政治巡察，是党自我净化、自我完善的重要手段。作为巡察干部，要对被巡察单位党组织进行政治体检，不能等同于一般的业务检查，要以"两个维护"为根本任务，对标对表党规党纪，以"四个落实"为标尺来查找被巡察单位党组织存在的差距和不足，对被巡察单位党组织进行一次全面、公正、客观的体检，要勇于与不到位、有出入、有偏差等现象作斗争，以达到"发现问题、形成震慑，推动改革、促进发展"的目的。

面对不同单位、不同专业未接触过的各项专业规章制度、职能责任和"堆积成山"的各类资料，要对照巡察清单和巡察资料逐项梳理，

全面学习、掌握被巡察单位的职能定位、工作依据、工作标准、专业特点，提前做好准备。列出问题清单，明确查找问题的“标尺”。从而确保查阅资料、谈话了解、现场检查等实践工作有据可依。每次组务会时，要与来自不同专业、不同岗位的同志们相互坦诚交流。在大家讨论各自发现的问题时，要对问题进行客观描述、准确定性，确保每一句话都有出处、每一个数字都有印证，并第一时间收集印证材料，形成完善真实的问题底稿，确保各个环节严谨、细致、客观。

在开展现场检查和谈话了解、对发现的问题分析研判、撰写报告“精准画像”等不断磨砺和团结配合过程中，既有效在常规的政治巡察中找到突破口，又在“靠路吃路”专项巡察中找准方向，对存在的问题一一了解清晰。通过在实战中稳扎稳打，不断掌握巡察方式方法和工作技巧，提高了分析问题和处理问题的能力，在撰写旬报告和巡察报告中才能够抓住关键，坚持实事求是，再上升到党的领导、党的建设、全面从严治党的高度上去分析，找出共性问题和个性问题，从而达到真实、科学、全面地反映问题。

## 三、加强自我约束，维护巡察工作的纪律性、严实性

习近平总书记强调：“执纪者必先守纪，律人者必先律己。”巡察既是“考验”也是“熔炉”，既能锻炼巡察干部研判形势、分析问题、透过现象看本质的综合能力，也能增强巡察干部的政治敏锐性和政治鉴别力，更是能检验巡察干部能否在任何时候都要克己、慎独、有恒，始终把纪律和规矩挺在前面的“试金石”。巡察干部在监督别人的同时，别人也在监督巡察干部。所以巡察干部必须要严格按照党章、巡视工作条例等党内法规办事，严格请示报告、严守职责边界、严禁超越权限，将依规依纪依法要求贯穿巡察工作全过程。

通过参加巡察干部开展纪检干部队伍教育整顿专题学习和参观中共辽吉省委旧址红色教育基地开展主题党日活动，对全面从严治党和

严格执行党风廉政建设责任制的认识更具体、更深入。作为巡察干部，一言一行都注意自身形象，要始终把纪律和规矩挺在前面，把遵规守纪内化于心、外化于行，始终保持如临深渊、如履薄冰的警醒，严守纪律底线，不碰法律红线，维护道德高线；要发扬敢碰硬、敢亮剑的作风，放开手脚、抹开面子，杜绝“好人主义”和“浅尝辄止”，深入精准查找问题，做好巡察工作；要严守保密纪律和廉洁纪律，坚决杜绝泄露或暗示巡察发现问题的行为，把好人情关、友情关；要保持严谨细致的工作作风，保证巡察发现问题、底稿和印证材料、巡察报告撰写精准定位、实事求是。

习近平总书记指出，“全面从严治党永远在路上，党的自我革命永远在路上，决不能有松劲歇脚、疲劳厌战的情绪”。巡察是历练也是收获，要把巡察期间的所思、所悟、所得运用到实践工作中，以严谨细致、敬业奉献、勇于担当、敢于斗争的工作态度，做一名永远在路上的“打铁人”。

# 锤炼党性增强本领　履行好巡察工作职责

沈阳局集团公司人事部机关干部科协理　王柏森

参加沈阳局集团公司党委巡察工作，是党组织赋予的政治任务，使命光荣，责任重大。党的十八大以来，以习近平同志为核心的党中央高度重视巡视工作，习近平总书记历年多次关于巡视工作的重要论述为做好巡察工作指明了方向。能否高质量完成巡察任务，向党组织交上合格答卷，是对巡察人员政治能力的检验和考验。

## 一、突出政治属性是巡察工作的核心定位

巡察是政治巡察，不是业务巡察和一般工作检查，是针对被巡察党组织开展的全面政治体检，必须彰显政治作用。要紧紧把握政治巡察核心定位，围绕坚持党的领导、加强党的建设、全面从严治党等巡察重点内容开展巡察。巡察工作是围绕并通过对业务检查等多种形式和手段开展的，要透过具体业务问题看被巡察单位各项工作是否体现政治要求和政治方向，进而查找政治上的差距。

## 二、发现问题是巡察工作的根本任务

巡察的根本任务是发现问题，只有发现问题，才能起到警示震慑作用。要紧盯巡察重点，善于从细处着眼，围绕被巡察单位中心工作和重点工作，结合实际紧盯重点人、重点事、重点岗位、重点环节及干部职工最痛恨的歪风邪气、“微腐败”等问题，深挖细察发现问题，发挥巡察利剑作用，确保巡察工作不虚、不空。

## 三、组建高素质队伍是做好巡察工作的基础

巡察工作的性质和任务，要求巡察人员素质必须高，在巡察队伍组建和人员选拔上，要严把政治关，突出政治素质，把党性观念强、业务素质好、敢于较真碰硬、作风务实、公道正派、廉洁自律的组织信得过的人选拔到巡察队伍中来，组建一支高素质巡察队伍，这是巡察工作顺利完成的强有力组织保障。

## 四、充分的事前准备是做好巡察工作的前提

“磨刀不误砍柴工”，事前花时间做好准备工作，能够使工作进行得更加顺利。针对被巡察单位党组织，结合巡察的重点，广泛收集和掌握被巡察单位党风廉政建设、班子建设、安全和生产经营、信访及队伍稳定等情况，全面了解和掌握被巡察单位真实情况，有针对性制定巡察方案和检查项点，合理搭配纪检、组织、财务、业务等组成人员，明确责任分工，可以确保巡察工作有序进行，并有效提高工作效率。

## 五、领导的支持是推动巡察工作顺利开展的动力

领导的重视和支持非常重要，是巡察工作顺利开展的不竭动力，每轮巡察动员部署会上，党委主要领导亲自部署、亲自动员，表明了

党委坚持从严治党、全力做好巡察工作的决心和鲜明立场，这对巡察工作顺利开展起到了决定性作用。

## 六、团结协作是提高巡察工作质效的有力保障

巡察组成员由不同单位、不同专业岗位人员抽调所组成，巡察工作中既有分工又有协作。每名巡察人员都各尽其事、各司其职，既需要单打独斗、独立作战，又需要合力共为、团结合作。因此，巡察人员必须要有大局意识、规矩意识，必须思想统一、步调一致，必须相互支持、相互包容，共同发挥集体的智慧和力量，体现团结的优势，通过团结出生产力、战斗力。

参加巡察是组织上对每名巡察人员的政治信任，也是个人职业生涯经历上的额外收获。同时，也是组织对自身的锻炼与考验，巡察中必须时刻保持清醒的政治头脑，要以对党绝对忠诚、对单位、职工及对自己高度负责的态度，认真履行巡察工作赋予的职责，不折不扣落实好要求，全面完成各项巡察任务。要善于总结工作、积累经验，在巡察工作中不断提高政治判断力、政治领悟力、政治执行力，增强本领提升能力，在今后工作中更好地完成组织交办的各项任务。

# 发扬严谨细致的作风和敢于斗争的勇气<br>认真做好巡察工作

锦州房建公寓段党群工作科科长　阎凤玲

巡视巡察是党章赋予的重要职责，是加强党的建设的重要举措，是全面从严治党、维护党规党纪的重要手段，是加强党内监督的重要形式。开展好巡察工作要不断提升政治能力、提高政治标准，要坚持透过现象看本质、精准靶向发力，从政治高度发现问题、准确定性，才能高质量做好巡察工作。

## 一、做好巡察工作必须要提高政治站位

习近平总书记强调："巡视是党内监督的战略性制度安排。""必须有权威性，成为国之利器、党之利器。"做好巡察工作，必须要从思想上提高认识、提高政治站位，从"两个维护"的政治高度，强化政治担当，严格落实巡察工作的监督责任。要坚决贯彻"发现问题、形成震慑，推动改革、促进发展"的巡视工作方针，围绕政治巡察的职能定位、根本任务，在政治巡察的"显微镜"和政治的"探照灯"下做好政治体检、校正政治偏差，推动全面从严治党向纵深发展。

## 二、做好巡察工作必须要提升能力素质

巡察干部素质能力直接影响巡察工作的成效。专项巡察时间紧、任务重，相对人员较少，巡察人员必须要有过硬的业务能力和分析能力，才能真正做到从业务上发现问题、从政治上分析研判问题。专项巡察对党群干部来讲是一次严峻的考验，比如：涉及考勤、奖金、通信费、工会经费、职教经费、合同管理、财务账册等方面的问题，自己以前没有接触过，为了能够尽快熟悉业务，对照文件学、请教专家学，坚持在干中学、在学中干，巡察组组长根据不同巡察单位的工作性质、巡察重点进行分析指导，组里的同事们互相帮助、联劳协作，确保发现的每个问题有事实依据、有文件支撑，通过专项巡察工作，拓宽了视野、增长了见识、提升了能力。

## 三、做好巡察工作必须要坚持实事求是

巡视巡察是全面从严治党的重大举措，要求巡察人员要坚守政治巡察定位，把准政治监督的“方向盘”。在巡察的过程中，要以事实为依据，以党规党纪为尺子，坚持问题导向，从实际出发，采取灵活多样的方式开展巡察工作，从发现问题线索到查找问题依据，最后到核实谈话，做到一丝不苟、精准精确，依规依纪依法开展巡察。在核实一个询价造假的问题时，由于该车间为异地车间，为了确保谈话顺利，须提前准备好证据资料，从考勤、询价记录多方着手，提前复印了多项资料，与当事人进行核实谈话时，当事人在充分的证据面前很快承认了问题事实。

## 四、做好巡察工作必须要保持严谨作风

政治巡察是对基层党组织的政治体检，是一项政治性、政策性、专业性、纪律性很强的工作。作为巡察人员，代表的是巡察组的形象，

要时刻注意个人的一言一行，以严肃认真的态度对待巡察工作，自觉维护巡察工作的严肃性和权威性。在巡察过程中，组里同志严格执行巡察制度，在巡察过程中坚持对规对标，无论是发现问题、认定责任，还是撰写问题底稿、巡察报告都严格落实“严细实”作风，有时一段文字要推敲2个小时，确保每一个问题、每一句描述都精准无误，经得起时间的考验。

巡察工作对巡察人员来讲是一次难得的党性锻炼、锤炼和洗礼，不仅学到了全新的业务知识，掌握了工作技巧，也积累了工作经验，开阔了视野，收获很大。在今后的工作中，将把巡察工作作为一把尺子、一面镜子，时刻检视自己、对照自己，继续发扬严谨细致的作风和敢于斗争的勇气，尽职尽责做好自己的本职工作。

# 苦干实干用心干　做好巡察工作

沈阳工务机械段财务计划科副科长　徐爱平

巡察作为巡视向基层的延伸和拓展，是推进全面从严治党、实现监督全覆盖的重要举措。不断把巡察向纵深推进、向基层延伸，层层传导压力，倒逼责任落实，对于推动基层党组织全面进步、全面过硬，增强党的执政能力，厚植党的执政基础，打通全面从严治党“最后一公里”具有重要意义。

## 一、要努力提高政治素质，锤炼党性修养

巡察是党章赋予的职责，也是党要管党、全面从严治党的有力支撑和重要手段；巡察是加强党建和党风廉政建设及反腐败工作的利剑，是对党组织的把脉问诊，也是对党员干部的政治体检，具有剑指问题、形成震慑的高压效应。为了使政治素质和党性修养更加适应巡察工作，要深入学习贯彻习近平总书记关于巡视工作的重要论述，深入学习《中国共产党巡视工作条例》等巡察知识，以及巡察工作先进典型事迹，进一步坚定对党忠诚、对人民忠诚、对铁路事业忠诚的初心。通过在巡察组的熔炉淬炼，使参加巡察人员关于党的理论知识得到不断更新和补强，规行矩步内化于心、外化于行，自觉树立巡察干部良

好形象。

## 二、要持续补强知识储备，提升业务能力

巡察工作任务重、专业性强，巡察干部业务能力的高低，在一定程度上决定了巡察工作的效果，所以加强学习积累是做好巡察工作的前提和基础。巡察涵盖范围广、内容多、跨系统、年限长，如果不加强对上级相关制度办法和业务知识的学习和积累，就不能满足巡察工作的实际需要。为此，在集中培训期间要认真听、仔细记、反复想，做到学懂弄通；在巡察期间对上级出台的有关经济管理类制度办法要进行再学习、再掌握，日常遇到不懂不会的问题及时向专业人员请教、补强。专项巡察中，面对高强度、快节奏、任务量大的情况，要不断在多学、勤学、深学和知行合一上下功夫，着力提升把握政策、综合分析、透过现象看本质等方面的能力。

## 三、要苦干实干用心干，努力提高发现问题的质量

坚持问题导向，把精准发现问题作为巡察工作的生命线，才能真正发挥利剑作用并形成震慑。一是要做足巡察预案攻略。针对被巡察单位实际情况制定个性化巡察方案是做好巡察工作的前提。只有充分了解被巡察单位各方面的综合情况，找准关键问题作为切入点，才能事半功倍。二是要明确问题的查找方向。巡察是政治巡察，不是业务检查，要聚焦组织内部存在的问题和隐患查问题，而不是从业务流程和业务数据准确性和规范性上查问题，一定要走出误区，才能确保方向不偏、工作效率不减、迅速进入巡察状态。三是要围绕重点查问题。坚持以“六项纪律”“四个落实”为重点，以党章党规党纪为尺子，紧盯重点人、重点事、重点环节，大钱重点看、小钱仔细查、易虚开类项目灵活验，排除外界干扰一竿子插到底。同时，要大胆假设、小心求证，凡事多问几个为什么，抓住细节顺藤摸瓜，抓住有价值的信息

和线索精心研判，成为善于发现问题的“瞄准镜”和“放大镜”，逐步提升发现问题的深度、宽度和质量。四是要以审计问题整改和现场核验为突破点发现问题。要综合运用查、听、看、问、评、访等多种手段，核对现场工程完成情况、审计问题整改情况，绝不放过现场蛛丝马迹，确保巡察工作不虚、不空，内容更全面、更真实。五是要灵活运用方式方法。要善于运用听取汇报、查阅资料、走访调查、谈话谈心、列席会议、询问了解等方式，了解规定动作是否到位、刚性规定是否坚决执行、必备程序是否严格履行、类似问题是否同样发生、常规常理中是否有异样现象等情况来发现问题、提炼问题。六是要严谨细致地对待巡察工作。在具体巡察工作中做到“不以事小而不为、不以事杂而乱为、不以事急而盲为、不以事难而怕为”，尤其是在专项巡察时更要主次分明、严查细巡、抓大不放小、深挖问题根源，这样才能把共性问题和个性问题找出来。

## 四、要严守巡察纪律，客观公正、实事求是地反映问题

要让“有问题没发现是失职、发现问题不报告是渎职”这两句话在具体巡察工作中落地有声。一是要勇于把发现的问题提出来，不怕得罪人。对待巡察中发现的问题要按章办事、公正严明，做到不偏不倚、不遮不掩、如实反映。二是要客观、准确地反映发现问题的真实情况。对自己发现的问题要立场鲜明、不能人云亦云、不可磨盘两圆；反映问题时要字斟句酌，没有把握的事不能擅自定性歪曲事实、要对规对标切不可断章取义，做到“尺度准、了解深、过程清、表述实”，言必有据、经得起时间的检验，确保为组长决策提供正确可靠的信息和根据。三是要严守巡察工作纪律。强化保密意识，始终绷紧保密纪律这根弦，对巡察中发现的问题切实做到不外泄、不外传、守口如瓶。

# 全力投身政治巡察工作<br>努力提高政治能力和水平

裕国站上行运转车间党总支书记　姚　辰

巡视是党章赋予的重要职责，是推进党的自我革命、全面从严治党的战略性制度安排。通过深入检查党组织和党员干部在贯彻党的路线方针政策、履行职责使命等方面的情况，及时发现和纠正存在的问题，推动党组织和党员干部严守党的纪律和规矩，保持党的先进性和纯洁性。确保巡察工作的有序开展，离不开巡察前的充足准备、巡察中的严格标准和巡察后的经验总结。

## 一、做好“三深”准备，确保巡察工作打好基础

**1. 深刻领悟政治理论，做好思想准备。**一是深刻领悟习近平总书记关于巡视工作的重要论述，要坚持党组织建立到哪里，巡视巡察就跟进到哪里，要扎牢、织密监督网。二是充分认识巡察工作是党的巡视制度向基层延伸，是加强党的建设的重要举措，是从严治党、维护党纪的重要手段是加强党内监督的重要形式。三是准确把握巡察是帮助被巡察党组织履行政治责任、理顺工作机制的现实需要的政治定位。

**2. 深入学习制度办法，做好依据准备。**一是认真参加巡察工作专

题培训，通过聆听专业部门的讲解，对党建、经营、劳资等各领域的专业知识有更深的理解。二是把近年来下发的各类制度办法文件进行分类，尝试归纳出各领域制度办法沿革的时间体系，加深对政策连续性的把握。三是认真研读各类制度办法的内容，逐字逐句推敲其表达的准确含义，确定出落实的正确形式，避免出现模棱两可的执行标准。

**3. 深度查阅资料档案，做好材料准备。**一是提前做好功课，按照组内分工整理好查阅资料的清单，进驻后第一时间收集齐全，做好查阅准备。二是将被巡察单位本级细化制定的制度办法与上级下发的相关文件进行对比，把握好各项制度办法在具体落实过程中的标准和尺度。三是做好资料档案的分类和关联阅读，不能机械地将各类资料档案单摆浮搁，通过分类和关联，摘记重点内容，更快了解和掌握被巡察单位的总体情况。

## 二、把握"三严"标准，确保巡察工作有序推进

**1. 严肃对待巡察工作，把握政治标准。**一是要提高政治站位，从根本上树立对待巡察工作严肃认真的工作态度，不能将巡察工作简单地当作一次普通检查，要明确巡察的政治属性。二是正确使用开展巡察工作的各种方法，不履行执纪问责的职能，不进行业务指导，谈话时注意语气并严格保密。三是严格遵守巡察工作的各项政治纪律，做到一切行动听指挥，多请示多汇报，拿不准的事情坚决不做，有要求的事情全力做好。

**2. 严格要求提升效率，把握时间标准。**一是每天工作开始前做好当日计划，合理安排时间，确保谈话、整理材料等工作平行作业、有序进行。二是每天工作中根据实际情况动态调整工作节奏，比如：在谈话前做好谈话提纲，确保在不影响被巡察单位正常工作的前提下，最高效地了解掌握情况。三是每天工作结束后，认真梳理当日工作成

果，总结工作经验，提前厘清后续的工作思路，确保工作的连续性和有效性。

**3. 严谨还原真实情况，把握质量标准。**一是认真研读相关文件档案时，不遗漏关键内容和环节，当发现理解和掌握情况有偏差时，立即纠正决不拖延。二是不为了发现问题而发现问题，不乱扣帽子，不做有意引导，发现问题决不轻易放过，不是问题决不吹毛求疵。三是不做无依据的主观推断，要依据掌握的真实材料逐步深入地了解情况，不能跳跃式推演，确保还原真实情况。

## 三、塑造“三心”品格，确保巡察工作有所收获

**1. 忠心担当树立形象，塑造守正品格。**一是本着对党忠诚、对组织负责的态度，认真完成好巡察的每一项任务，通过实际行动树立良好形象。二是时刻牢记自己是巡察组的一员，一言一行不仅代表自己，无论人前人后、八小时内外，都要严格要求自己。三是严格遵守各项工作纪律，对待问题公正、客观，了解情况详尽、真实，据实反映现场情况。

**2. 诚心做人团结协作，塑造踏实品格。**一是发挥文字处理和各类计算机、手机软件较为熟悉的特长，主动承揽组内相关工作，提升整体工作效率。二是积极参与组内会议的讨论，在认真思考的前提下，主动发表意见，并向其他同志学习。三是在组内其他同志需要时主动提供帮助，在自己遇到问题时，虚心向专业同事请教。

**3. 精心做事实现价值，塑造专业品格。**一是在了解情况时，先充分查找和阅读相关材料，在了解大体情况的基础上，整理谈话提纲，通过尽量充足的前期准备，减少对被巡察单位正常工作的干扰。二是在整理问题底稿时，充分考虑各类证明材料的逻辑性和准确性，通过认真筛选校对，确保材料符合逻辑、准确翔实。三是在参与材料组形成报告时，从结构划分到词句精炼，与同组同志逐字逐句反复推敲，在保证原意不变的基础上，确保准确、精炼地反映客观情况。

# 明确责任义务　不负使命担当
# 尽心尽力做好巡察工作

白城车务段纪委书记　刘宏波

国铁企业作为国家重要基础设施和关键民生领域，必须坚持党的领导，坚决贯彻党中央的重大决策部署。政治巡察能够督促被巡察单位党委增强“四个意识”、坚定“四个自信”、做到“两个维护”，确保在政治上与党中央保持高度一致，保障铁路安全稳定运行，促进铁路企业廉洁高效发展。

## 一、深刻理解巡察工作的重大意义

全面做好政治巡察工作是全面建成社会主义现代化强国、全面推进中华民族伟大复兴的重要保障，是坚定不移落实全面从严治党的重要实践，是促进各级党组织加强政治建设、思想建设、组织建设、作风建设、纪律建设、制度建设和反腐败斗争的重要举措。沈阳局集团公司党委开展巡察工作，是巡视这一党内监督利器向基层的延伸和拓展，是落实国铁企业管党治党政治责任的有力抓手和重要保障。巡察工作要以“四个意识”为政治标杆，以党章党规党纪为政治标尺，把“两个维护”作为根本政治任务和巡察工作的政治依据。作为参加了两年巡察工作的党员领导干部，充分认识到，做好巡察工作，一定要把学习放在首位。通过沈阳局集团公司组织的集中学习培训，通过深入学习习近平总书记关于巡视工作的重要论述、重要指示批示精神，通过翻阅巡视巡察相关政策文件、制度规定等方式，进一步加深了对巡察工作的认识，理解了巡察工作是党的利剑、国之利器，是党内监督的战略性制度安排，是标本兼治的战略举措。

## 二、精准问题定性是确保巡察工作质量的基础

巡察工作的政治性、政策性很强，每一个问题都要有相应的支撑、每一句话都要有相应的依据、每一个字都要经得起推敲。这就要求巡察干部必须要细心谨慎，注意把握问题的归类，精准查找问题症结。巡察工作最终并不仅仅是形成一篇报告，它更是对被巡察党组织政治生态的一次全面体检、全面把脉，只有对查阅资料、组织谈话、群众来信来访发现的问题把脉问诊，对重点问题线索寻根溯源、顺藤摸瓜，分类排队、分析比对、按量定性，只有一次次推敲、一次次诊断，才能做到事实清、定性准，准确掌握该单位的问题症结所在，得出精准结论。只有精准为问题定性才是对组织负责，对被巡察单位负责。巡察期间，每天通过调阅资料、个别谈话，听取汇报、受理信访、开展测评、深入了解等方式，查找存在的问题。对发现的问题本着“一事一议”的原则，通过组务会的方式向全组汇报，进行集体研判，共同分析问题性质、发生原因、下步调查核实方向，逐字逐句推敲问题底稿，确保发现问题定性准确、客观公正，并对巡察中遇到的困难提出建议，集思广益、科学精准研判。同时，根据被巡察单位存在的问题，透过现象看本质、实事求是地指出问题性质，让被巡察单位虚心接受、立行立改、全面整改，以此来推动被巡察单位工作质量的进一步提升。

## 三、充分发挥团队力量是高质量完成巡察工作的关键所在

巡察工作的开展，是以组为单位的，在这个小组里，每名组员都有具体分工。在工作中，所有组员既有分工，也有合作，组内成员有分有合、各有侧重、工作互助、成果共享。巡察组的成员来自多个单位多个系统，经历不同、阅历不同。要在短时间内，各站角度，对一家单位的工作开展情况进行诊断，最后形成共识，难度可想而知。为此，要求巡察组成员既要有大兵团作战的合力，也要有单兵作战的实力，既要发挥个人特长，又要形成角色互补，组内人员综合利用各自掌握的信息，对疑似问题深入排查，摸清来龙去脉，促进找准问题、找真问题。只有充分发挥团队优势，形成高质量的工作合力，才能达到事半功倍的效果。针对发现的疑似问题及时与从事相关业务的巡察组成员一道对涉及的负责人、经办人进行调查核查，采取外围了解、个别核实、集体约谈、重点突破等方式，对标对表、求真求实、追根溯源，形成有说服力的完整证据链，确定当事人责任。同时，对当事人讲清违规违纪项点，讲清问题性质，动之以情、晓之以理，促使存在问题的当事人打消思想顾虑，放下思想包袱，说清真实过程，还原事情真相，认领违规违纪问题。

# 扎实工作 履职尽责<br>高质量完成巡察任务

本溪车务段北台站党支部书记 王 强

“发挥政治巡视利剑作用”，是习近平总书记在党的二十大报告中提出的明确要求。二十届中央纪委三次全会工作报告明确指出，必须坚守政治巡视定位，深入查找政治偏差，这既是履行巡视工作职责使命的内在要求，也是巡视发现问题更加精准有效的关键所在。

## 一、要坚持政治巡察定位，始终做到同题共答

要想做到巡察工作有效，必须坚持政治巡察定位，不仅需要巡察干部具备较高的业务能力和综合素质，更需要被巡察单位上下联动，同向发力、同题共答。一是解决巡察人员专业素质能力不足、综合能力不够的问题，要通过不断丰富培训内容，创新培训手段，提高培训效能，增强巡察人员的专业能力和素养，充分发挥巡察人员的特长和专业知识能力，巡察组内人员也要经常性开展经验交流和问题剖析，不断提高巡察人员的整体素质，为能够及时准确发现问题奠定坚实基础。二是做好被巡察单位干部职工思想引导，消除干部职工怕被发现问题、怕被发现问题后被处理，总是遮遮掩掩不主动配合的问题。在

专项巡察工作中，由于时间短、任务重，对巡察人员的综合素质要求更高，要求巡察人员必须精准掌握相关文件要求，精准结合被巡察单位的实际发现问题。在开展的“靠路吃路”专项巡察中，能够在短时间内发现这方面较为典型的问题，得益于巡察人员对相关政策把握精准，为专项巡察工作取得实质性效果奠定了基础。三是充分调动被巡察单位干部职工参与政治巡察工作积极性，真正取得同题共答的效果。在巡察中，不但要紧盯被巡察单位管理上的薄弱点、工作中的问题点、落实上的关键点，还要积极拓宽职工诉求渠道，要通过下沉一线班组、采取实地调研走访、与干部职工面对面谈心交流等多种方式，倾听职工群众呼声和心声。关心关注职工群众热点焦点问题，追根溯源，破解巡得不深、察得不透的问题，最大限度去发现问题，这样更能够发挥政治巡察的利剑作用，做到上下齐心协力，共同完成好巡察工作。

## 二、要把握巡察工作方法，始终做到扎实有效

政治巡察不同于一般工作检查，它具有一定的政治属性。不单单是巡察党群部门工作落实情况，还涉及被巡察单位所有工作落实情况，对每名党员干部也是一次政治上的全面体检，也是对被巡察单位近几年工作的全面复盘。常规巡察，进驻被巡察单位需要工作 30 天左右；专项巡察，进驻被巡察单位需要工作 15 天到 20 天左右，“小到针头线脑，大到黄金万两”，巡察组人员无所不看、无所不问、无所不查。巡察工作效果如何，关键在于发现问题要做到依规依纪依法，具体体现在巡察人员不仅要具备良好的业务能力和素质，还要掌握上级党组织近年来所下发的各项制度办法；掌握巡察中发现问题所对应的党规党纪条例依据。同时，巡察人员要做到工作实、态度诚、作风实，在被巡察单位开展工作过程中要谦虚谨慎、严肃认真，把握好巡察中的关键环节，要时时用心观察，要处处留意变化，善于发现问题，敢于发现问题，这样才能够有的放矢，扎实有效地开展好巡察工作。

## 三、要持续提高政治站位，确保巡察工作质量

“严”字既是巡察工作的体现，又是巡察工作的本质要求，严明巡察纪律、严谨的工作作风都是做好政治巡察工作前提和基础。作为一名巡察人员，参加巡察工作是党组织对自身的信任和重托，自己首先要严格遵守巡察各项纪律要求。在巡察工作中，到被巡察单位难免会遇到一些曾经共事过的领导、同事、同学、朋友等，相遇后打个招呼、打个电话、联络联络感情，这种情况时有发生，虽说是人之常情，但这是违反政治巡察纪律要求的。面对这种情况，巡察人员要摒弃私心杂念，坚持原则，保持政治定力，把巡察纪律挺在前，并晓之以理，动之以情地向同学、同事及朋友讲清政治巡察纪律要求，真正地让他们理解和支持自己更好地做好巡察工作，高质量完成巡察任务。

# 准确把握政治定位<br>持续推进政治巡察不断深化

大连客运段客运十队党总支书记　岳　东

巡察工作是巡视工作的重要组成部分，修订后的《中国共产党巡视工作条例》从党内法规的高度对“统筹构建巡视巡察上下联动工作格局”作出明确规定。巡察不仅仅是对被巡察单位的政治体检，更是一次全面审视巡察干部自身能力素养的基础体检，巡察干部必须要以严谨务实的态度廉洁履职、勤勉尽责，用实际行动践行忠诚、干净、担当，将“两个维护”作为“纲”和“魂”贯穿于巡察工作全过程。

## 一、坚守初心，不辱使命，彰显巡察干部“本色”

奋发向上、拼搏进取，恪守忠诚、甘于奉献是巡察干部应具备的品格。不论是朝气蓬勃的青年，还是日臻成熟的中年，对共产主义理想的坚定信仰、对党和人民事业的永远忠诚，时刻提醒着作为共产党员所肩负的初心和使命。巡视巡察作为“党之利器”“国之利器”，担负着全面从严治党的重要使命。作为一名巡察干部，应深知这项工作的神圣。要向组织递交一份满意的答卷，惟有将忠诚、干净、担当深深烙进脑海，惟有把不辱使命、锐意进取始终融入血脉。从事巡察工作，要边学习、边工作，边实践、边提升，逐步从一名懵懵懂懂的巡察“新兵”成长为行家里手的巡察“尖兵”。参加巡察过程中，要坚定政治立场、坚持党性原则，自觉服从组织安排和组内分工。工作中，勤勉尽责，廉洁履职，任劳任怨，始终以饱满的精神状态和全身心的投入，出色地完成巡察任务。

## 二、提高站位，领会内涵，锤炼巡察干部“硬核”

做好巡察工作要坚持以习近平新时代中国特色社会主义思想为指导，深入学习领悟习近平总书记关于巡视工作的重要论述，吃透精髓要义，掌握实践要求，准确把握巡察工作政治方向。只有坚定政治方向，坚持问题导向，坚守价值取向，以“四个意识”为标杆，以党章党规党纪为尺子，以《中国共产党巡视工作条例》为遵循，才能深刻领会党中央精神和巡视工作内涵，才能坚守政治巡察定位、客观公正地发现问题，才能将“两个维护”作为巡察工作的“纲”和“魂”贯穿巡察工作全过程，成就巡察干部的“硬核”。有重大问题应当发现而没有发现是失职，发现问题没有如实报告是渎职。通过巡察实践，会深刻体会到政治巡察就是“探照灯”和“显微镜”，政治体检一定要火眼金睛、本领过硬，政策尺度要准、了解问题要深、问题过程要清、语言表述要实、内部运行要畅、自我要求要严。巡察过程中，会强烈感受到巡察工作的责任重大，必须坚持边学边干，不断提高技能，用专业的眼光、严谨的作风，深查问题背后的问题，深追原因背后的原因。

## 三、见微知著，敢打硬仗，磨砺巡察干部利剑

巡察干部担负着全面从严治党的重要使命，只有用强烈的事业心和高度的责任感真巡实查，才能擦亮巡察的“千里眼”，当好反腐的“侦察兵”，凸显政治巡察的作用。发现问题是巡察工作的生命线，在

巡察工作实践中，时常会出现一些问题虽已露头，但因杂乱无章而无法聚焦的情况，这就需要巡察干部抓住细节顺藤摸瓜地把问题要素搞清楚，尤其面对量大、庞杂的党建资料，需耐心细致、严格严谨，要时刻保持发现问题的敏锐性，要善于透过表象洞察问题本质。真相和问题往往存在或隐藏于被忽略的材料中，发现问题往往是从一段记录、一个数字、一次谈话、一张票据开始。细小的问题聚焦在一个人或一件事上，经过深入分析细致研究，往往会让问题线索露出端倪，进而发现大问题。

## 四、严守纪律，公正担当，弘扬巡察干部“道义”

能够加入巡察组队伍开展巡察监督，既是信任，也是考验。进驻被巡察单位期间，巡察干部要主动树立大局意识，认真履行巡察工作职责，严格执行廉洁纪律，维护巡察人员的良好形象。严格执行集团公司党委关于巡察工作的各项规定和纪律要求，做到巡察工作严格保密，杜绝巡察信息泄密，牢固树立巡察工作无小事的指导思想，牢记巡察工作使命，以高度的政治责任感积极参加到巡察工作中。巡察要发现问题、形成震慑，更要还清白者清白、为担当者担当。巡察干部既要客观公正地发现问题，也要严防诬告，避免“板子打错人”。因此，要听从巡察组组长的统一安排，与组内其他同志密切配合、团结协作，本着实事求是、客观公正的原则，认真做好每项巡察工作，提高巡察工作的质量。在对问题表述上，既要从宏观上定位被巡察单位的工作状态，又要通过宏观线索发现微观问题，客观对巡察单位进行精准定位。发现的问题做到问题表述准确、证据确凿、支撑有力，经得起历史的检验、经得起推敲，做到实事求是。

巡察组是既有战斗力又有凝聚力的团队，巡察组成员之间是互相帮助、互相补台的关系，要在巡察过程中相互学习，汲取长处、补足短板、共同进步，不断增强工作的严谨性、保持精益求精的态度和精雕细刻的作风。参加巡察是学无止境的过程，须不断加强业务能力、提高工作水平、积累巡察经验，还须在巩固和增强党的执政基础进程中经受磨砺和锻炼，在全面从严治党向纵深推进中增长胆识和才干，筑牢信仰之基，保持初心本色，在坚守底线中以奋斗姿态砥砺前行。